Das Betreuungsrecht praktisch erklärt

- Welche Auswirkungen hat eine Betreuung
- Wann und wie wird ein Betreuer bestellt
- Aufgaben, Rechte und Pflichten bei der Betreuung

Dr. Otto N. Bretzinger

WOLTERS KLUWER | STEUERTIPPS

Postfach 10 01 61 · 68001 Mannheim
Telefon 0621/8626262
Telefax 0621/8626263
www.steuertipps.de

3. aktualisierte Auflage

Stand: Juli 2024

Zum Zwecke der besseren Lesbarkeit verwenden wir allgemein die grammatisch männliche Form. Selbstverständlich meinen wir aber bei Personenbezeichnungen immer alle Menschen unabhängig von ihrer jeweiligen geschlechtlichen Identität.

Redaktion: Dr. Torsten Hahn, Benedikt Naglik

Geschäftsführer: Christoph Schmidt, Stefan Wahle

Layout und Umschlaggestaltung: futurweiss kommunikationen, Wiesbaden

Bildquelle: ©Halfpoint – stock.adobe.com

Printed in Poland

ISBN 978-3-96533-413-7

Vorwort

Die Betreuung dient dem Schutz und der Unterstützung erwachsener Menschen, die wegen einer Krankheit oder einer Behinderung ihre Angelegenheiten ganz oder teilweise rechtlich nicht selbst besorgen können und deshalb auf die unterstützende Hilfe anderer angewiesen sind. Dem Betroffenen wird deshalb ein Betreuer als gesetzlicher Vertreter zur Seite gestellt. In den meisten Fällen wird die Betreuung vom Betreuungsgericht ehrenamtlichen Betreuern, insbesondere Familienangehörigen, übertragen.

In Deutschland gibt es rund 1,3 Millionen Betreuungen, Tendenz steigend. Durch das 2023 reformierte Betreuungsrecht wird diesen Menschen die größtmögliche Selbstbestimmung gewährleistet und ihre Wünsche in den Mittelpunkt aller Entscheidungen gestellt.

Das reformierte Betreuungsrecht enthält grundlegende Änderungen für Betreute und für die ehrenamtlichen und beruflichen Betreuer. Die Regelungen betreffen in erster Linie die Stärkung von Selbstbestimmung und Autonomie betreuter Personen im Vorfeld und während einer rechtlichen Betreuung. Priorität hat künftig die Unterstützung des Betreuten bei seinem eigenen selbstbestimmten Handeln. Zudem muss der Betreuer sein Handeln stärker an den Wünschen des Betreuten ausrichten. In allen Stadien des Betreuungsverfahrens wird die betreute Person nach dem neuen Betreuungsrecht besser informiert und stärker eingebunden; das betrifft nicht nur die Bestellung und Auswahl des Betreuers, sondern auch die gerichtliche Kontrolle. Mit der Reform wurde zudem ein wechselseitiges gesetzliches Vertretungsrecht für Ehegatten in Gesundheitsangelegenheiten eingeführt. Ehegatten können einander in Gesundheitsangelegenheiten kraft Gesetzes für die Dauer von sechs Monaten gegenseitig vertreten, wenn ein Ehegatte aufgrund von Bewusstlosigkeit oder Krankheit seine Angelegenheiten der Gesundheitssorge nicht rechtlich besorgen kann.

Dieser Ratgeber will bei den wesentlichen praktischen Fragen helfen, mit denen sich die Beteiligten, Betreute und Betreuer, tagtäglich im Zusammenhang mit einer rechtlichen Betreuung auseinandersetzen müssen. Dabei geht es insbesondere darum, unter welchen Voraussetzungen vom Gericht ein Betreuer bestellt werden darf, welche Auswirkungen die Betreuung hat, nach welchen Grundsätzen der Betreuer vom Gericht ausgewählt wird, welche Aufgaben dem Betreuer vom Gericht übertragen werden können, welche Rechte und Pflichten Betreute und Betreuer haben und wie das gerichtliche Betreuungsverfahren abläuft. Eingegangen wird auch darauf, wie der Betroffene durch eine Betreuungsverfügung, Vorsorgevollmacht und eine Patientenverfügung Einfluss auf die Betreuung nehmen bzw. eine rechtliche Betreuung sogar vermeiden kann.

Dr. iur. Otto N. Bretzinger

Inhalt

1 Überblick über das Betreuungsrecht nach der Reform 2023

Wenn eine volljährige Person ihre Angelegenheiten ganz oder teilweise deshalb nicht besorgen kann, weil sie krank oder behindert ist, muss sie vor Gefährdungen, die insbesondere ihre Person und ihr Vermögen betreffen, geschützt werden. Dieser Schutz wird durch die sogenannte Betreuung gewährleistet. Es wird vom Betreuungsgericht ein Betreuer bestellt, der in einem genau festgelegten Umfang, den sogenannten Aufgabenkreisen, für die hilfsbedürftige Person rechtlich handelt.

Mit den am 1.1.2023 in Kraft getretenen gesetzlichen Änderungen wurde das geltende Betreuungsrecht grundlegend reformiert. Dabei handelt es sich um die umfassendsten Änderungen seit seiner Einführung am 1.1.1992. Ziel der Reform des Betreuungsrechts war die Stärkung des Selbstbestimmungsrechts und der Autonomie unterstützungsbedürftiger Menschen. Die gesetzlichen Änderungen betrafen sowohl den Betreuten als auch den Betreuer.

- **Unterstützungsbedarf ist vorrangig:** Bei der Prüfung der Notwendigkeit der Bestellung eines Betreuers steht heute weniger die medizinische Feststellung von Defiziten der betreffenden Personen im Mittelpunkt, vielmehr wird der konkrete Unterstützungsbedarf in den Vordergrund gestellt. Nicht der medizinische Befund einer Krankheit oder Behinderung ist die vorrangig festzustellende Voraussetzung für die Einrichtung einer Betreuung, sondern der individuell und konkret zu bestimmende Unterstützungsbedarf des hilfsbedürftigen Betroffenen.
- **Mehr Selbstbestimmung für den Betroffenen:** Das reformierte Betreuungsrecht gewährleistet dem Betreuten mehr Selbstbestimmung im Vorfeld der Einrichtung einer rechtlichen Betreuung und während der Betreuung.

- **Stärkere Orientierung an den Wünschen des Betroffenen:** Nach altem Recht hatte der Betreuer die Angelegenheiten des Betreuten so zu besorgen, wie es (von außen betrachtet) dessen Wohl entspricht. Nunmehr stehen die Wünsche des Betreuten bzw. dessen mutmaßlicher Wille im Vordergrund des Betreuerhandelns. An den Wünschen des Betreuten hat sich auch die Eignung des Betreuers zur Ausübung der Betreuung und die Wahrnehmung der gerichtlichen Aufsicht, vor allem im Rahmen von Genehmigungsverfahren, zu orientieren.
- **Bessere Information des Betreuten:** Durch das aktuelle Recht wird sichergestellt, dass der Betroffene in sämtlichen Stadien des Betreuungsverfahrens besser informiert und stärker eingebunden wird. Das betrifft unter anderem die gerichtliche Entscheidung über das Ob und Wie der Betreuerbestellung, die Auswahl des konkreten Betreuers und dessen Kontrolle durch das Betreuungsgericht.
- **Eignung der Betreuer:** Berufsbetreuer müssen sich künftig bei einer Betreuungsbehörde registrieren lassen und persönliche und fachliche Mindesteignungsvoraussetzungen nachweisen. Ehrenamtliche Betreuer, die keine familiäre oder persönliche Bindung zur betreuten Person haben, sollen sich an einen Betreuungsverein anschließen, der sie beraten und fortbilden kann.
- **Stärkung der Aufsicht und Kontrolle:** Die gerichtliche Aufsicht ist heute auf die Ermittlung der Wünsche des Betreuten ausgerichtet. Pflichtwidrigkeiten des Betreuers, insbesondere solche, die die Selbstbestimmung des Betreuten beeinträchtigen, können besser erkannt und sanktioniert werden.

Achtung: Im Zusammenhang mit der Reform des Betreuungsrechts wird auch ein sogenanntes Notvertretungsrecht für Ehegatten eingeführt (Näheres dazu unter 3.4). Ehegatten können sich gegenseitig in Angelegenheiten der Gesundheitssorge zeitlich begrenzt vertreten, wenn ein Ehepartner aufgrund von Bewusstlosigkeit oder Krankheit seine Angelegenheiten der Gesundheitssorge vorübergehend rechtlich nicht besorgen kann

---

Im Folgenden werden zunächst im Rahmen eines Überblicks die wesentlichen Änderungen des Betreuungsrechts auf der Grundlage der amtlichen Begründung des Gesetzentwurfs der Bundesregierung (BT-Drs. 19/24445) kompakt zusammengefasst.

1.1 Einführung eines Notvertretungsrechts für Eheleute

Nach altem Recht konnten Ehegatten weder Entscheidungen über medizinische Behandlungen für ihren nicht mehr selbst handlungsfähigen Partner treffen noch diesen im Rechtsverkehr vertreten, solange sie nicht als rechtliche Betreuer ihres Partners bestellt oder von ihm im Rahmen einer Vorsorgevollmacht hierzu wirksam bevollmächtigt worden sind. Besonders in der ersten Zeit nach einem Unfall oder einer plötzlich aufgetretenen schweren Krankheit kann es für Betroffene und Angehörige jedoch eine zusätzliche erhebliche Belastung bedeuten, wenn es erst eines gerichtlichen Verfahrens zur Betreuerbestellung bedarf, um dem Ehegatten auch in rechtlicher Hinsicht beistehen zu können.

Seit 1.1.2023 werden die Beistandsmöglichkeiten unter Ehegatten in Akut- oder Notsituationen verbessert, indem dem Ehegatten zeitlich begrenzt eine Möglichkeit eröffnet wird, den handlungsunfähigen Ehegatten in einer Krankheitssituation zu vertreten. Das Vertretungsrecht beschränkt sich auf die Angelegenheiten der Gesundheitssorge und damit eng zusammenhängende Angelegenheiten. Es setzt voraus, dass der behandelnde Arzt bestätigt hat, dass der vertretene Ehegatte aufgrund von Bewusstlosigkeit oder einer Krankheit diese Angelegenheiten rechtlich nicht besorgen kann.

Näheres zum Notvertretungsrecht der Ehegatten unter 3.4.1.

1.2 Bestellung des Betreuers

Die reformierten betreuungsrechtlichen Regelungen betreffen die Voraussetzungen der Betreuerbestellung, den Umfang der Betreuung und die Auswahl des Betreuers. Zudem wird die Beratung und Unterstützung des Betroffenen im Vorfeld einer möglichen Betreuung erweitert.

1.2.1 Erweiterung der Beratung und Unterstützung im Vorfeld einer Betreuung

Nach wie vor darf ein Betreuer nur bestellt werden, wenn dies erforderlich ist (Näheres dazu unter 3.). Im Sinne des Betreuungsrechts liegt es also, die Bestellung eines Betreuers möglichst zu vermeiden. Deshalb soll die Betreuungsbehörde dem Betroffenen ein Beratungs- und Unterstützungsangebot unterbreiten, wenn im Einzelfall Anhaltspunkte für einen Betreuungsbedarf bestehen.

Zur Umsetzung des Erforderlichkeitsgrundsatzes wurde im neuen Betreuungsrecht im Vorfeld einer rechtlichen Betreuung die Durchführung einer »erweiterten« Unterstützung mit Zustimmung des Betroffenen eingeführt. Diese umfasst über das »normale« Beratungs- und Unterstützungsangebot hinausgehende Maßnahmen, die geeignet sind, die Bestellung eines Betreuers zu vermeiden, und die keine rechtliche Vertretung des Betroffenen durch die Behörde erfordern. In Betracht kommen also vor allem solche Maßnahmen, bei denen – insbesondere bei komplexerem Hilfebedarf gegenüber mehreren verschiedenen Trägern des sozialen Hilfesystems – die Behörde

- den individuellen Unterstützungs- und Hilfebedarf des Betroffenen mit dessen Zustimmung möglichst umfassend ermittelt,
- eine auf alle konkret in Betracht kommenden Sozialleistungen ausgerichtete Beratung anbietet

- und den Betroffenen bei der Geltendmachung seiner sozialrechtlichen Ansprüche niedrigschwellig, das heißt insbesondere ohne Stellvertretung, unterstützt (z.B. Begleitung bei Besorgungen) und hierbei insbesondere auch eine möglicherweise zunächst fehlende Mitwirkungsbereitschaft oder -fähigkeit ausgleicht.

1.2.2 Voraussetzungen für die Betreuerbestellung

Während vor der Reform die Feststellung von Defiziten der betreffenden Personen im Mittelpunkt der Prüfung für die Einrichtung einer Betreuung stand, steht jetzt der objektive Betreuungs- und Unterstützungsbedarf der betroffenen Person an erster Stelle für die Voraussetzungen der Bestellung eines Betreuers. Nicht der medizinische Befund einer Krankheit oder Behinderung ist vom Betreuungsgericht vorrangig zu prüfen, sondern die Frage, ob die betroffene volljährige Person noch konkret die Fähigkeit besitzt, ihre Angelegenheiten zu besorgen (vgl. dazu 3.3).

1.2.3 Umfang der Betreuung

Die Aufgaben eines Betreuers bestehen aus einzelnen Aufgabenkreisen, während einzelne Bestandteile des Aufgabenkreises bzw. die konkret zu regelnden Bereiche nunmehr neu als »Aufgabenbereiche« bezeichnet werden.

Gesetzlich wird klargestellt, dass die Aufgabenbereiche vom Betreuungsgericht im Einzelnen angeordnet werden müssen. Die Anordnung einer Betreuung in allen Angelegenheiten ist damit künftig unzulässig. Außerdem wird die Geltung des Erforderlichkeitsgrundsatzes ausdrücklich auch für die Anordnung eines jeden einzelnen Aufgabenbereichs bestimmt. Gleichzeitig wird für die Betreuungsgerichte noch deutlicher gemacht, dass sie in Ausübung des Erforderlichkeitsgrundsatzes gehalten sind, immer dann, wenn es zur Wahrnehmung des konkreten Betreuungsbedarfs ausreicht, lediglich einen einzelnen Aufgabenbereich anzuordnen, der sich auch nur auf einzelne Maßnahmen beschränken kann.

Aufgabenbereiche, deren Wahrnehmung mit einer erhöhten Eingriffsintensität im Hinblick auf das Selbstbestimmungsrecht des Betreuten verbunden ist, ohne dass das Tätigwerden des Betreuers unter den Vorbehalt einer Genehmigung des Betreuungsgerichts gestellt wird, bedürfen der ausdrücklichen Anordnung des Betreuungsgerichts. So ist ein Mindestmaß an gerichtlicher Kontrolle dadurch sichergestellt, dass vor der Anordnung dieser Aufgabenbereiche deren Erforderlichkeit besonders aufmerksam geprüft werden muss. Vorgesehen wird dies insbesondere für mit Freiheitsentziehung verbundene Maßnahmen, die früher oftmals im Rahmen des weiten gerichtlich zugewiesenen Aufgabenkreises »Aufenthaltsbestimmung« erfolgten.

1.2.4 Auswahl des Betreuers

Das Ziel des neuen Betreuungsrechts, den Vorrang der Wünsche des Betroffenen zu stärken, wird auch bei der Auswahl des Betreuers umgesetzt. Danach wird dem Wunsch des Betroffenen nach einem bestimmten Betreuer – vorausgesetzt, er ist geeignet – grundsätzlich entsprochen. Entsprechendes gilt für den Wunsch des Betroffenen, eine bestimmte Person abzulehnen. Wenn der Betroffene den möglichen Betreuer vor dessen Bestellung nicht kennt, wird ihm zudem auf Wunsch ein persönliches Gespräch zum Kennenlernen ermöglicht, das durch die Betreuungsbehörde zu vermitteln ist. Wegen der Einzelheiten vgl. 4.8.1.

1.3 Führung der Betreuung

Seit 2023 haben die Wünsche des Betroffenen bei der Führung der Betreuung noch größeres Gewicht. Die Pflicht zur persönlichen Betreuung wird durch eine Kontakt- und Besprechungspflicht konkretisiert. Und im Rahmen des bereits geltenden Rehabilitationsgrundsatzes wird klargestellt, dass der Betreuer nicht nur auf eine gesundheitliche Rehabilitation des Betreuten hinzuwirken hat, sondern auch darauf, dass der Betreute insgesamt wieder seine rechtliche Handlungsfähigkeit erlangt bzw. diese verbessert wird.

1.3.1 Vorrang der Wünsche des Betreuten

Richtschnur für Maßnahmen des Betreuers sind die Wünsche des Betreuten. Sie genießen grundsätzlich Vorrang. Deshalb ist der Betreuer zunächst verpflichtet, die Wünsche des Betreuten festzustellen und den Betreuten sodann bei deren Umsetzung zu unterstützen. Nur in Ausnahmefällen hat der Betreuer den Wünschen des Betreuten nicht zu entsprechen, insbesondere dann, soweit die Person des Betreuten oder dessen Vermögen hierdurch erheblich gefährdet würde und der Betreute diese Gefahr aufgrund seiner Krankheit oder Behinderung nicht erkennen oder nicht nach dieser Einsicht handeln kann. Kann der Betreuer die Wünsche des Betreuten nicht feststellen oder darf er ihnen aufgrund der damit verbundenen Gefährdung des Betreuten nicht entsprechen, hat er den mutmaßlichen Willen des Betreuten zu ermitteln und umzusetzen. Näheres dazu unter 2.3 und 8.2.2.

1.3.2 Kontakt- und Besprechungspflicht des Betreuers

Das aktuelle Betreuungsrecht stellt die Beteiligung des Betreuten bei Maßnahmen des Betreuers sicher, indem der Betreuer verpflichtet wird, mit dem Betreuten den erforderlichen regelmäßigen Kontakt zu halten, sich regelmäßig einen persönlichen Eindruck von ihm zu verschaffen und dessen Angelegenheiten mit ihm zu besprechen.

Die Kontaktpflicht wird ausdrücklich in das Gesetz aufgenommen. Eine Besprechungspflicht bestand bereits nach dem alten Betreuungsrecht, sie beschränkte sich aber auf »wichtige Angelegenheiten« des Betreuten. Neu ist die Verpflichtung des Betreuers, sich regelmäßig einen persönlichen Eindruck vom Betreuten zu verschaffen. Dies soll insbesondere die Fälle umfassen, in denen ein persönlicher Kontakt mangels eines konkreten Regelungsbedarfs aktuell nicht erforderlich zu sein scheint. Näheres dazu unter 8.2.3.

1.3.3 Rehabilitationsgrundsatz

Bereits nach altem Betreuungsrecht war der Betreuer innerhalb seines Aufgabenkreises gehalten, dazu beizutragen, dass Möglichkeiten genutzt werden, die Krankheit oder Behinderung des Betreuten zu beseitigen, zu bessern, ihre Verschlimmerung zu verhüten oder ihre Folgen zu mildern. Missverständlich wurde dieser Rehabilitationsgrundsatz (nur) auf die Krankheit oder Behinderung bezogen, die Anlass für die Betreuerbestellung ist, und daher nur im Aufgabenbereich der Gesundheitssorge eine Bedeutung hat.

Jetzt kommt deutlicher zum Ausdruck, dass es nicht (allein) um eine gesundheitliche Rehabilitation geht. Der Betreuer hat vielmehr die Verpflichtung, auf die Beseitigung aller Gründe hinzuwirken, die eine Betreuung erforderlich gemacht haben, also neben den medizinischen auch auf die Beseitigung der sozialen oder sonstigen Umstände, die den Betreuungsbedarf hervorgerufen haben. Nunmehr muss der Betreuer aktiv tätig werden, um den Betreuten, soweit wie möglich – auch bei weiterhin bestehender Erkrankung oder Behinderung – zu befähigen, seine rechtlichen Angelegenheiten wieder selbst oder mit niederschwelliger Hilfe zu besorgen. Näheres dazu unter 8.2.5.

1.4 Personensorge

Das reformierte Betreuungsrecht im Rahmen der Personenangelegenheiten betrifft im Wesentlichen Regelungen zur Aufgabe von Wohnraum, der vom Betreuten selbst genutzt wird, und zur Bestimmung von dessen Umgang und Aufenthalt. Damit wird das Selbstbestimmungsrecht des Betreuten besser gewahrt, indem eine vorbeugende gerichtliche Kontrolle ermöglicht wird. Näheres dazu unter 6.4.3, 6.5 und 6.6.

1.4.1 Aufgabe von Wohnraum des Betreuten

Die alten Regelungen zur Genehmigung der Wohnungskündigung schützten den Betreuten nur bedingt vor einer Verlagerung seines Lebensmittelpunkts gegen oder ohne seinen Willen. Heute werden die Voraussetzungen für die Zulässigkeit einer Aufgabe von Wohnraum durch den Betreuer gesetzlich geregelt. Zudem wird die Prüfung der Zulässigkeit durch das Betreuungsgericht durch Einführung von Anzeige- und Genehmigungspflichten sichergestellt. Wegen der Einzelheiten vgl. 6.4.3.

1.4.2 Umgangsbestimmung

Das nach altem Betreuungsrecht geregelte Recht des Betreuers, den Umgang des Betreuten auch mit Wirkung für und gegen Dritte zu bestimmen, wird nunmehr dahin gehend eingeschränkt, dass eine solche Umgangsbestimmung nur dann zulässig ist, wenn der Betreute dies selbst wünscht oder ihm eine konkrete Gefahr droht. Damit darf der Umgang des Betreuten nur dann eingeschränkt werden, wenn andernfalls seine Person oder sein Vermögen erheblich gefährdet würde und der Betreute diese Gefahr aufgrund seiner Erkrankung oder Behinderung nicht erkennen oder nicht nach dieser Einsicht handeln kann. Zudem darf der Betreuer jetzt den Umgang des Betreuten mit anderen Personen nur bestimmen, wenn ihm dieser Aufgabenbereich vom Betreuungsgericht ausdrücklich zugewiesen ist. Näheres dazu unter 6.6.

1.5 Vermögenssorge

Die seit 1.1.2023 geltenden Rechtsänderungen betreffen auch die Vermögensangelegenheiten des Betreuten. Näheres zur Vermögenssorge unter 6.2.

- Auch die Vermögensangelegenheiten des Betreuten hat der Betreuer so zu besorgen, dass der Betreute im Rahmen seiner Möglichkeiten sein Leben nach seinen Wünschen gestalten kann. Der

Betreuer hat den Wünschen nur nicht zu entsprechen, soweit die Person des Betreuten oder dessen Vermögen hierdurch erheblich gefährdet würde und der Betreute diese Gefahr aufgrund seiner Krankheit oder Behinderung nicht erkennen oder nicht nach dieser Einsicht handeln kann. In diesem Fall sowie dann, wenn der Betreute keine Wünsche äußert, hat der Betreuer den mutmaßlichen Willen zu ermitteln und sich daran zu orientieren.

- Auch das Betreuungsgericht hat im Rahmen der gesamten Aufsicht und damit insbesondere auch bei der Erteilung von Genehmigungen im Bereich der Vermögenssorge die Wünsche und Vorstellungen des Betreuten, hilfsweise dessen mutmaßlichen Willen, zu ermitteln und zu berücksichtigen.
- Das Betreuungsgericht kann bei konkreten Anhaltspunkten dafür, dass die Kontrolle der Richtigkeit und Vollständigkeit des Vermögensverzeichnisses durch eine dritte Person zum Schutz des Vermögens des Betreuten erforderlich ist, eine dritte Person als Zeugen bei der Erstellung des Vermögensverzeichnisses hinzuziehen.
- Das vom Betreuer zu erstellende Vermögensverzeichnis muss dem Betreuten vom Betreuungsgericht grundsätzlich zur Kenntnis gegeben werden.

1.6 Beratung und Aufsicht durch das Betreuungsgericht

Die neuen gesetzlichen Regelungen zur Kontrolle des Betreuerhandelns durch das Betreuungsgericht stellen sicher, dass die Betreuung im Interesse größtmöglicher Selbstbestimmung des Betreuten dahin gehend überprüft wird, ob der Betreuer sein Handeln nach den Wünschen des Betreuten ausrichtet und so weit wie möglich eine unterstützte Entscheidungsfindung und -umsetzung ermöglicht wird.

1.6.1 Maßstab für die gerichtliche Kontrolle und Aufsicht

Wie unter 1.3.1 dargelegt, hat der Betreuer die Angelegenheiten des Betreuten nach dessen Wünschen zu besorgen. Dieser wichtige Grundsatz des Betreuungsrechts gilt auch für die Aufsichtstätigkeit des Gerichts, weil dieses das Handeln des Betreuers zu beaufsichtigen hat. Maßstab für alle Maßnahmen der gerichtlichen Kontrolle und Aufsicht (z.B. bei Anordnungen gegenüber dem Betreuer oder bei der Erteilung von Genehmigungen) sind deshalb die Wünsche des Betreuten, hilfsweise sein mutmaßlicher Wille.

1.6.2 Persönliche Anhörung des Betreuten bei Anhaltspunkten für Pflichtwidrigkeiten

Wenn Anhaltspunkte dafür vorliegen, dass der Betreuer pflichtwidrig den Wünschen des Betreuten nicht oder nicht in geeigneter Weise entspricht oder seinen Pflichten gegenüber dem Betreuten in anderer Weise nicht nachkommt, hat das Betreuungsgericht nach neuem Betreuungsrecht den Betreuten grundsätzlich persönlich anzuhören. So wird sichergestellt, dass die zur Ermittlung der Wünsche des Betreuten notwendige Einbeziehung in die Kontrolle der Betreuungsführung tatsächlich stattfindet.

1.6.3 Obligatorischer Anfangsbericht des Betreuers

Der Betreuer hat mit Übernahme der Betreuung einen Bericht über die persönlichen Verhältnisse des Betreuten (Anfangsbericht) zu erstellen. Von der Verpflichtung, einen Anfangsbericht zu erstellen, sind diejenigen ehrenamtlichen Betreuer ausgenommen, die schon vor ihrer Bestellung mit dem Betreuten in einer familiären Beziehung oder persönlichen Bindung standen. Allerdings können diese selbstverständlich auch einen entsprechenden Bericht anfertigen.

Im Anfangsbericht sind die persönliche Situation des Betreuten, die Ziele der Betreuung, die bereits durchgeführten und beabsichtigten Maßnahmen sowie die Wünsche des Betreuten hinsichtlich der Betreuung anzugeben. Durch dieses neue Instrument soll der Betreute möglichst frühzeitig vom Betreuer eingebunden und die Betreuungswünsche ermittelt werden. Ferner können auf der Grundlage des Anfangsberichts Entwicklungen und erreichte Ziele in den folgenden Jahresberichten besser dokumentiert werden (vgl. dazu auch 1.6.5).

Näheres zur Berichtspflicht des Betreuers unter 8.3.

1.6.4 Anfangsgespräch für ehrenamtliche »Angehörigenbetreuer«

Wie unter 1.6.3 dargelegt, sind diejenigen ehrenamtlichen Betreuer von der Verpflichtung, einen Anfangsbericht zu erstellen, ausgenommen, die schon vor ihrer Bestellung mit dem Betreuten in einer familiären Beziehung oder persönlichen Bindung standen. In diesem Fall muss das Betreuungsgericht auf Wunsch des Betreuten oder in anderen geeigneten Fällen ein Eingangsgespräch führen, das die persönliche Situation des Betreuten, die Betreuungsziele und die Wünsche des Betreuten zum Gegenstand hat. Der ehrenamtliche Betreuer soll an dem Gespräch teilnehmen.

1.6.5 Laufende Berichterstattung

Die laufende Aufsicht des Betreuungsgerichts über die Betreuung wird auch dadurch verbessert, dass die Pflichtangaben im jährlich vom Betreuer zu erstellenden Jahresbericht deutlich erweitert und stärker auf die jeweilige Situation des Betreuten, dessen Befinden und Sichtweise auf die Betreuung konzentriert werden. So muss der Betreuer unter anderem Angaben zu Art, Umfang und Anlass der persönlichen Kontakte zum Betreuten, die Umsetzung der bisherigen Betreuungsziele und die Darstellung der bereits durchgeführten und beabsichtigten Maßnahmen machen. Zudem muss jährlich die weitere Erforderlichkeit der Betreuung und ihres Umfangs sowie gegebenenfalls eines Einwilligungsvorbehalts ausdrücklich und substanziiert dargelegt werden. Und um die Einbeziehung des Betreuten nicht nur in die Führung der Betreuung, sondern auch in die gerichtliche Kontrolle sicherzustellen, muss der Betreuer die Umstände mit dem Betreuten besprechen, die dem Betreuungsgericht im Jahresbericht mitgeteilt werden sollen.

Näheres zur Berichtspflicht des Betreuers unter 8.3.

1.6.6 Auskunfts- und Mitteilungspflichten des Betreuers

Die Auskunfts- und Mitteilungspflichten des Betreuers gegenüber dem Betreuungsgericht sind seit 2023 um die Pflicht ergänzt, über die jährliche Berichtspflicht hinaus wesentliche Änderungen der persönlichen und wirtschaftlichen Verhältnisse des Betreuten unverzüglich mitzuteilen. Näheres dazu unter 8.4.

1.7 Qualität der ehrenamtlichen Betreuung

Vorrang bei der Auswahl des Betreuers genießen ehrenamtliche Betreuer. Dabei handelt es sich um Personen, die außerhalb einer beruflichen Tätigkeit rechtliche Betreuungen führen. Ehrenamtliche Betreuer können sowohl Personen, die familiäre Beziehungen oder persönliche Bindungen zum Betroffenen haben, als auch andere Personen sein. Die besondere Qualität der ehrenamtlichen Betreuung liegt bei Betreuern mit einer familiären Beziehung oder einer persönlichen Bindung zum Betreuten in dem bei Übernahme der Betreuung bereits bestehenden Näheverhältnis, das in aller Regel aufseiten des Betreuers mit vertieften Kenntnissen über die persönlichen Wünsche, Vorstellungen und Präferenzen des Betreuten sowie der Bereitschaft zu einem erhöhten persönlichen Zeit- und Müheeinsatz verbunden ist.

Ziel des neuen Betreuungsrechts war es auch, durch verschiedene Maßnahmen die Qualität der ehrenamtlichen Betreuung zu verbessern.

1.7.1 Persönliche Eignung und Zuverlässigkeit als generelle Eignungsanforderung

Seit 1.1.2023 müssen alle ehrenamtlichen Betreuer bei Übernahme einer Betreuung über eine persönliche Eignung und Zuverlässigkeit verfügen und diese nachweisen. Bereits bei der Erstellung ihres Betreuervorschlags soll die Betreuungsbehörde prüfen, ob diese Voraussetzungen vorliegen. Hierzu hat der potenzielle ehrenamtliche Betreuer der zuständigen Behörde ein Führungszeugnis und eine Auskunft aus dem Schuldnerverzeichnis vorzulegen, die beide nicht älter als drei Monate sein sollen. Näheres dazu unter 4.8.1.

1.7.2 Anbindung an einen Betreuerverein

Das neue Betreuungsrecht bindet ehrenamtliche Betreuer an Betreuungsvereine an und stellt so deren kompetente und konstante Begleitung während der Betreuungsführung sicher. Umgesetzt wird dies durch den Abschluss einer Vereinbarung über eine kontinuierliche Beratung, Fortbildung und Unterstützung zwischen dem potenziellen ehrenamtlichen Betreuer und einem anerkannten Betreuungsverein.

Achtung: Eine Verpflichtung zur Anbindung an einen Betreuungsverein besteht für ehrenamtliche Betreuer mit einer familiären Beziehung oder persönlichen Bindung zum Betreuten nicht.

1.7.3 Steigerung der Attraktivität des ehrenamtlichen Betreueramts

Das neue Betreuungsrecht sieht Maßnahmen vor, die die Attraktivität des ehrenamtlichen Betreueramts steigern sollen.

- Das Betreuungsgericht kann schon vorsorglich einen Verhinderungsbetreuer bestellen, der die Angelegenheiten des Betreuten zu besorgen hat, wenn und soweit der Betreuer aus tatsächlichen Gründen verhindert ist. Damit kann vermieden werden, dass im Falle einer vorübergehenden tatsächlichen Verhinderung eines Betreuers, insbesondere wegen Krankheit oder Urlaubs, bei einem in dieser Zeit bestehenden Betreuungsbedarf jedes Mal von Neuem ein gerichtliches Verfahren zur Bestellung eines Verhinderungsbetreuers eingeleitet werden muss. Die neue Regelung bewirkt also eine Entlastung für den Betreuer.
- Der Kreis der »befreiten Betreuer« wird erweitert. Dabei handelt es sich um Betreuer, die hinsichtlich der Geldanlage und der Vermögensverwaltung von verschiedenen gesetzlichen Verpflichtungen befreit sind (vgl. dazu 6.2.3 und 6.2.5). Erweitert wird der Kreis der von Gesetzes wegen befreiten Betreuer auf die Verwandten in gerader Linie, sodass auch Großeltern und Enkel befreite Betreuer sind, sowie auf Geschwister des Betreuten.
- Für befreite Betreuer besteht keine Pflicht mehr zur Schlussrechnungslegung. Stattdessen haben sie nur eine Vermögensübersicht mit einer Übersicht über die Einnahmen und Ausgaben seit der letzten Vermögensübersicht zu erstellen und deren Richtigkeit an Eides statt zu versichern (vgl. dazu 9.2.4).
- Erleichterungen gibt es für ehrenamtliche Betreuer hinsichtlich der Geltendmachung der Aufwandspauschale. Die bisherige knappe Frist von drei Monaten nach Ablauf des Jahres, in dem der Anspruch entstanden ist, wurde auf sechs Monate verlängert (vgl. dazu 8.7.1).

1.8 Qualität der beruflichen Betreuung

Berufsbetreuer sind Personen, die selbstständig oder als Mitarbeiter eines anerkannten Betreuungsvereins rechtliche Betreuungen führen, registriert sind oder als registriert gelten. Im Interesse des Betreuten sieht das neue Betreuungsrecht auch eine Reihe von Verbesserungen bei der beruflichen Betreuung vor.

1.8.1 Bundeseinheitliches Registrierungsverfahren

Zur Sicherstellung einer einheitlichen Qualität der beruflichen Betreuung wurde durch das neue Bereuungsrecht für berufliche Betreuer ein Registrierungsverfahren eingeführt. Für die Registrierung müssen die persönliche Eignung und Zuverlässigkeit (geordnete Vermögensverhältnisse, Vorlage eines Führungszeugnisses), eine ausreichende Sachkunde (Vorhandensein bestimmter Fachkenntnisse) sowie das Vorliegen einer Berufshaftpflichtversicherung zur Deckung der sich aus der Berufstätigkeit ergebenden Haftpflichtgefahren nachgewiesen werden.

1.8.2 Eignungsvoraussetzungen

Heute muss ein beruflicher Betreuer für alle Arten von Betreuungen eine fachliche Mindestqualifikation aufweisen. Voraussetzungen für eine Registrierung sind die persönliche Eignung und Zuverlässigkeit und eine ausreichende Sachkunde für die Tätigkeit als beruflicher Betreuer.

- Die für die Registrierung erforderliche Zuverlässigkeit fehlt, wenn die Person hinsichtlich der Tätigkeit als beruflicher Betreuer einem Berufsverbot nach § 70 Strafgesetzbuch (StGB) unterliegt oder die Person in den letzten drei Jahren, bevor der Registrierungsantrag gestellt wurde, wegen eines Verbrechens oder eines vorsätzlich begangenen, für die Führung einer Betreuung relevanten Vergehens rechtskräftig verurteilt worden ist.

- Auch ungeordnete Vermögensverhältnisse stellen einen Fall fehlender Zuverlässigkeit dar. Zum Schutz des Betreuten wird deshalb vor der Registrierung eines beruflichen Betreuers geprüft, ob dieser in geordneten wirtschaftlichen Verhältnissen lebt.
- Die erforderliche Sachkunde muss durch Kenntnisse des Betreuungsrechts, des dazugehörigen Verfahrensrechts sowie auf den Gebieten der Personen- und Vermögenssorge, Kenntnisse des sozialrechtlichen Unterstützungssystems und Kenntnisse der Kommunikation mit Erkrankungen und Behinderungen und von Methoden der Unterstützung bei der Entscheidungsfindung nachgewiesen werden.

1.8.3 Berufshaftpflichtversicherung

Zwingende Voraussetzung für die Registrierung eines beruflichen Betreuers ist künftig eine Berufshaftpflichtversicherung zur Deckung der sich aus der Berufstätigkeit ergebenden Haftpflichtverfahren.

1.8.4 Leistungen an berufliche Betreuer

Beruflichen Betreuern ist es grundsätzlich untersagt, von den von ihn Betreuten Geld oder geldwerte Leistungen anzunehmen. Mit dieser Neuregelung soll verhindert werden, dass die Hilf- oder Arglosigkeit von betreuungsbedürftigen Menschen durch ihre Betreuer in finanzieller Hinsicht ausgenutzt wird. Der Schutz ist auch deshalb notwendig, weil ein Betreuer aufgrund der besonderen Konstellation häufig erhebliche Einflussmöglichkeiten auf die finanziellen Belange, aber nicht selten auch auf die Entschlussfähigkeit des Betreuten hat. Zuwendungen des Betreuten darf der Betreuer auch nicht im Rahmen einer Verfügung von Todes wegen (z.B. Erbeinsetzung, Zuwendung von Vermächtnissen) annehmen. Das soll Betreute davor bewahren, dass ihr Recht auf freie Verfügung von Todes wegen durch offenen oder versteckten Druck faktisch eingeschränkt wird.

1.9 Schutz des Betreuten vor Missbrauch

Zur Sicherung der Qualität rechtlicher Betreuung gehört es, dass der Betreute möglichst effektiv gegen Missbrauch der dem Betreuer übertragenen Handlungsbefugnisse geschützt ist. In diesem Zusammenhang enthält das aktuelle Betreuungsrecht verschiedene Maßnahmen zur Vorbeugung von Missbrauch der Betreuerstellung.

1.9.1 Übersendung des Vermögensverzeichnisses an den Betreuten

Der Betreuer ist bereits nach altem Betreuungsrecht verpflichtet, über das Vermögen des Betreuten ein Verzeichnis zu erstellen. Das Vermögensverzeichnis bildet die Grundlage für die Aufsicht des Betreuungsgerichts über die Führung der Vermögenssorge durch den Betreuer. Damit der Betreute selbst die Möglichkeit erhält, das vom Betreuer eingereichte Vermögensverzeichnis zu überprüfen, soll es ihm jetzt grundsätzlich zur Kenntnis gegeben, also in der Regel in Kopie übersandt werden.

1.9.2 Einführung eines Vier-Augen-Prinzips bei der Erstellung des Vermögensverzeichnisses

In bestimmten Konstellationen kann es erforderlich sein, bei der Erstellung des Vermögensverzeichnisses einen Zeugen hinzuzuziehen. Dies dient zum einen dem Schutz des Betreuten vor einem Missbrauch der Betreuerstellung, aber auch der Absicherung des Betreuers, etwa vor dem Vorwurf, er habe Vermögenswerte an sich genommen oder beiseitegeschafft. Nach neuem Betreuungsrecht kann zur Vermeidung eines solchen Missbrauchs der Betreuerstellung oder eines hierauf gerichteten Verdachts das Gericht zur Erstellung des Vermögensverzeichnisses und hier insbesondere bei der erstmaligen Inaugenscheinnahme von Vermögensgegenständen, etwa dem erstmaligen Betreten einer Wohnung oder der Öffnung eines Schließfachs, eine konkret zu benennende dritte Person hinzuziehen.

1.9.3 Genereller Ausschluss bestimmter Personen von der Betreuertätigkeit

Das neue Betreuungsrecht weitet zur Vorbeugung von Missbrauch den Ausschluss bestimmter Personen von der Bestellung als Betreuer aus. Während vor 2023 nur ein Abhängigkeitsverhältnis oder eine sonstige enge Beziehung zu einer Wohn- oder Unterbringungseinrichtung zu einem Ausschluss als Betreuer geführt hat, gilt dies heute auch für alle Personen mit einer engen Verbindung zu solchen ambulanten Diensten, die in der Versorgung des Volljährigen tätig sind. Ebenso wie bei abhängig Beschäftigten von Wohneinrichtungen besteht auch bei diesen Personen die Gefahr von Interessenkonflikten, da häufig auch die Kontrolle der ambulanten Versorgung zu den Aufgaben eines Betreuers gehört.

1.9.4 Auskunftspflicht des Betreuers gegenüber nahestehenden Angehörigen

Im Rahmen einer stärkeren Einbindung von nahen Angehörigen und sonstigen Vertrauenspersonen in die Betreuungsführung im Interesse des Betreuten wurde im neuen Betreuungsrecht eine Auskunftspflicht des Betreuers gegenüber nahestehenden Angehörigen und Vertrauenspersonen des Betreuten eingeführt. Eingeschränkt wird die Auskunftspflicht auf die Fälle und den Umfang, in denen die Erteilung einer solchen Auskunft dem Wunsch oder mutmaßlichen Willen des Betreuten entspricht und sie dem Betreuer zuzumuten ist.

1.10 Vorsorgevollmacht

Neue Regelungen gibt es auch im Zusammenhang mit der Vorsorgevollmacht. Durch eine solche Vollmacht kann zwar einerseits eine Betreuung vermieden werden, weil sie vorrangig zu berücksichtigen ist (vgl. dazu 3.4.2), andererseits birgt dieses Instrument aber auch die Gefahr des Missbrauchs, weil die Kontrolle des Bevollmächtigten begrenzt ist.

- Neu ist, dass eine Vorsorgevollmacht bei einem bestehenden, aber noch nicht bestätigten Missbrauchsverdacht vom Betreuungsgericht vorübergehend und kurzfristig suspendiert werden kann, ohne sie sogleich widerrufen zu müssen. Hierzu kann das Gericht anordnen, dass der Bevollmächtigte die ihm erteilte Vollmacht nicht ausüben darf. Dies ist vorgesehen für solche Situationen, in denen zwar dringende Anhaltspunkte für die Notwendigkeit eines Widerrufs vorliegen, diese aber noch nicht ausreichend festgestellt werden können.
- Ferner regelt das aktuelle Betreuungsrecht die Voraussetzungen, unter denen der Betreuer eine Vollmacht oder einen Teil einer Vollmacht, die den Bevollmächtigten zu Maßnahmen der Personensorge oder zu Maßnahmen in wesentlichen Bereichen der Vermögenssorge ermächtigt, widerrufen kann. Zugleich wird festgelegt, dass der Widerruf der Genehmigung des Betreuungsgerichts bedarf.

2 Wichtige Prinzipien der Betreuung

Das Wesen der Betreuung besteht darin, dass eine hilfsbedürftige Person Unterstützung durch einen Betreuer erhält, der ihre Angelegenheiten in einem gerichtlich genau festgelegten Aufgabenkreis rechtlich besorgt. Dabei berücksichtigt das gesetzliche Betreuungsrecht unter anderem

- den Grundsatz der Erforderlichkeit, das heißt, dass ein Betreuer nur dann bestellt werden darf, wenn ein Volljähriger seine Angelegenheiten ganz oder teilweise nicht mehr besorgen kann und dies auf einer Krankheit oder einer Behinderung beruht,
- den Vorrang anderer Hilfen, das heißt, dass ein Betreuer nicht bestellt werden darf, wenn die Angelegenheiten des Betroffenen durch einen Bevollmächtigten gleichermaßen besorgt werden können oder wenn ausreichende andere Hilfen vorhanden sind, bei denen kein gesetzlicher Vertreter bestellt wird,
- den Grundsatz der persönlichen Betreuung, das heißt, dass eine Person als Betreuer nur dann geeignet ist, wenn sie persönlichen Kontakt zu dem Betreuten halten kann,
- den Vorrang der Wünsche des Betroffenen, das heißt, dass der Betreuer die Angelegenheiten des Betreuten grundsätzlich so zu besorgen hat, dass dieser im Rahmen seiner Möglichkeiten sein Leben nach seinen Wünschen gestalten kann, gegenüber den objektiven Interessen, wenn sie seinem Wohl nicht zuwiderlaufen, und
- den Schutz in persönlichen und vermögensrechtlichen Angelegenheiten des Betreuten.

In Deutschland gibt es kein »Betreuungsgesetz«, in dem alle die Betreuung einer volljährigen Person betreffenden Fragen geregelt sind. Schwerpunktmäßig ist das Betreuungsrecht im Bürgerlichen Gesetzbuch (BGB) in den §§ 1814 bis 1881 geregelt. Regelungen über die Vergütung und den Aufwendungsersatz für ehrenamtliche Betreuer enthalten die §§ 1875 bis 1881 BGB, für berufliche Betreuer das Vormünder- und Betreuervergütungsgesetz (VBVG). Die Vorschriften über das gerichtliche Betreuungsverfahren finden sich im Gesetz über das Verfahren in Familiensachen und in den Angelegenheiten der freiwilligen Gerichtsbarkeit (FamFG). Im Betreuungsorganisationsgesetz (BtOG) sind die Rechtsstellung und die Aufgaben der Betreuungsbehörden, der Betreuungsvereine und der rechtlichen Betreuer (ehrenamtliche und berufliche Betreuer) als wesentliche im Betreuungsrecht tätige Akteure ausgestaltet.

2.1 Grundsatz der Erforderlichkeit der Betreuerbestellung

Für das gesetzliche Betreuungsrecht hat der sogenannte Erforderlichkeitsgrundsatz besondere Bedeutung. Er wird insbesondere bei den Voraussetzungen für die Bestellung des Betreuers, beim Umfang und bei der Dauer der Betreuung sowie bei der Bestimmung des Aufgabenkreises des Betreuers konkretisiert.

2.1.1 Hilfsbedürftigkeit

Zentrale Voraussetzung für die Bestellung eines Betreuers ist, dass eine volljährige Person ihre Angelegenheiten ganz oder teilweise rechtlich nicht besorgen kann (§ 1814 Abs. 1 Satz 1 BGB). Gegenüber der Möglichkeit, dass sich der Betroffene selbst hilft, ist also die Betreuung immer nachrangig. Maßgebend dafür, ob ein Fürsorgebedürfnis besteht, ist die konkrete Lebenssituation des Betroffenen. Es muss ein konkreter Handlungsbedarf bestehen. Sind also keine Angelegenheiten zu besorgen, darf ein Betreuer nicht bestellt werden. Näheres dazu unter 3.1.

Die Bestellung eines Betreuers erübrigt sich dann, wenn der Betroffene eine Vollmacht erteilt hat und damit seine Handlungsfähigkeit gewährleistet ist. Die Einrichtung einer Betreuung ist auch dann nicht erforderlich, wenn die Angelegenheiten des Betroffenen durch andere Hilfen, bei denen kein Vertreter bestellt wird, erledigt werden können, insbesondere durch solche Unterstützung, die auf sozialen Rechten oder anderen Vorschriften beruht (§ 1814 Abs. 3 BGB). Einzelheiten dazu unter 3.4.2 und 3.4.3.

2.1.2 Medizinische Voraussetzungen

Neben dem Betreuungsbedarf setzt die Bestellung eines Betreuers einen bestimmten medizinischen Befund voraus. Zur Hilfsbedürftigkeit muss als subjektive Betreuungsvoraussetzung hinzukommen, dass die betroffene Person an einer Krankheit oder Behinderung leidet. Zudem kann ein Betreuer grundsätzlich nur für eine volljährige Person bestellt werden (§ 1814 Abs. 1 BGB). Näheres dazu unter 3.2.

2.1.3 Nachrang der Betreuung

Ein Betreuer darf nur für Aufgabenbereiche bestellt werden, in denen die Betreuung erforderlich ist. Können die Angelegenheiten des Betreuten durch einen Bevollmächtigten besorgt werden oder kommen andere Hilfen in Betracht, bei denen kein gesetzlicher Betreuer bestellt wird, ist eine Betreuung unzulässig (§ 1814 Abs. 3 BGB).

Der Betreuer vertritt im Rahmen seines Aufgabenkreises den Betreuten gerichtlich und außergerichtlich (§ 1823 BGB). Damit muss zwangsläufig ein Betreuer bestellt werden, wenn eine gesetzliche Vertretung des Betroffenen notwendig ist und der Betreute die betreffende Angelegenheit wegen einer Krankheit oder Behinderung nicht selbst wahrnehmen kann. Voraussetzung ist allerdings nicht, dass der Betroffene geschäftsunfähig sein muss. Ausreichend ist es, dass der Betroffene Unterstützung benötigt, um seine eigenen Rechte geltend zu machen. In diesem Fall ist die Bestellung eines Betreuers jedoch nur dann zulässig, wenn dem Betroffenen keine anderen ausreichenden Formen der Unterstützung zur Verfügung stehen (Grundsatz des Nachrangs der rechtlichen Betreuung).

Notvertretungsrecht des Ehegatten

Besteht ein Vertretungsrecht des Ehegatten, ist die Bestellung eines Betreuers nicht zulässig. In diesem Zusammenhang ist insbesondere das zeitlich befristete gegenseitige Notvertretungsrecht von Ehegatten in Angelegenheiten der Gesundheitssorge von Bedeutung. Dieses greift in der Regel dann ein, wenn eine akut eingetretene gesundheitliche Beeinträchtigung eines Ehegatten wegen eines Unfalls oder einer Erkrankung eine ärztliche Akutversorgung notwendig macht. Soweit der vertretende Ehegatte auf der Grundlage und im Rahmen dieses Vertretungsrechts den aktuellen rechtlichen Regelungsbedarf umfassend erledigen kann, ist die gerichtliche Bestellung dieses Ehegatten oder auch einer anderen Person als Betreuer nicht erforderlich. Näheres dazu unter 3.4.1.

Vorrang der Bevollmächtigung

Auch wenn die Angelegenheiten des Fürsorgebedürftigen ebenso gut durch einen Bevollmächtigten besorgt werden können, darf hierfür kein Betreuer bestellt werden (§ 1814 Abs. 3 Satz 2 Nr. 1 BGB). In diesem Zusammenhang geht es nicht nur um Vollmachten, die ein Betreuungsbedürftiger erteilen kann, wenn er geschäftsfähig ist, sondern auch um Vollmachten, die nicht Betreuungsbedürftige ausdrücklich für den Fall ihrer Betreuungsbedürftigkeit erteilen, insbesondere die sogenannten Vorsorgevollmachten (§ 1820 BGB). In diesem Fall kommt die Bestellung eines Betreuers grundsätzlich nur dann in Betracht, wenn die Vorsorgevollmacht nicht umfassend ist, also den Aufgabenbereich nicht abdeckt, für den eine Betreuung erforderlich ist. Ferner kann die Bestellung eines Betreuers dann erforderlich werden, wenn die Umstände des Einzelfalles, insbesondere Umfang, Schwierigkeit und Bedeutung der dem Bevollmächtigten übertragenen Geschäfte oder ein vorangegangenes Verhalten des Bevollmächtigten dessen Überwachung durch das Betreuungsgericht erfordern. In diesem Zusammenhang kann ein Betreuer auch mit dem Aufgabenkreis der Geltendmachung von Rechten des Betreuten gegenüber seinem Bevollmächtigten bestellt werden. Auch dann, wenn aufgrund konkreter Anhaltspunkte davon auszugehen ist, dass der Bevollmächtigte die Angelegenheiten des Vollmachtgebers nicht entsprechend der Vereinbarung oder dem erklärten oder mutmaßlichen Willen des Vollmachtgebers besorgt, kommt die Einrichtung einer sogenannten Kontrollbetreuung in Betracht (§ 1820 Abs. 2 BGB).

Einzelheiten zur Vorsorgevollmacht unter 3.4.2.

Tatsächliche Hilfen

Die Bestellung eines Betreuers ist nicht erforderlich, soweit die Angelegenheiten des Betroffenen durch Hilfen, bei denen kein gesetzlicher Vertreter bestellt wird, erledigt werden können, insbesondere durch solche Unterstützungen, die auf sozialen Rechten oder anderen Vorschriften beruhen (§ 1814 Abs. 3 Satz 2 Nr. 2 BGB). Als solche anderen Hilfen kommen insbesondere die Hilfe durch Familienangehörige, Bekannte, Nachbarn, aber auch durch Verbände oder die öffentliche Hand (insbesondere die sozialen Dienste) in Betracht. Wenn der Betroffene nur einen Pfleger für Waschen, Kochen, Einkaufen, Körperpflege oder ärztliche Hilfe benötigt, ist keine rechtliche Betreuung notwendig. Der Nachrang der Betreuung endet allerdings dort, wo die Angelegenheiten des Betroffenen durch andere Hilfen nicht ebenso gut wie durch einen Betreuer besorgt werden können. Das kann auch daran liegen, dass der Betroffene zu einer erforderlichen Mitwirkung oder Zusammenarbeit nicht bereit oder in der Lage ist. So kann sich insbesondere die Notwendigkeit einer gesetzlichen Vertretung ergeben, wenn der Betroffene nicht in der Lage ist, ihm zustehende Hilfeleistungen zu beantragen.

2.1.4 Anlass der Betreuung

Liegen eine Hilfsbedürftigkeit und ein medizinischer Grund vor, so bestellt das Gericht auf Antrag des Betroffenen oder von Amts wegen einen Betreuer. Soweit der Betroffene seine Angelegenheiten lediglich aufgrund einer körperlichen Krankheit oder Behinderung nicht wahrnehmen kann, gilt eine Sonderreglung dahin gehend, dass eine Betreuung grundsätzlich nur auf Antrag des Betroffenen, also nicht von Amts wegen, zulässig ist (§ 1814 Abs. 4 BGB). Vgl. dazu 3.5.

2.1.5 Festlegung des Umfangs der Betreuung

Auch für die Entscheidung, für welche Angelegenheiten dem Betroffenen ein Betreuer bestellt werden soll, kommt dem Erforderlichkeitsgrundsatz besondere Bedeutung zu. Bestellt das Gericht einen Betreuer, legt es gleichzeitig je nach Hilfsbedürftigkeit des Betroffenen den Aufgabenkreis des Betreuers unter Benennung der einzelnen Aufgabenbereiche fest (§ 286 Abs. 1 Nr. 1 FamFG). Die Angelegenheiten, die dem Betreuer vom Gericht zur Besorgung für den Betreuten übertragen werden, werden als »Aufgabenkreis« bezeichnet. Der Aufgabenkreis eines Betreuers besteht aus einem oder mehreren Aufgabenbereichen.

Ein Aufgabenbereich darf nur angeordnet werden, wenn und soweit dessen rechtliche Wahrnehmung durch einen Betreuer erforderlich ist, der Betreute also selbst nicht (mehr) in der Lage ist, die betreffenden Angelegenheiten zu regeln (§ 1815 Abs. 1 BGB). Nicht zulässig ist es also, dem Betreuer formularmäßig und ohne eingehende Prüfung verhältnismäßig umfangreiche Aufgabenbereiche zuzuweisen, so etwa die gesamte Personen- oder Vermögenssorge.

Die Aufgabenbereiche müssen vom Betreuungsgericht im Einzelnen angeordnet werden. Unzulässig ist es also, dass eine Betreuung in allen Angelegenheiten angeordnet wird. Die Betreuung kann sich auf einzelne Angelegenheiten des Betreuten beschränken (z. B. Antrag auf Sozialhilfe für den Betreuten), es können dem Betreuer aber auch als Oberbegriff Bereiche wie beispielsweise die Vermögenssorge übertragen werden. In jedem Fall aber muss das Gericht für jeden Aufgabenbereich prüfen, ob dessen rechtliche Wahrnehmung durch einen Betreuer erforderlich ist. Der Aufgabenbereich muss so eng bestimmt werden, wie es das Hilfsbedürfnis des Bedürftigen erfordert. Welche Angelegenheiten der Betroffene noch selbst besorgen kann und wofür er einen Betreuer benötigt, hat das Betreuungsgericht unter Berücksichtigung der konkreten aktuellen Lebenssituation des Betroffenen festzustellen. Dazu Näheres unter 6.1.

Achtung: Selbst wenn dem Betreuer ein bestimmter Aufgabenbereich übertragen wurde, bedarf er für Entscheidungen, die mit einem schwerwiegenden Eingriff in das Selbstbestimmungsrecht des Betreuten verbunden sind, der Genehmigung des Betreuungsgerichts. Dazu gehören beispielsweise eine mit Freiheitsentziehung verbundene Unterbringung des Betreuten, die Einwilligung des Betreuers in bestimmte ärztliche Maßnahmen, die Bestimmung des Umgangs und die Aufgabe von Wohnraum des Betreuten, Rechtsgeschäfte über Grundstücke und erbrechtliche Rechtsgeschäfte wie beispielsweise die Ausschlagung einer Erbschaft.

Zwar sind die möglichen Aufgabenbereiche nicht gesetzlich ausgezählt, in der Praxis lassen sich jedoch die jeweiligen Angelegenheiten unter die Begriffe »Personensorge« und »Vermögenssorge« einordnen.

- Zu den Angelegenheiten der Personensorge gehören die Bereiche Heilbehandlung und Gesundheitssorge, die Aufenthaltsbestimmung, Unterbringung des Betreuten, Umgang mit anderen Personen und Wohnungsangelegenheiten.
- Die Vermögenssorge umfasst die finanziellen Angelegenheiten des Betreuten, unabhängig davon, ob es sich um Vorgänge des Aktivvermögens oder der Schulden handelt. Erfasst werden alle rechtlichen und tatsächlichen Maßnahmen, die darauf gerichtet sind, das Vermögen des Betreuten zu erhalten, zu verwerten und zu vermehren. Die Vermögenssorge umfasst auch die Verfolgung von Ansprüchen des Betreuten (z.B. aus Kauf- oder Mietverträgen) und die Abwehr unberechtigter Ansprüche von dritten Personen (z.B. des Vermieters).

Näheres zum Aufgabenkreis, der dem Betreuer vom Gericht übertragen werden kann, unter 6.2 ff.

2.1.6 Dauer der Betreuung

Auch die Dauer der Betreuung unterliegt dem Erforderlichkeitsgrundsatz. Die Bestellung eines Betreuers darf nicht länger als notwendig dauern. Die Betreuung ist also aufzuheben, wenn ihre Voraussetzungen weggefallen sind. Wenn diese Voraussetzungen nur für einen Teil der Aufgabenbereiche des Betreuers wegfallen, muss dessen Aufgabenkreis eingeschränkt werden (§ 1871 Abs. 1 BGB).

Das Betreuungsgericht muss bereits mit dem Beschluss über die Bestellung eines Betreuers festlegen, bis zu welchem Zeitpunkt über die Aufhebung oder Verlängerung einer Betreuungsmaßnahme zu entscheiden ist (§ 286 Abs. 3 FamG). Falls das Gericht keinen geringeren Zeitraum bestimmt, ist spätestens nach sieben Jahren über die Aufhebung oder Verlängerung der Betreuung zu entscheiden. Ist die Maßnahme gegen den erklärten Willen des Betroffenen angeordnet worden, ist über eine erstmalige Verlängerung spätestens nach zwei Jahren zu entscheiden (§ 295 Abs. 2 FamFG). Bereits vor Ablauf der gerichtlichen oder gesetzlichen Überprüfungsfrist kann der Betroffene die Überprüfung der Betreuungsvoraussetzungen mit dem Ziel beantragen, die Betreuung wieder aufzuheben oder den dem Betreuer übertragenen Aufgabenkreis einzuschränken, wenn der Betreuer auf Antrag des Betreuten bestellt wurde (§ 1871 Abs. 2 BGB).

Näheres zur Beendigung der Betreuung unter 9.2.

2.2 Auswahl des Betreuers

Wenn feststeht, dass ein Betreuer bestellt werden muss, weil eine volljährige Person ihre Angelegenheiten ganz oder teilweise wegen einer Krankheit oder Behinderung nicht besorgen kann, muss das Betreuungsgericht einen Betreuer auswählen. Die Auswahlgrundsätze sind gesetzlich festgelegt. In jedem Fall muss der Betreuer dafür geeignet sein, in dem gerichtlich angeordneten Aufgabenbereich die Angelegenheiten des Betreuten zu besorgen.

2.2.1 Auswahlgrundsätze

Bei der Auswahl des Betreuers hat das Gericht eine gesetzlich festgelegte Rangfolge einzuhalten (§ 1816 BGB). Priorität bei der Auswahl des Betreuers haben die Wünsche des Betroffenen. Wünscht dieser eine Person als Betreuer, so muss das Gericht diesem Wunsch entsprechen, es sei denn, die gewünschte Person ist zur Führung der Betreuung nicht geeignet. Dies gilt grundsätzlich auch, wenn der Betroffene eine bestimmte Person als Betreuer ablehnt. Schlägt der Betroffene niemanden vor, der zum Betreuer bestellt werden kann oder ist die gewünschte Person nicht geeignet, so sind bei der Auswahl des Betreuers die familiären Beziehungen des Betroffenen, insbesondere zum Ehegatten, zu Eltern und zu Kindern, seine persönlichen Bindungen sowie die Gefahr von Interessenkonflikten zu berücksichtigen. Eine Person, die keine familiäre Beziehung oder persönliche Bindung zu dem Betroffenen hat, soll nur dann zum ehrenamtlichen Betreuer bestellt werden, wenn sie mit einem anerkannten Betreuungsverein oder mit der zuständigen Behörde eine Vereinbarung über eine Begleitung und Unterstützung geschlossen hat.

Ein beruflicher Betreuer soll nur dann zum Betreuer bestellt werden, wenn keine geeignete Person für die ehrenamtliche Führung der Betreuung zur Verfügung steht. Einen anerkannten Betreuungsverein bestellt das Gericht zum Betreuer, wenn der Betroffene durch eine oder mehrere natürliche Personen nicht hinreichend betreut werden kann. Kann der Volljährige weder durch eine oder mehrere natürliche Personen noch durch einen Betreuungsverein hinreichend betreut werden, so bestellt das Betreuungsgericht die zuständige Betreuungsbehörde zum Betreuer.

Näheres zur Auswahl des Betreuers unter 4.8.1.

2.2.2 Persönliche Eignung und Zuverlässigkeit

Die Übernahme eines Betreueramts setzt sowohl für den ehrenamtlichen wie auch für den beruflichen Betreuer die persönliche Eignung und Zuverlässigkeit voraus. Die persönliche Eignung umfasst insbesondere auch die Bereitschaft des Betreuers, die Betreuung nach den gesetzlichen Vorgaben zu führen, insbesondere die Wünsche des Betreuten festzustellen und nach den gesetzlichen Maßgaben umzusetzen. Besondere Fachkenntnisse oder betreuungsrechtliche Vorkenntnisse sind keine Voraussetzung für die Übernahme einer ehrenamtlichen Betreuung.

Näheres zu den Eignungskriterien für die Auswahl des Betreuers unter 4.8.1.

2.2.3 Persönlicher Kontakt mit dem Betreuten

Eine Person ist nur dann als Betreuer geeignet, wenn sie in der Lage ist, in dem für die Betreuung erforderlichen Umfang persönlichen Kontakt mit dem Betreuten zu halten (§ 1816 Abs. 1 BGB).

Die Kernaufgaben des dem Betreuer übertragenen Aufgabenbereichs müssen von diesem persönlich wahrgenommen werden. Ein wichtiger Teil der Aufgabe des Betreuers ist deshalb der persönliche Kontakt, insbesondere das Gespräch mit dem Betreuten. In welchem Umfang dann letztlich ein persönlicher Kontakt stattfindet, hängt in erster Linie von der Art und dem Umfang des dem Betreuer zugewiesenen Aufgabenbereichs und der Krankheit oder Behinderung des Betroffenen ab, nicht zuletzt aber auch davon, ob der Betreute den Kontakt zum Betreuer wünscht oder ablehnt. Der Grundsatz der persönlichen Betreuung wird gesetzlich durch mehrere Regelungen konkretisiert (Näheres dazu unter 8.2.3):

- Die Betreuung durch persönlichen Kontakt zum Betreuten wird umso leichter möglich sein, je stärker sich ein Vertrauensverhältnis zwischen dem Betreuten und dem Betreuer entwickelt. Deshalb hat das Gericht einem Wunsch des Betroffenen zu entsprechen, wenn dies möglich ist, insbesondere wenn der Vorgeschlagene zur Betreuung geeignet ist. Schlägt der Betroffene niemanden vor, der zum Betreuer bestellt werden kann oder ist die gewünschte Person nicht geeignet, so sind bei der Auswahl des Betreuers die familiären Beziehungen des Betreuten, insbesondere zum Ehegatten, zu Eltern und zu Kindern, seine persönlichen Bindungen sowie die Gefahr von Interessenkonflikten zu berücksichtigen (§ 1816 Abs. 3 BGB).

- Zu den gesetzlichen Pflichten des Betreuers gehört es, dass er den erforderlichen persönlichen Kontakt zum Betreuten hält, er sich regelmäßig einen persönlichen Eindruck von ihm verschafft und dessen Angelegenheiten mit ihm bespricht (§ 1821 Abs. 5 BGB).
- Das Betreuungsgericht hat den Betreuer zu entlassen, wenn dessen Eignung, die Angelegenheiten des Betreuten zu besorgen, nicht oder nicht mehr gewährleistet ist oder ein anderer wichtiger Grund für die Entlassung vorliegt. Ein wichtiger Grund liegt auch vor, wenn der Betreuer den persönlichen Kontakt zum Betreuten nicht halten kann (§ 1868 Abs. 1 BGB).

2.3 Wünsche des Betreuten

Die Wünsche des Betroffenen sind nicht nur bei der Auswahl des Betreuers durch das Gericht von Bedeutung, sie sind auch Maßstab für dessen Handeln im Rahmen der Betreuung. Der Betreuer hat die Angelegenheiten des Betreuten so zu besorgen, dass dieser im Rahmen seiner Möglichkeiten sein Leben nach seinen Wünschen gestalten kann. Dies gilt auch für die Wünsche, die der Betreute vor der Bestellung des Betreuers geäußert hat, es sei denn, dass er an diesen Wünschen nicht festhalten will (§ 1821 Abs. 2 BGB). Insgesamt wird so sichergestellt, dass die Wahrung und die Verwirklichung der Selbstbestimmung des Betreuten im Mittelpunkt stehen und ihr Schutz gewährleistet wird. Die Wünsche des Betreuten sind damit der entscheidende Maßstab für das Handeln des Betreuers. Dem Betreuten wird die Freiheit der eigenen Lebensgestaltung gewährleistet.

Den Wünschen und Vorstellungen des Betreuten muss der Betreuer allerdings nicht entsprechen, soweit die Person des Betreuten oder dessen Vermögen erheblich gefährdet würde und der Betreute diese Gefahr aufgrund seiner Krankheit oder Behinderung nicht erkennen oder nicht nach dieser Einsicht handeln kann oder dies dem Betreuer nicht zumutbar ist (§ 1821 Abs. 3 BGB).

Näheres dazu unter 8.2.2.

2.4 Schutz des Betreuten in persönlichen Angelegenheiten

Bei der Betreuung stehen die persönlichen Angelegenheiten des Betroffenen im Vordergrund. Zur Personensorge gehören vor allem die Gesundheitssorge, die Bestimmung des Aufenthaltsorts und des Umgangs des Betreuten, Wohnungsangelegenheiten und die Unterbringung der fürsorgebedürftigen Person. Näheres zur Personensorge unter 6.3.

Für besonders wichtige Angelegenheiten im Rahmen der Personensorge (z.B. Heilbehandlung, Unterbringung und freiheitsentziehende Maßnahmen) gelten besondere gesetzliche Regelungen, die das Handeln des Betreuers an bestimmte Voraussetzungen binden und ihn unter Umständen verpflichten, eine gerichtliche Genehmigung einzuholen.

Ein besonderer Schutz gilt für den Fall der Wohnungsauflösung, weil die Wohnung als räumlicher Mittelpunkt des Lebens für den Betreuten besondere Bedeutung hat. Mit der Wohnung verliert der Betroffene die vertraute Umgebung, seine Nachbarn, häufig auch den Bekanntenkreis und die Möglichkeit, jemals wieder selbstständig zu leben. Deshalb benötigt der Betreuer für die Kündigung eines Mietvertrags zulasten des Betreuten als Mieter oder für die Aufhebung eines solchen Mietverhältnisses der gerichtlichen Genehmigung (§ 1833 Abs. 3 BGB).

2.5 Schutz des Betreuten in Vermögensangelegenheiten

Die Regelung finanzieller Angelegenheiten durch den Betreuer darf aufgrund des Erforderlichkeitsgrundsatzes vom Gericht nur dann angeordnet werden, wenn es überhaupt regelungsbedürftige Angelegenheiten aus diesem Bereich gibt. Aufgabe des Betreuers ist es dann, die finanziellen Interessen des Betreuten zu schützen, also beispielsweise Ansprüche aus Kauf- oder Mietverträgen geltend zu machen oder unberechtigte Ansprüche abzuwehren.

Im Bereich der Vermögenssorge obliegen dem Betreuer eine Reihe von Pflichten:

- Bei Aufnahme der Betreuung, die den Aufgabenbereich Vermögenssorge umfasst, hat der Betreuer das Vermögen, das bei der Anordnung der Betreuung vorhanden ist oder später dem Betreuten zufällt, zu verzeichnen und das Verzeichnis dem Betreuungsgericht vorzulegen (§ 1835 BGB).
- Das Vermögen des Betreuten ist von dem des Betreuers streng getrennt zu halten (§ 1836 BGB).
- Die Vermögensangelegenheiten des Betreuten sind vom Betreuer grundsätzlich so zu besorgen, dass der Betreute im Rahmen seiner Möglichkeiten sein Leben nach seinen Wünschen gestalten kann (§§ 1838 Abs. 1, 1821 BGB).
- Geld des Betreuten, das der Betreuer für dessen Ausgaben benötigt (sog. Verfügungsgeld), hat er auf einem Girokonto des Betreuten bei einem Kreditinstitut bereitzuhalten (§ 1839 Abs. 1 BGB).
- Geld des Betreuten, das nicht als Verfügungsgeld benötigt wird (sog. Anlagegeld), hat der Betreuer anzulegen (§ 1841 Abs. 1 BGB).
- Wertpapiere des Betreuten muss der Betreuer bei einem Kreditinstitut in Einzel- oder Sammelverwahrung verwahren lassen (§ 1843 Abs. 1 BGB).

Achtung: Zur Sicherung der Interessen des Betreuten bedürfen bestimmte wichtige Rechtsgeschäfte und Rechtshandlungen der Genehmigung des Betreuungsgerichts. Genehmigungspflichtig sind unter anderem Verfügungen über Wertpapiere oder über ein Grundstück oder über ein Recht an einem Grundstück des Betreuten (z.B. Nießbrauch, Dienstbarkeit).

Näheres zur Vermögenssorge unter 6.2.

2.6 Auswirkungen der Betreuung

Die Bestellung eines Betreuers hat keine Auswirkungen auf die Geschäftsfähigkeit des Betroffenen. Dessen Geschäftsfähigkeit beurteilt sich ebenso wie für Nichtbetreute nach den allgemeinen Regelungen.

Eine Ausnahme vom Grundsatz, dass die rechtliche Betreuung keinen Einfluss auf die rechtliche Handlungsfähigkeit des Betroffenen hat, ist der sogenannte Einwilligungsvorbehalt. Diesen kann das Gericht zur Abwendung einer erheblichen Gefahr für die Person oder das Vermögen des Betreuten anordnen. In diesem Fall benötigt der Betreute – von bestimmten Ausnahmen wie beispielsweise bei geringfügigen Geschäften des täglichen Lebens abgesehen – die Einwilligung des Betreuers. Die Willenserklärung des Betreuten ist nur wirksam, wenn der Betreuer einwilligt (§ 1825 BGB).

Auch im Falle einer Betreuung entscheidet der Betroffene über eine ärztliche Heilbehandlung dann, wenn er einwilligungsfähig ist. Unter der Einwilligungsfähigkeit ist die Fähigkeit eines Patienten zu verstehen, seine Einwilligung in eine ärztliche Heilbehandlung erteilen zu können. Sie liegt vor, wenn der Patient nach ärztlicher Aufklärung in der Lage ist, die Chancen, Risiken und möglichen Folgen der Behandlung zu erkennen und zu beurteilen.

Im Falle der Bestellung eines Betreuers kann der Betreute grundsätzlich seine höchstpersönlichen Rechte weiterhin wahrnehmen. Die Betreuung hat darauf keinen Einfluss. Auch einen Einwilligungsvorbehalt hierfür gibt es nicht. Die Fähigkeit, ein Testament zu errichten, wird also durch die Bestellung eines Betreuers ebenso wenig berührt wie die, eine Ehe einzugehen. Auch das Wahlrecht wird durch die Betreuung nicht beeinträchtigt.

Näheres zu den Auswirkungen der Betreuung unter 5.

3 Voraussetzungen für die Bestellung eines Betreuers

Die Voraussetzungen, bei deren Vorliegen der Staat verpflichtet ist, Erwachsenen, deren rechtliche Handlungsfähigkeit beeinträchtigt ist, Schutz und Fürsorge durch die Bestellung eines Betreuers zu gewähren, sind gesetzlich festgelegt. Danach bestellt das Betreuungsgericht einen Betreuer, wenn ein Volljähriger seine Angelegenheiten ganz oder teilweise rechtlich nicht besorgen kann und diese Unfähigkeit auf einer Krankheit oder Behinderung beruht. Allerdings ist eine Betreuung gegenüber anderen Unterstützungsformen nachrangig. Gegen den freien Willen des Betroffenen darf kein Betreuer bestellt werden. Unter Umständen kann für einen Minderjährigen vorsorglich ein Betreuer bestellt werden.

3.1 Hilfsbedürftigkeit des Betroffenen

Zentrale Voraussetzung für die Bestellung eines Betreuers ist die Unfähigkeit des Betroffenen, seine Angelegenheiten zu besorgen (§ 1814 Abs. 1 BGB). Nicht der medizinische Befund einer Krankheit oder Behinderung ist vorrangige Voraussetzung, sondern der individuell und konkret zu bestimmende objektive Unterstützungsbedarf. Betreuungsrechtlich relevant ist der Unterstützungsbedarf allerdings nur dann, wenn die Angelegenheiten des Betroffenen, die durch einen Betreuer wahrgenommen werden könnten und müssten, auf das »rechtliche« Unvermögen des Betroffenen zurückzuführen sind. Welche rechtlichen Angelegenheiten regelungsbedürftig sind, bestimmt sich nach dem konkreten Lebenszuschnitt des Betroffenen. Wer beispielsweise über kein Vermögen verfügt, kommt auch ohne die Fähigkeit aus, Vermögen zu verwalten.

Kann der Betroffene seine Angelegenheiten eigenständig besorgen, darf das Gericht selbst dann keinen Betreuer bestellen, wenn der Betroffene dies beantragt. Ist der Betroffene auch ohne die Erkrankung oder Behinderung nicht imstande, bestimmte Angelegenheiten zu regeln (z.B. wegen der komplizierten Rechtsmaterie oder wegen einer Sprachbarriere), so ist er deshalb nicht betreuungsbedürftig.

Das Unvermögen des Betroffenen, seine Angelegenheiten ganz oder teilweise zu regeln, kann rechtlicher oder tatsächlicher Art sein. So kann etwa der Betroffene wegen intellektueller Schwächen darin gehindert sein, Inhalt und Bedeutung seiner rechtsgeschäftlichen Erklärungen abzuschätzen und so an der Erledigung seiner eigenen Angelegenheiten gehindert sein. Rechtliches Unvermögen liegt vor, wenn der Betroffene wegen Geschäftsunfähigkeit nicht mehr am Rechtsverkehr teilnehmen und Rechtsgeschäfte wirksam abschließen kann (z.B. Abschluss oder Kündigung von Verträgen).

3.2 Medizinische Voraussetzungen

Neben der Hilfsbedürftigkeit des Betroffenen setzt die Bestellung eines Betreuers einen medizinischen Befund dahin gehend voraus, dass der Unterstützungsbedarf auf eine Krankheit oder Behinderung des Betroffenen zurückzuführen ist (§ 1814 Abs. 1 BGB).

3.2.1 Krankheit

Während nach altem Recht medizinische Voraussetzung für die Betreuerbestellung das Vorliegen einer »psychischen Krankheit« war, knüpft das neue Recht die Betreuerbestellung nur noch an eine »Krankheit« an und verzichtet auf das Adjektiv »psychisch«. Neben psychischen Krankheiten können künftig auch körperliche Erkrankungen, die aufgrund ihrer Schwere einen Betreuungsbedarf begründen, ohne dass es sich um eine Behinderung handelt, die Bestellung eines Betreuers rechtfertigen. Entsprechendes gilt für körperliche Erkrankungen mit psychischen Symptomen (z.B. psychische Störungen bei Schilddrüsenfunktionsstörungen). Unter psychische Krankheiten fallen

- körperlich nicht begründbare (endogene) Psychosen (z.B. Schizophrenien, manisch-depressive Erkrankungen, Borderline-Syndrom);

- körperlich begründbare (exogene) Psychosen, also seelische Störungen als Folge von Krankheiten oder Verletzungen des Gehirns, von Anfallsleiden oder von anderen Krankheiten oder körperlichen Beeinträchtigungen (z.B. Schädel-Hirn-Verletzungen, Demenz vom Alzheimer-Typ, Parkinson-Krankheit, Epilepsie);
- Abhängigkeitskrankheiten (z.B. Alkohol-, Medikamenten-, Drogenabhängigkeit);
- Neurosen und Persönlichkeitsstörungen (Psychopathien), zum Beispiel Borderline-Störungen.

Achtung: Im Falle einer körperlichen Krankheit kommt die Bestellung eines Betreuers nur in Betracht, wenn der Betroffene sie selbst beantragt, es sei denn, dass dieser seinen Willen nicht äußern kann (§ 1814 Abs. 4 Satz 2 BGB). Eine Betreuung ist grundsätzlich wieder aufzuheben, wenn der nur körperlich Erkrankte dies beantragt (§ 1871 Abs. 2 BGB).

Ob bei einer Krankheit letztlich die Bestellung eines Betreuers erforderlich ist beziehungsweise in welchem Umfang diesem Aufgabenbereiche übertragen werden, hängt im Einzelfall vom Umfang und vom Grad der Störung ab. So kann eine Suchterkrankung für sich nicht die Bestellung eines Betreuers rechtfertigen. Vielmehr müssen weitere geistige Erkrankungen oder Behinderungen als Ursache oder Folge der Sucht mit einem gewissen Schweregrad hinzukommen (z.B. Alkoholismus mit ausgeprägter Beeinträchtigung des Kurz- oder Langzeitgedächtnisses). Alkoholikern oder Drogenabhängigen kann daher kein Betreuer bestellt werden, solange nur eine Suchterkrankung vorliegt.

3.2.2 Behinderung

Anlass für die Bestellung eines Betreuers kann auch eine Behinderung des Betroffenen sein, wenn dieser deshalb seine rechtlichen

Angelegenheiten ganz oder teilweise nicht besorgen kann. Zu den Menschen mit Behinderungen zählen nach der UN-Behindertenrechtskonvention Menschen, die langfristige körperliche, seelische, geistige oder Sinnesbeeinträchtigungen haben, welche sie in Wechselwirkung mit verschiedenen Barrieren an der vollen, wirksamen und gleichberechtigten Teilhabe an der Gesellschaft hindern können.

Geistige Behinderungen sind angeborene oder durch Erkrankung oder Unfall erworbene Intelligenzdefizite verschiedener Schwere gerade (z.B. Down-Syndrom, Demenz). Als seelische Behinderungen sind bleibende psychische Beeinträchtigungen anzusehen, die Folge von psychischen Krankheiten sind. Dazu gehören auch die geistigen Auswirkungen des Altersabbaus (z.B. Altersdemenz). Körperliche Behinderungen wie beispielsweise Blindheit, extreme Kurzsichtigkeit, Gehörlosigkeit oder Schwerhörigkeit machen in der Regel eine rechtliche Betreuung nicht notwendig. Die Betroffenen sind hier in ihrer Entscheidung, wie sie ihre Angelegenheiten regeln möchten, nicht beeinträchtigt. Soweit sie für die Umsetzung ihrer Entscheidungen eines Helfers bedürfen, wird die Inanspruchnahme von Krankenpflegern, sozialen Diensten, Bevollmächtigten usw. ausreichen. Die rechtliche Betreuung ist solchen Hilfen gegenüber nachrangig (§ 1814 Abs. 3 Satz 2 Nr. 2 BGB). Gleichwohl ist gesetzlich eine Betreuung im Falle einer körperlichen Behinderung nicht ausgeschlossen. Voraussetzung ist allerdings, dass die Fähigkeit zur Besorgung der eigenen Angelegenheiten wenigstens teilweise aufgehoben oder wesentlich beeinträchtigt ist (z.B. bei dauernder Bewegungsunfähigkeit bei einem Unfall oder bei einem Schlaganfall).

In jedem Fall kommt die Anordnung einer Betreuung im Falle einer körperlichen Behinderung nur in Betracht, wenn der Betroffene sie selbst beantragt, es sei denn, dass dieser seinen Willen nicht kundtun kann (§ 1814 Abs. 4 Satz 2 BGB). Eine Betreuung ist grundsätzlich wieder aufzuheben, wenn der nur körperlich Behinderte dies beantragt (§ 1871 Abs. 2 BGB).

» Die Bestellung eines Betreuers kommt für einen geschäftsfähigen, an einer schweren Lähmung leidenden Rollstuhlfahrer in Betracht, wenn dieser bestimmte rechtliche Angelegenheiten wegen seiner Behinderung nicht mehr selbst wahrnehmen kann und er keine Vertrauensperson hat, die er mit der Wahrnehmung seiner Interessen im Rechtsverkehr bevollmächtigen möchte.

Keine Betreuung rechtfertigen soziale Behinderungen wie beispielsweise unangepasstes Verhalten oder die Neigung zu Straftaten.

Urteil

Für die Feststellung einer psychischen Krankheit oder seelischen Behinderung des Betroffenen als Voraussetzung der Betreuung reicht die allgemeine ärztliche Beschreibung des Zustands als »Altersstarrsinn« nicht aus.

BayObLG, Az. 3Z BR 246/01

3.2.3 Sachverständigengutachten

Bevor das Betreuungsgericht über die Bestellung eines Betreuers entscheidet, hat es ein Sachverständigengutachten über die Notwendigkeit einer Betreuung einzuholen (§ 280 FamG). Das gilt auch bei scheinbar offensichtlichen Erkrankungen oder Behinderungen. Näheres dazu unter 4.6.1 und 4.6.2.

3.3 Betreuungsbedarf

Neben dem Betreuungsbedürfnis muss ein Betreuungsbedarf bestehen. Während sich das Betreuungsbedürfnis auf die Unfähigkeit des Betroffenen zur Besorgung seiner Angelegenheiten bezieht, betrifft der Betreuungsbedarf den Kreis der konkret zu besorgenden Angelegenheiten.

Das Betreuungsgericht darf einen Aufgabenbereich nur anordnen, wenn und soweit dessen rechtliche Wahrnehmung durch einen Betreuer erforderlich ist (§ 1815 Abs. 1 Satz 3 BGB). Das Gericht muss also klären, für welche Aufgabenbereiche es der Betreuung bedarf, welche Angelegenheiten also konkret zu regeln sind. Nur in den dem Betreuer vom Gericht übertragenen Aufgabenbereichen darf dieser die fürsorgebedürftige Person gerichtlich und außergerichtlich vertreten (§ 1823 BGB). Im Beschluss des Gerichts über die Bestellung des Betreuers werden der Aufgabenkreis des Betreuers bezeichnet und die einzelnen Aufgabenbereiche konkret benannt (§ 286 Abs. 1 Nr. 1 FamFG). Zu den typischen Aufgabenbereichen, die einem Betreuer übertragen werden können, gehören

- die Personensorge,
- die Vermögenssorge,
- Gesundheitsangelegenheiten,
- Wohnungsangelegenheiten,
- die Aufenthaltsbestimmung,
- die Umgangsbestimmung und
- die Vertretung des Betreuten gegenüber Behörden und Gerichten.

Bevor einem Betreuer ein Aufgabenbereich vom Gericht übertragen wird, muss immer geprüft werden, inwieweit die Fähigkeiten des Betroffenen ausreichen, um den Handlungsbedarf abzudecken. Maßgebend ist in diesem Zusammenhang das konkrete Krankheitsbild einer Erkrankung oder Behinderung.

» Sven Reichert leidet unter chronischer Schizophrenie. Er lebt von der Sozialhilfe, die ihm ein ausreichendes Einkommen sichert. Wegen Eigenbedarfs kündigt der Vermieter das Mietverhältnis. In diesem Fall kann für Sven Reichert ein Betreuer mit dem Aufgabenkreis »Wohnungsangelegenheiten« bestellt werden.

Urteil

Ein Betreuungsbebürfnis besteht nicht, wenn der Betreute psychisch in der Lage ist, zur Regelung seiner Angelegenheiten Hilfe eines anderen, zum Beispiel eines Rechtsanwalts oder Steuerberaters, in Anspruch zu nehmen und ein Gesunder dies auch tun würde.

BayObLG, Az. 3Z BR 353/00

Näheres zu den Aufgabenbereichen des Betreuers unter 6.

Achtung: Ein Betreuer darf nur bestellt werden, wenn dies erforderlich ist (§ 1814 Abs. 3 Satz 1 BGB). Zur Umsetzung dieses Erforderlichkeitsgrundsatzes bestehen für die Betreuungsbehörde im Vorfeld einer möglichen Betreuung gesetzliche Beratungs- und Unterstützungspflichten. Wenn im Einzelfall Anhaltspunkte für einen Betreuungsbedarf bestehen, soll die Behörde dem Betroffenen zur Vermeidung der Bestellung eines Betreuers ein Beratungs- und Unterstützungsangebot unterbreiten. Die Beratung und Unterstützung umfasst auch die Pflicht, andere Hilfen, bei denen kein Betreuer bestellt wird (vgl. dazu 3.4.3), mit Zustimmung des Betroffenen zu vermitteln. Insbesondere ist ein Kontakt zwischen dem Betroffenen und dem Beratungs- und Unterstützungsangebot des sozialen Hilfesystems herzustellen. Bei antragsabhängigen Leistungen ist der Betroffene dabei zu unterstützen, die notwendigen Anträge selbst zu stellen. Die Beratung und Unterstützung der Behörde kann darüber hinaus in geeigneten Fällen mit Zustimmung des Betroffenen im Wege einer erweiterten Unterstützung durchgeführt werden. Diese umfasst weitere, darüber hinausgehende Maßnahmen, die geeignet sind, die Bestellung eines Betreuers zu vermeiden, und die keine rechtliche Vertretung des Betroffenen durch die Behörde erfordern (§ 8 BtOG).

3.4 Vorrang des Notvertretungsrechts des Ehegatten, der Bevollmächtigung und anderer Hilfen

Ein Betreuer darf nur bestellt werden, wenn dies erforderlich ist. Eine Betreuung ist nicht erforderlich, soweit die Angelegenheiten durch einen Bevollmächtigten gleichermaßen besorgt werden können oder durch andere Hilfen, bei denen kein gesetzlicher Vertreter bestellt wird, erledigt werden können (§ 1814 Abs. 3 BGB). Auch wenn der Betroffene eine Patientenverfügung errichtet hat, in der er für den Fall einer Heilbehandlung oder eines ärztlichen Eingriffs klare und eindeutige Festlegungen getroffen hat, darf für den entsprechenden Aufgabenbereich grundsätzlich kein Betreuer bestellt werden (Näheres zur Patientenverfügung unter 8.2.2).

Achtung: Grundsätzlich ist es nicht zulässig, einen Betreuer für einen eventuell künftig eintretenden Betreuungsbedarf zu bestellen. Es bedarf vielmehr einer konkreten Notwendigkeit, dass der Betroffene auf Hilfe angewiesen ist. Ausnahmsweise kann allerdings dann vorbeugend ein Betreuer bestellt werden, wenn der Betreuungsbedarf absehbar und gegebenenfalls ein sofortiges Einschreiten notwendig ist. Das kann beispielsweise bei schubförmig verlaufenden psychischen Krankheiten der Fall sein. Allerdings muss in diesem Fall das Gericht auch prüfen, ob die Frist, für die die Betreuung angeordnet ist, verkürzt wird.

Besteht ein Vertretungsrecht des Ehegatten, darf ein Betreuer ebenfalls nicht bestellt werden. In diesem Zusammenhang ist insbesondere das zeitlich befristete gegenseitige Notvertretungsrecht von Ehegatten in Angelegenheiten der Gesundheitssorge von Bedeutung.

3.4.1 Vorrang des Notvertretungsrechts der Ehegatten in der Gesundheitssorge

Das Notvertretungsrecht des Ehegatten greift in der Regel dann ein, wenn eine akut eingetretene gesundheitliche Beeinträchtigung des Ehepartners wegen eines Unfalls oder einer Erkrankung eine ärztliche Akutversorgung notwendig macht. Soweit der vertretende Ehegatte auf der Grundlage und im Rahmen dieses Vertretungsrechts den aktuellen rechtlichen Regelungsbedarf umfassend erledigen kann, ist die gerichtliche Bestellung dieses Ehegatten oder auch einer anderen Person als Betreuer nicht erforderlich.

Voraussetzungen

Das Vertretungsrecht des (vertretenden) Ehegatten besteht nur und soweit der andere (vertretene) Ehegatte aufgrund von Bewusstlosigkeit oder einer Krankheit nicht in der Lage ist, seine Angelegenheiten der Gesundheitssorge rechtlich zu besorgen (§ 1358 Abs. 1 BGB). Insoweit entsprechen die Voraussetzungen denen für die Bestellung eines Betreuers.

Achtung: Ein Ehegatte ist nicht verpflichtet, sein gesetzliches Vertretungsrecht auch tatsächlich wahrzunehmen. Sieht sich ein Ehegatte nicht (mehr) in der Lage, sich um die Angelegenheiten seines Ehepartners zu kümmern, etwa weil er selbst aufgrund einer Erkrankung oder Behinderung in seiner Handlungsfähigkeit beeinträchtigt oder weil er durch die Situation überfordert ist, muss beim zuständigen Betreuungsgericht die Einleitung eines Betreuungsverfahrens angeregt werden. Gleiches gilt, wenn der Ehegatte tatsächlich an der Ausübung des Vertretungsrechts gehindert ist, weil er sich beispielsweise länger im Ausland aufhält und dort nicht erreichbar ist.

Umfang des Ehegattenvertretungsrechts

Das Vertretungsrecht des Ehegatten beschränkt sich auf Entscheidungen und Maßnahmen der Gesundheitssorge in der Akutphase, ferner auf Rechtsgeschäfte, die im engen Zusammenhang mit der Gesundheitssorge stehen und häufig unmittelbar nach dem Beginn der Handlungsunfähigkeit geregelt werden müssen (§ 1358 Abs. 1 BGB).

Untersuchung des Gesundheitszustands und Heilbehandlungen

Die gesetzliche Vertretungsbefugnis des Ehegatten beinhaltet die Entscheidung über Untersuchungen des Gesundheitszustandes des vertretenen Ehegatten und die sich daraus ergebenden Heilbehandlungen oder ärztlichen Eingriffe. Sie erstreckt sich nicht nur auf Untersuchungen und Behandlungen beziehungsweise Eingriffe, die in unmittelbarem Zusammenhang mit der Bewusstlosigkeit oder Erkrankung des vertretenen Ehegatten stehen, sondern auch auf Behandlungen oder Eingriffe, die im Zuge der Behandlung erstmals diagnostiziert wurden und deren Behandlung aus medizinischer Sicht notwendig und unaufschiebbar ist. Der vertretende Ehegatte ist auch berechtigt, alle im Zusammenhang mit den Untersuchungen, Heilbehandlungen oder Eingriffen notwendigen Aufklärungen entgegenzunehmen.

Abschluss von Behandlungs- und Krankenhausverträgen

Das Vertretungsrecht berechtigt den Ehegatten zum Abschluss von Behandlungs- und Krankenhausverträgen, die unmittelbar nach Eintritt der Erkrankung beziehungsweise Bewusstlosigkeit anstehen. Auch der Abschluss von Verträgen über eilige Maßnahmen der Rehabilitation und der Pflege ist von der Vertretungsbefugnis erfasst, wenn es sich um unaufschiebbare Rehabilitations- oder Pflegemaßnahmen handelt, die im zeitlichen Rahmen des Vertretungsrechts und im unmittelbaren Zusammenhang mit der Erkrankung oder

Bewusstlosigkeit getroffen werden müssen. Die Vertretungsbefugnis des Ehegatten umfasst auch das Recht, alle notwendigen Maßnahmen zu ergreifen, um die von ihm geschlossenen Verträge gegenüber den Vertragspartnern auch durchzusetzen. Er kann damit Mängel rügen und vereinbarte Leistungen auch gerichtlich geltend machen.

Freiheitsentziehende Maßnahmen

Der vertretende Ehegatte darf im Rahmen seines Vertretungsrechts über freiheitsentziehende Maßnahmen entscheiden, soweit die Dauer der Maßnahme im Einzelfall einen Zeitraum von sechs Wochen nicht überschreitet. Um eine freiheitsentziehende Maßnahme handelt es sich, wenn dem Betroffenen, der sich in einem Krankenhaus, einem Heim oder einer sonstigen Einrichtung aufhält, durch mechanische Vorrichtungen, Medikamente oder auf ähnliche Weise über einen längeren Zeitraum oder regelmäßig die Freiheit entzogen werden soll (vgl. dazu auch 7.2).

Achtung: Freiheitsentziehende Maßnahmen sind nur mit Genehmigung des Betreuungsgerichts zulässig. Ohne die Genehmigung ist die Maßnahme nur zulässig, wenn mit dem Aufschub Gefahr verbunden ist; die Genehmigung muss dann unverzüglich nachgeholt werden (§§ 1358 Abs. 6, 1831 Abs. 2 BGB).

Geltendmachung von Ansprüchen

Der vertretende Ehegatte ist auch berechtigt, Ansprüche, die seinem Ehegatten aus Anlass der Erkrankung gegenüber Dritten zustehen, geltend zu machen. Dabei geht es insbesondere um Versicherungsleistungen oder Beihilfeansprüche. Dem vertretenden Ehegatten steht allerdings kein Inkassorecht hinsichtlich der geltend gemachten Leistungen zu. Er darf die geltend gemachten Leistungen entweder an die Leistungserbringer aus dem Krankenhausvertrag oder dem Vertrag über Rehabilitations- oder Pflegeleistungen abtreten oder die Zahlung an den Leistungserbringer verlangen. Er darf keine Zahlung an sich selbst verlangen.

Einsichtsrecht in die Krankenunterlagen

Liegen die Voraussetzungen für das gesetzliche Vertretungsrecht des Ehegatten vor, sind die behandelnden Ärzte von der Schweigepflicht gegenüber dem vertretenden Ehegatten entbunden. Der vertretende Ehegatte ist auch berechtigt, die Krankenunterlagen des vertretenen Ehegatten einzusehen und ihre Weitergabe an Dritte zu bewilligen (§ 1358 Abs. 2 BGB).

Zeitliche Befristung

Das gesetzliche Vertretungsrecht der Ehegatten in Angelegenheiten der Gesundheitssorge ist zeitlich auf sechs Monate beschränkt. Ist der erkrankte Ehegatte nach sechs Monaten nicht wieder in der Lage, seine Angelegenheiten rechtlich selbst zu besorgen oder zumindest für eine rechtsgeschäftliche Vertretung im Rahmen einer Vollmacht Sorge zu tragen, handelt es sich nicht mehr um eine Notvertretung. Es ist vielmehr dann davon auszugehen, dass der Betroffene über einen längeren Zeitraum eines Vertreters bedarf.

Die Frist beginnt ab dem Zeitpunkt, zu dem der behandelnde Arzt die Voraussetzungen für den Eintritt des Vertretungsrechts, nämlich eine Bewusstlosigkeit oder Krankheit, aufgrund derer der Ehegatte seine Angelegenheiten der Gesundheitssorge rechtlich nicht besorgen kann, festgestellt hat. Ist abzusehen, dass der Ehegatte in dem vorgegebenen Zeitrahmen von sechs Monaten nicht so weit wiederhergestellt sein wird, dass er seine Angelegenheiten wieder selbst regeln kann, muss unverzüglich Kontakt mit dem Betreuungsgericht aufgenommen werden, damit rechtzeitig zum Ende des Ehegattenvertretungsrechts ein Betreuer bestellt werden kann. Eine Verlängerung des Vertretungsrechts des Ehegatten ist nicht möglich.

Ausschluss des Ehegattenvertretungsrechts

In folgenden Fällen ist der Ehegatte nicht vertretungsberechtigt (§ 1358 Abs. 3 BGB):

- Keine Vertretungsbefugnis besteht, wenn die Ehegatten im Sinne von § 1567 Abs. 1 BGB getrennt leben. Hierfür genügt allerdings nicht, dass zwischen den Eheleuten keine häusliche Gemeinschaft (mehr) besteht, etwa, weil ein Ehegatte zwischenzeitlich im Heim lebt oder die Ehegatten aus beruflichen Gründen verschiedene Wohnorte haben. Hinzukommen muss ein Trennungswille, der voraussetzt, dass ein Ehegatte die eheliche Lebensgemeinschaft ablehnt und die häusliche Gemeinschaft erkennbar nicht mehr herstellen will. Unter diesen Voraussetzungen kann nicht davon ausgegangen werden, dass der erkrankte Ehegatte sich von dem anderen Ehegatten in Angelegenheiten der Gesundheitssorge vertreten lassen will.
- Die Vertretungsbefugnis besteht auch nicht, wenn dem vertretenden Ehegatten oder dem behandelnden Arzt bekannt ist, dass der vertretene Ehegatte eine Vertretung ablehnt oder eine andere Person bevollmächtigt hat. Die Ablehnung der Vertretung kann auf einer innerlichen Entfremdung der Eheleute beruhen, ohne dass es zu einer Trennung gekommen ist, oder zwischen den Eheleuten kein Vertrauensverhältnis mehr besteht. Die Vertretungsberechtigung ist auch ausgeschlossen, wenn dem vertretenden Ehegatten oder behandelnden Arzt bekannt ist, dass der vertretene Ehegatte einen Dritten mit der Wahrnehmung seiner Angelegenheiten bevollmächtigt hat und diese Vollmacht auch die unter das gesetzliche Ehegattenvertretungsrecht fallenden Angelegenheiten der Gesundheitssorge umfasst. Dabei kann es sich um eine Vorsorgevollmacht oder eine Generalvollmacht handeln. Sowohl im Fall der Ablehnung der Vertretung als auch im Fall der Bevollmächtigung ist entscheidend, dass der vertretende Ehegatte oder der behandelnde Arzt Kenntnis vom Ausschlussgrund hat. Der vertretende Ehegatte muss allerdings in einer Akutsituation

keine Ermittlungen anstellen, ob sein Ehegatte eine Vertretung durch ihn ablehnt oder einem Dritten eine Vollmacht erteilt hat. Auch für den behandelnden Arzt besteht keine besondere Prüf- oder Nachforschungspflicht.

- Ausgeschlossen ist das Vertretungsrecht des Ehegatten auch, soweit für den zu vertretenden Ehegatten ein Betreuer bestellt ist und dessen Aufgabenkreis die in unter 6.3.1 genannten Angelegenheiten der Gesundheitssorge ganz oder teilweise umfasst. Ist der vertretende Ehegatte zum Betreuer bestellt, handelt er nicht im Rahmen seiner gesetzlichen Vertretungsmacht, sondern als Betreuer.

Achtung: Bestellt das Betreuungsgericht während der Geltungsdauer des Vertretungsrechts, das von dem vertretenden Ehegatten ausgeübt wird, für den vertretenen Ehegatten einen Betreuer, darf der vertretende Ehegatte ab diesem Zeitpunkt das Vertretungsrecht nicht mehr ausüben (§ 1358 Abs. 5 BGB).

Ausübung des Ehegattenvertretungsrechts

Da das Vertretungsrecht von dem Ehegatten über sechs Monate und gegenüber verschiedenen Ärzten und Einrichtungen ausgeübt werden kann, benötigt der vertretende Ehegatte hierfür einen Nachweis seiner Vertretungsberechtigung. Deshalb hat der behandelnde Arzt bei der erstmaligen Ausübung des Vertretungsrechts schriftlich zu bestätigen, dass der Patient aufgrund von Bewusstlosigkeit oder einer Krankheit seine Angelegenheiten der Gesundheitssorge rechtlich nicht besorgen kann. Darüber hinaus hat er in dem Dokument den Zeitpunkt festzuhalten, zu dem die Erkrankung oder die Bewusstlosigkeit spätestens eingetreten ist. Der vertretende Ehegatte muss auf dem Dokument schriftlich versichern, dass das Ehegattenvertretungsrecht wegen der Bewusstlosigkeit oder Krankheit, aufgrund deren der Ehegatte seine Angelegenheiten der Gesundheitssorge rechtlich nicht besorgen kann, bisher nicht ausgeübt wurde und kein Ausschlussgrund für das Vertretungsrecht vorliegt (§ 1358 Abs. 4 BGB).

Bei der Ausübung seiner gesetzlichen Vertretungsbefugnis ist der vertretende Ehegatte zum Schutz des erkrankten Ehepartners den gleichen Bindungen unterworfen wie ein Vorsorgebevollmächtigter oder ein gesetzlicher Betreuer (§ 1358 Abs. 6 BGB):

- Der vertretende Ehegatte muss bei der Ausübung seiner Vertretungsbefugnis die Angelegenheiten des erkrankten Partners so besorgen, wie es dessen Wünschen entspricht. Das gilt nicht, wenn dadurch die Person des vertretenen Ehegatten erheblich gefährdet würde und dieser diese Gefahr nicht erkennen kann. Kann der vertretende Ehegatte die Wünsche des Patienten nicht feststellen oder darf er ihnen nicht entsprechen, hat er den mutmaßlichen Willen des Patienten aufgrund konkreter Anhaltspunkte zu ermitteln. Zu berücksichtigen sind insbesondere frühere Äußerungen, ethische oder religiöse Überzeugungen und sonstige persönliche Wertvorstellungen des vertretenen Ehegatten.
- Der vertretende Ehegatte hat dem in einer wirksamen Patientenverfügung niedergelegten Willen des vertretenen Ehepartners Ausdruck und Geltung zu verschaffen, wenn die Festlegungen in der Patientenverfügung auf die aktuelle Lebens- und Behandlungssituation zutreffen. Liegt keine Patientenverfügung vor oder treffen die Festlegungen darin nicht auf die aktuelle Lebens- und Behandlungssituation zu, hat der vertretende Ehegatte die Behandlungswünsche oder den mutmaßlichen Willen des vertretenen Ehegatten festzustellen und auf dieser Grundlage zu entscheiden.
- Soweit aufgrund gesetzlicher Vorschriften Entscheidungen eines Betreuers oder Vorsorgebevollmächtigten der Genehmigung des Betreuungsgerichts bedürfen (vgl. dazu 3.4.2), finden diese Vorschriften zum Schutz des vertretenen Ehegatten auch auf das Ehegattenvertretungsrecht entsprechende Anwendung.

3.4.2 Vorrang der Bevollmächtigung

Weil eine Betreuung die rechtliche Vertretung der fürsorgebedürftigen Person sicherstellen soll, ist sie überflüssig, wenn deren Angelegenheiten ebenso gut durch einen Bevollmächtigten wahrgenommen werden können.

Mit einer Vollmacht kann der Betroffene im Voraus einen Vertreter bevollmächtigen, seine Angelegenheiten zu erledigen, wenn er dies infolge von Krankheit, Unfall oder (altersbedingtem) Nachlassen der geistigen Kräfte selbst nicht mehr oder nur noch teilweise kann. Eine solche Vollmacht zur Vorsorge ermöglicht ein hohes Maß an Selbstbestimmung für den Fall, dass der Betroffene selbst nicht mehr in der Lage ist, seine Angelegenheiten wahrzunehmen. Er benennt dann eine oder mehrere Personen seines Vertrauens, die bereit sind, für ihn im Bedarfsfall rechtlich zu handeln. In der Vollmacht kann im Einzelnen geregelt werden, für welche Aufgabenbereiche sie gelten und welche Befugnisse der Bevollmächtigte haben soll.

Achtung: Liegt eine wirksame und ausreichende Vollmacht vor, so darf in ihrem Regelungsbereich vom Betreuungsgericht keine rechtliche Betreuung angeordnet werden (§ 1814 Abs. 3 Satz 2 Nr. 1 BGB).

Im gerichtlichen Verfahren muss sichergestellt sein, dass das Gericht über Vollmachten informiert ist, die möglicherweise die Bestellung eines Betreuers entbehrlich machen. Da vermutlich bei Weitem nicht alle Verfügungen im Zentralen Vorsorgeregister der Bundesnotarkammer registriert sind, muss das Gericht auch auf weitere Informationsquellen zurückgreifen können. Wer von der Einleitung eines Verfahrens über die Bestellung eines Betreuers für einen Volljährigen Kenntnis erlangt und ein Dokument besitzt, in dem der Volljährige eine andere Person mit der Wahrnehmung seiner Angelegenheiten bevollmächtigt hat, muss das Betreuungsgericht hiervon unverzüglich unterrichten (§ 1820 Abs. 1 BGB).

Checkliste

Geschäftsfähigkeit des Vollmachtgebers	Der Vollmachtgeber muss unbeschränkt geschäftsfähig sein. Das heißt, er muss das 18. Lebensjahr vollendet haben. Ferner darf keine krankhafte Störung der Geistestätigkeit vorliegen.
Geschäftsfähigkeit des Bevollmächtigten	Der Bevollmächtigte muss geschäftsfähig sein, allerdings reicht die beschränkte Geschäftsfähigkeit aus. Er kann also auch unter 18 Jahre alt sein.
Form	Grundsätzlich bedarf die Vorsorgevollmacht keiner besonderen Form. Die Vollmacht sollte aber gleichwohl schriftlich abgefasst werden, da nur eine schriftliche Vollmacht aussage- und beweiskräftig ist. Bestimmte Angelegenheiten können dem Bevollmächtigten nur übertragen werden, wenn die Vollmacht in einer bestimmten Form erteilt wird.
Inhalt	Aus der Vollmacht müssen der Vollmachtgeber und der Bevollmächtigte (möglichst jeweils mit Vor- und Familiennamen, Geburtsdatum und aktueller Adresse) hervorgehen.
Unterschrift	Die schriftliche Vollmacht muss vom Vollmachtgeber eigenhändig unterschrieben werden. Sinnvoll ist es, wenn auch der Bevollmächtigte die Vollmachterklärung unterzeichnet und so zum Ausdruck bringt, dass er mit der Bevollmächtigung einverstanden ist.
Adressat	Die Vorsorgevollmacht richtet sich an den Bevollmächtigten und den Dritten.
Aufbewahrung	Die Vorsorgevollmacht kann dem Bevollmächtigten ausgehändigt oder sie kann bei den persönlichen Unterlagen des Betroffenen aufbewahrt oder einem Angehörigen oder einer anderen Vertrauensperson zur Verwahrung überlassen werden. Der Vollmachtgeber kann sie auch im Zentralen Vorsorgeregister der Bundesnotarkammer aufnehmen lassen.
Original	Der Bevollmächtigte benötigt bei einer schriftlich erteilten Vollmacht das Original der Vollmacht, wenn er für den Vollmachtgeber handeln soll. Am einfachsten ist es deshalb, dem Bevollmächtigten das Original auszuhändigen. Dann muss mit ihm vereinbart werden, unter welchen Bedingungen er tätig werden darf.
Änderung und Widerruf	Die Vorsorgevollmacht kann jederzeit geändert oder widerrufen werden.

Richtige Vollmacht als Vorsorge für den Betreuungsfall

Eine Vollmacht kann als Spezialvollmacht für bestimmte Aufgaben, als Generalvollmacht oder als Vorsorgevollmacht erteilt werden.

- Wird eine Spezialvollmacht nur für bestimmte Angelegenheiten (z.B. Bankvollmacht, Vollmacht für Vermögensangelegenheiten oder Pflegevollmacht) erteilt, stellt sie keine umfassende Vorsorge dar, weil sie eine Betreuung in Angelegenheiten, die nicht durch die Vollmacht abgedeckt sind, nicht vermeidet. In diesem Fall ist die Bestellung eines Betreuers für diejenigen Aufgabenbereiche unumgänglich, auf die sich die Vollmacht nicht erstreckt (vgl. dazu unten).
- Eine Generalvollmacht, mit der der Vollmachtgeber eine oder mehrere Personen seines Vertrauens »zur Vertretung in allen Angelegenheiten« ermächtigt, deckt mehrere für die rechtliche Vorsorge wichtige Fälle nicht ab. Es empfiehlt sich allerdings, in der Vollmacht die Angelegenheiten genau zu bezeichnen, für die eine Vertretungsbefugnis erteilt werden soll, weil kraft Gesetzes bestimmte Befugnisse des Bevollmächtigten in einer schriftlichen Vollmacht ausdrücklich bezeichnet werden müssen. In diesen Fällen reicht dann eine Generalvollmacht, die zur Vertretung in allen Angelegenheiten ermächtigt, nicht aus. So deckt eine Generalvollmacht etwa die Zustimmung zu einer ärztlichen Untersuchung, einer Heilbehandlung oder einem medizinischen Eingriff, wenn hierbei Lebensgefahr besteht oder ein schwerer, länger andauernder Gesundheitsschaden zu erwarten ist, oder die Einwilligung zu einer zu Ihrem Schutz notwendigen geschlossenen Unterbringung oder in eine andere freiheitsbeschränkende Maßnahme (z.B. ein Bettgitter) nicht ab. In diesen Fällen verlangt das Gesetz, dass die schriftliche Vollmacht diese Befugnisse ausdrücklich bezeichnet. Eine Generalvollmacht genügt dann nicht.

! Wer seine rechtliche Handlungsfähigkeit umfassend sicherstellen will, sollte eine Vorsorgevollmacht errichten, die seinen persönlichen Bedürfnissen entspricht. Daneben sollte in einer besonderen Vereinbarung mit dem Bevollmächtigten geregelt werden, wann dieser von der Vollmacht Gebrauch machen darf und wie sich der Vollmachtgeber in bestimmten Situationen seine Vertretung vorstellt.

Voraussetzungen für eine wirksame Vorsorgevollmacht

Die Vorsorgevollmacht ist nur wirksam, wenn verschiedene Voraussetzungen erfüllt sind. Sowohl der Vollmachtgeber als auch der Bevollmächtigte müssen bestimmten persönlichen Anforderungen entsprechen. Weil der Bevollmächtigte für die wirksame Vertretung eine Vollmachtsurkunde vorlegen muss, sollte die Vollmacht schriftlich erteilt werden; für bestimmte, vom Gesetz näher bezeichnete Angelegenheiten ist Schriftform vorgeschrieben. Und bestimmte Angelegenheiten können vom Bevollmächtigten nur wahrgenommen werden, wenn die Vollmacht notariell beurkundet oder öffentlich beglaubigt wurde.

Persönliche Anforderungen an den Vollmachtgeber und den Bevollmächtigten

Der Vollmachtgeber muss zum Zeitpunkt der Erteilung der Vorsorgevollmacht unbeschränkt geschäftsfähig sein. Das heißt, er muss das 18. Lebensjahr vollendet haben. Ferner darf kein die freie Willensbildung ausschließender Zustand krankhafter Störung der Geistestätigkeit vorliegen.

Als Bevollmächtigter kann grundsätzlich jede beliebige Person eingesetzt werden. Allerdings muss der Bevollmächtigte geschäftsfähig sein, es reicht jedoch die beschränkte Geschäftsfähigkeit aus. Der Bevollmächtigte kann also auch unter 18 Jahre alt sein. Besser ist jedoch die volle Geschäftsfähigkeit. In diesem Fall ist gewährleistet, dass die betreffende Person alle übertragenen Aufgaben wirksam erfüllen kann.

Formale Anforderungen

Eine bestimmte Form ist bei der Erteilung einer Vorsorgevollmacht grundsätzlich nicht vorgeschrieben (§ 167 Abs. 2 BGB). Allerdings ist aus Beweisgründen dringend anzuraten, die Vorsorgevollmacht schriftlich zu errichten, weil sich bei mündlich erteilten Vollmachten stets das Problem stellt, wie der Bevollmächtigte beweisen soll, dass er tatsächlich bevollmächtigt ist.

Achtung: Ausdrücklich Schriftform ist für die Erteilung der Vorsorgevollmacht gesetzlich vorgeschrieben, wenn der Bevollmächtigte in eine Untersuchung des Gesundheitszustands des Vollmachtgebers, in eine Heilbehandlung oder einen ärztlichen Eingriff einwilligen darf, wenn die begründete Gefahr besteht, dass der Vollmachtgeber aufgrund der Maßnahme stirbt oder einen schweren und länger dauernden gesundheitlichen Schaden erleidet. Auch in eine Unterbringung mit Freiheitsentzug und über Freiheitsbeschränkungen wie Bettgitter, Fixierungen und Ruhigstellung mit Medikamenten darf der Bevollmächtigte nur mit einer ausdrücklichen schriftlichen Vollmacht einwilligen, ebenso in die Durchführung einer ärztlichen Zwangsmaßnahme (§ 1820 Abs. 2 BGB).

Die schriftliche Vorsorgevollmacht kann auch mit PC geschrieben sein, der Vollmachtgeber kann sie von einer anderen Person schreiben lassen oder sich eines geeigneten Vordrucks bedienen. Aus der Vollmacht müssen aber der Vollmachtgeber und der Bevollmächtigte (möglichst jeweils mit Vornamen und Familiennamen, Geburtsdatum und aktueller Adresse) hervorgehen. Die Vorsorgevollmacht muss vom Vollmachtgeber eigenhändig unterschrieben werden. Ferner sollten der Ort und das Datum ihrer Errichtung angegeben werden.

Unter Umständen bedarf eine Vorsorgevollmacht für ihre Wirksamkeit der notariellen Beurkundung. Das ist insbesondere der Fall, wenn der Bevollmächtigte berechtigt sein soll, Kreditverträge abzuschließen. Auch die unwiderrufliche Vollmacht zum Grundstückskauf oder -verkauf muss notariell beurkundet werden. Die Ermächtigung des Bevollmächtigten zur Erbausschlagung oder die Anfechtung der Erbschaftsannahme und -ausschlagung ist nur wirksam, wenn die Unterschrift des Vollmachtgebers öffentlich beglaubigt wurde.

Wirksamwerden der Vorsorgevollmacht

Grundsätzlich gilt die Vorsorgevollmacht ab ihrer Ausstellung. Vertretungsmacht hat die bevollmächtigte Person allerdings nur dann, wenn sie die Vollmachtsurkunde im Original vorweisen kann.

Sinnvoll ist es, durch entsprechende Vorkehrungen zu vermeiden, dass der Bevollmächtigte von der Vollmacht frühzeitig, also vor Eintritt des Betreuungsfalls, Gebrauch machen kann. Zwar kann in einer Vereinbarung zwischen dem Vollmachtgeber und dem Bevollmächtigten geregelt werden, wann beziehungsweise unter welchen Voraussetzungen der Bevollmächtigte von der Vollmacht Gebrauch machen darf (vgl. dazu unten), entsprechende Regelungen betreffen allerdings nur das Innenverhältnis. Die Vorsorgevollmacht wird nach wie vor sofort wirksam und es besteht nach wie vor die Gefahr, dass der Bevollmächtigte vor Eintritt des Fürsorgefalls von der Vollmacht vertragswidrig Gebrauch macht.

Unter anderem bestehen folgende Möglichkeiten, dem Gebrauch der Vorsorgevollmacht durch den Bevollmächtigten vor Eintritt des Fürsorgefalls vorzubeugen:

- Der Vollmachtgeber übergibt die Vollmachtsurkunde einer Vertrauensperson zur treuhänderischen Verwahrung mit der Auflage, sie dem Bevollmächtigten erst beim Eintritt des Fürsorgefalls herauszugeben.

- Bei einer notariellen Vollmacht kann der Notar angewiesen werden, an den Bevollmächtigten erst dann eine Ausfertigung der Vollmachtsurkunde herauszugeben, wenn ein ärztliches Attest vorliegt, wonach der Vollmachtgeber die in der Vollmacht bezeichneten Angelegenheiten nicht mehr wahrnehmen kann.
- Die Vorsorgevollmacht kann unter einer aufschiebenden Bedingung erteilt werden und so das Wirksamwerden der Vollmacht etwa vom Eintritt der Geschäftsunfähigkeit, des Fürsorgefalls oder der Betreuungsbedürftigkeit abhängig gemacht werden.

Bevollmächtigter

Weil dem Bevollmächtigten weitreichende Befugnisse zustehen, sollte die betreffende Person sorgfältig ausgewählt werden. In der Vorsorgevollmacht kann auch mehreren Personen Vollmacht erteilt werden. Für den Fall, dass der Bevollmächtigte »im Ernstfall« verhindert ist, sollte möglichst eine weitere Vertrauensperson als Ersatzbevollmächtigter zur Verfügung stehen.

Auswahl

Eine regelmäßige Überwachung des Bevollmächtigten durch offizielle Stellen gibt es nicht. Deshalb sollte zum Bevollmächtigten nur eine Person bestellt werden, zu der absolutes Vertrauen besteht. Schließlich werden dieser Person weitreichende Rechte und Befugnisse eingeräumt.

Als Bevollmächtigte kommen insbesondere der Ehegatte, Angehörige oder andere Personen (z.B. Freunde, Rechtsanwälte) in Betracht. Der Bevollmächtigte ist nicht verpflichtet, die ihm übertragenen Aufgaben zu übernehmen. Sinnvoll ist es deshalb, die Vollmacht mit der Vertrauensperson zu besprechen und deren Einverständnis einzuholen.

Achtung: Kraft Gesetzes darf nicht zum Betreuer bestellt werden, wer zu einem Träger von Einrichtungen oder Diensten gehört, der in der Versorgung des Betreuten tätig ist, in einem Abhängigkeitsverhältnis oder in einer anderen engen Beziehung steht, es sei denn, dass im Einzelfall die konkrete Gefahr einer Interessenkollision nicht besteht (§ 1816 Abs. 6 BGB). Zu diesem Personenkreis kann beispielsweise das Heimpersonal gehören. Der Vorrang einer Vollmacht gegenüber einer Betreuung gilt nur, wenn der Bevollmächtigte diesem Personenkreis nicht angehört. Das schließt zwar nicht aus, dass dieser Personenkreis von vornherein zum Bevollmächtigten bestellt werden kann, sollte allerdings gleichwohl bei der Auswahl des Bevollmächtigten berücksichtigt werden.

Mehrere Bevollmächtigte

Der Vollmachtgeber kann auch mehrere Personen bevollmächtigen. In diesem Fall muss allerdings darauf geachtet werden, dass die Bevollmächtigten nicht gegensätzliche Entscheidungen treffen und so ihr Handeln gegenseitig blockieren können.

- In der Vorsorgevollmacht können mehrere Bevollmächtigte eingesetzt und bestimmt werden, dass jeder Bevollmächtigte für seinen Aufgabenkreis allein vertretungsberechtigt sein soll. So können beispielsweise einem Bevollmächtigten die Gesundheitsangelegenheiten, einem anderen die Vermögensangelegenheiten übertragen werden.
- Anstelle einer Alleinvertretungsbefugnis kann bei mehreren Bevollmächtigten auch eine Gesamtvertretung aller Bevollmächtigten angeordnet werden. In diesem Fall können die Bevollmächtigten nur gemeinsam handeln, sie sind also nur gemeinsam vertretungsberechtigt.

Urteil

Hat der Betroffene mehrere Personen in der Weise bevollmächtigt, dass sie ihn nur gemeinschaftlich vertreten können, können die Bevollmächtigten nur dann die Angelegenheiten des Betroffenen ebenso gut wie ein Betreuer besorgen, wenn davon auszugehen ist, dass sie zu einer gemeinschaftlichen Vertretung in der Lage sind. Dazu bedarf es einer Zusammenarbeit und Abstimmung der Bevollmächtigten und damit jedenfalls eines Mindestmaßes an Kooperationsbereitschaft und -fähigkeit.

BGH, Az. XII ZB 527/17

! Wenn mehrere Bevollmächtigte eingesetzt werden und Gesamtvertretung angeordnet wird, hat das zwar den Vorteil, dass sich die Bevollmächtigten gegenseitig kontrollieren, allerdings kann es zu erheblichen Problemen kommen, wenn die Bevollmächtigten sich nicht einigen können. In diesem Fall unterbleibt die Vertretung mit der Folge, dass die Einleitung eines Betreuungsverfahrens, das mit der Vorsorgevollmacht eigentlich vermieden werden sollte, unumgänglich wird.

Bestimmung eines Ersatzbevollmächtigten

Wer eine eventuell notwendige Betreuung vermeiden und deshalb im Rahmen einer Vorsorgevollmacht einen Bevollmächtigten bestellen will, sollte sich auch Gedanken darüber machen, was geschehen soll, wenn der Bevollmächtigte nicht mehr oder nicht mehr uneingeschränkt zur Verfügung steht. Dafür kommen mehrere Gründe in Betracht, etwa der Tod oder eine dauernde Krankheit des Bevollmächtigten, dessen eigene Handlungsunfähigkeit oder eine andere Lebensplanung, die es dem Bevollmächtigten nicht mehr erlaubt, die Angelegenheiten des Vollmachtgebers im Fürsorgefall wahrzunehmen.

Achtung: Wird auf die Benennung eines Ersatzbevollmächtigten verzichtet und fällt der bestellte Bevollmächtigte aus, muss das Betreuungsgericht einen Betreuer bestellen.

Ein Ersatzbevollmächtigter kann in der Form bestellt werden, dass eine inhaltsgleiche Vorsorgevollmacht erstellt wird. Abgeraten wird davon, dem Ersatzbevollmächtigten die Vollmacht sofort auszuhändigen. Selbst mit dem Hinweis, nur im Vertretungsfall hiervon Gebrauch machen zu dürfen, kann es zu missbräuchlicher Verwendung beziehungsweise zu Konflikten mit dem eigentlichen Bevollmächtigten kommen. Die Vollmacht für den Ersatzbevollmächtigten sollte deshalb zunächst hinterlegt und dem Ersatzbevollmächtigten erst im Vertretungsfall ausgehändigt werden.

Von der Ausstellung einer inhaltsgleichen Vollmacht kann auch abgesehen und der Ersatzbevollmächtigte in der Vorsorgevollmacht benannt werden.

Inhalt der Vorsorgevollmacht

Mit der Vorsorgevollmacht kann ein Bevollmächtigter für fast alle Lebensbereiche bestellt werden. In Betracht kommen unter anderem die Vertretung in finanziellen und persönlichen Angelegenheiten, gegenüber Banken und Sparkassen, Versicherungen, Behörden und Gerichten. Wie weitreichend die Vollmacht ist, liegt im Ermessen des Vollmachtgebers. Es steht also in seinem Belieben, den Inhalt und Umfang der Vollmacht zu bestimmen.

Die meisten Vollmachten beziehen sich auf die Vertretung in Vermögensangelegenheiten. In diesem Zusammenhang kann der Bevollmächtigte ermächtigt werden, das bewegliche und unbewegliche Vermögen des Vollmachtgebers zu verwalten und über das Vermögen zu verfügen. Vollmacht kann auch für die Eingehung von Verbindlichkeiten erteilt werden.

Urteil

Eine Vollmacht bezüglich der Vermögensangelegenheiten des Vollmachtgebers berechtigt den Bevollmächtigten auch dann zu einer Verfügung über ein Bankkonto des Vollmachtgebers, wenn für dieses keine gesonderte Bankvollmacht erteilt worden ist. Macht eine Bank die Verfügung des Vorsorgebevollmächtigten über ein Bankkonto des Vollmachtgebers trotz Vorliegens der Vorsorgevollmacht von unberechtigten Bedingungen abhängig, so haftet sie dem Vollmachtgeber für den diesem hierdurch entstandenen Schaden, in diesem Fall für die Aufwendungen für die Einschaltung eines Rechtsanwalts.

LG Detmold, Az. 10 S 110/14

Die Vollmacht in persönlichen Angelegenheiten kann sich auf die Vertretung bei medizinischen Behandlungen, pflegerischen Maßnahmen, freiheitsentziehenden- und beschränkenden Maßnahmen und Kommunikationsangelegenheiten erstrecken. Der Bevollmächtigte kann auch das Recht erhalten, über den Aufenthaltsort des Vollmachtgebers zu bestimmen oder seine Wohnung zu kündigen. Schwerwiegende Entscheidungen muss sich der Bevollmächtigte jedoch vom Betreuungsgericht genehmigen lassen. Dazu gehören

- die Einwilligung sowie ihr Widerruf oder die Nichteinwilligung in eine Untersuchung des Gesundheitszustands, eine Heilbehandlung oder einen ärztlichen Eingriff, wenn die begründete Gefahr besteht, dass der Vollmachtgeber aufgrund der Maßnahme stirbt oder einen schweren oder länger dauernden gesundheitlichen Schaden erleidet (§§ 1820 Abs. 2 Nr. 1, 1829 Abs. 1 Satz 1 BGB; vgl. dazu 6.3.3),
- die Einwilligung sowie ihr Widerruf oder die Nichteinwilligung in eine Untersuchung des Gesundheitszustands, eine Heilbehandlung oder einen ärztlichen Eingriff, wenn die Maßnahme medizinisch angezeigt ist und die begründete Gefahr besteht, dass der Vollmachtgeber aufgrund des Ausbleibens oder des Abbruchs der

Maßnahme einen schweren und länger dauernden gesundheitlichen Schaden erleidet (§§ 1820 Abs. 2 Nr. 1, 1829 Abs. 2 BGB; vgl. dazu 6.3.3),

- eine Unterbringung durch den Bevollmächtigten, die mit Freiheitsentziehung verbunden ist (§§ 1820 Abs. 2 Nr. 2, 1831 Abs. 2 BGB; vgl. dazu 7.1),
- eine freiheitsentziehende Maßnahme, das heißt, wenn dem Vollmachtgeber, der sich in einem Krankenhaus, einem Heim oder einer sonstigen Einrichtung aufhält, durch mechanische Vorrichtungen, Medikamente oder auf ähnliche Weise über einen längeren Zeitraum oder regelmäßig die Freiheit entzogen werden soll (§§ 1820 Abs. 2 Nr. 2, 1831 Abs. 4 BGB; vgl. dazu 7.2),
- die Einwilligung in eine ärztliche Zwangsmaßnahme (§§ 1820 Abs. 2 Nr. 3, 1832 BGB; vgl. dazu 7.3).

Unzulässig ist die Bevollmächtigung in einigen höchstpersönlichen Rechtsgeschäften wie Eheschließung, Testamentserrichtung und das Wahlrecht. Auch zur Einwilligung in eine Sterilisation des Vollmachtgebers kann der Bevollmächtigte nicht wirksam ermächtigt werden.

Selbstverständlich kann der Vollmachtgeber auch die Bevollmächtigung auf einzelne Aufgabenbereiche (z.B. auf Vermögensangelegenheiten) beschränken. In diesem Fall kann das Betreuungsgericht dann für den betreffenden Aufgabenkreis keinen Betreuer bestellen, weil der Betreute insoweit bereits durch einen Bevollmächtigten vertreten werden kann. Zulässig ist allerdings die Bestellung eines Betreuers, wenn Vertretungsbedarf in einem anderen Aufgabenbereich (z.B. Gesundheitsangelegenheiten) besteht, für den in der Vollmacht keine Vertretungsbefugnis eingeräumt wird.

Aufbewahrung und Registrierung der Vollmacht

Die Vorsorgevollmacht ist nur dann von Wert, wenn dem Bevollmächtigten im Fall des Falles das Original der Vollmacht zur Verfügung steht. Am einfachsten ist es deshalb, wenn dem Bevollmächtigten die Originalurkunde ausgehändigt wird. In diesem Fall hat dieser auch Gelegenheit, sich mit dem Inhalt der Vollmacht vertraut zu machen und sich, wenn der Betreuungsfall eintritt, gegenüber den maßgebenden Stellen (z.B. Behörden, Gerichten, Krankenhaus, Pflegeheim) auszuweisen und dringend notwendige Entscheidungen zu treffen.

Wenn der Vollmachtgeber allerdings befürchtet, dass der Bevollmächtigte die Vollmacht frühzeitig und gegen seinen Willen nutzen könnte, kann er das Vollmachtsoriginal auch zu Hause aufbewahren. In diesem Fall muss allerdings sichergestellt sein, dass der Bevollmächtigte die Vollmachtsurkunde auch finden und erreichen kann. Bei Personen, mit denen der Vollmachtgeber zusammenwohnt oder zusammenlebt oder die regelmäßig Zugang zur Wohnung des Vollmachtgebers haben, dürfte das kein Problem sein.

Wer gewährleistet wissen will, dass der Bevollmächtigte die Vollmacht erst dann nutzt, wenn tatsächlich Umstände eingetreten sind, die das erforderlich machen, kann die Vollmacht auch bei einer anderen Person hinterlegen. Dies kann zum Beispiel ein Rechtsanwalt oder eine andere Vertrauensperson (z.B. ein guter Freund oder Angehöriger) sein. Aber egal, wer die Vollmacht aufbewahrt, wichtig ist, dass die Vertrauensperson die Voraussetzungen kennt, unter denen die Vollmacht an den Bevollmächtigten auszuhändigen ist.

Der Vollmachtgeber kann die Vorsorgevollmacht auch im Zentralen Vorsorgeregister der Bundesnotarkammer aufnehmen lassen (www.vorsorgeregister.de). Dort werden die wichtigsten Inhalte der Vollmacht vermerkt. Für die Registrierung wird eine einmalige Gebühr erhoben. Zu beachten ist allerdings, dass die Registrierung nicht die Vollmacht ersetzt.

Vor der Bestellung eines Betreuers soll das Betreuungsgericht die Auskunft einholen, ob eine Vorsorgevollmacht des Betroffenen im Zentralen Vorsorgeregister registriert ist. Dies ist Teil der gerichtlichen Prüfung, ob eine rechtliche Betreuung erforderlich ist. Im Einzelfall kann von der Einholung einer Auskunft beim Zentralen

Vorsorgeregister abgesehen werden, etwa wenn ein rechtlicher Betreuer für eine Person bestellt werden soll, bei der behinderungsbedingt die wirksame Erteilung einer Vorsorgevollmacht von vornherein als ausgeschlossen erscheint. Bei Gefahr im Verzug kann von der Einholung der Auskunft abgesehen werden, was dann aber unverzüglich nachzuholen ist (§ 285 FamFG).

Suspendierung der Vollmacht durch das Gericht

Das Betreuungsgericht hat die Möglichkeit, eine wirksame Vollmacht bei einem bestehenden, aber noch nicht bestätigten Missbrauchsverdacht vorübergehend und kurzfristig zu »suspendieren«, ohne sie sogleich widerrufen zu müssen (§ 1820 Abs. 4 BGB). Hierzu kann das Gericht anordnen, dass der Bevollmächtigte die ihm erteilte Vollmacht nicht ausüben darf. Dies ist vorgesehen für solche Situationen, in denen zwar dringende Anhaltspunkte für die Notwendigkeit eines Widerrufs vorliegen, diese aber noch nicht ausreichend festgestellt werden können. Konkret kann das Betreuungsgericht anordnen, dass der Bevollmächtigte die ihm erteilte Vollmacht nicht ausüben darf, wenn

- die dringende Gefahr besteht, dass der Bevollmächtigte nicht den Wünschen des Vollmachtgebers entsprechend handelt und dadurch die Person des Vollmachtgebers oder dessen Vermögen gefährdet oder
- der Bevollmächtigte den Betreuer bei der Wahrnehmung seiner Aufgaben behindert.

Um sicherzustellen, dass der Bevollmächtigte während der Anordnung des Ausübungsverbots keinen Gebrauch von der Vollmacht macht, kann das Gericht zugleich die Herausgabe der Vollmachtsurkunde anordnen. Die Vollmachtsurkunde ist dann an den Betreuer herauszugeben. Wenn sich der Verdacht nicht bestätigt, also keine Gründe für einen Widerruf der Vollmacht vorliegen und die Vollmacht auch nicht in der Zwischenzeit aus anderen Gründen erloschen ist, ist die gerichtliche Anordnung aufzuheben und die Vollmachtsurkunde vom Betreuer an den Bevollmächtigten zurückzugeben.

Änderung und Widerruf der Vollmacht

Der Vollmachtgeber kann die Vorsorgevollmacht jederzeit widerrufen, ändern, ergänzen oder vollständig durch eine andere Vollmacht ersetzen, vorausgesetzt, er ist geschäftsfähig.

Die Vollmacht gilt so lange, bis sie geändert oder vollständig widerrufen wird.

- Kleinere Änderungen können einfach im Original der Vollmacht vorgenommen oder unter den ursprünglichen Text angefügt werden. Wichtig ist, dass dabei ein Zusammenhang mit dem alten Original erkennbar ist. Bei größeren Änderungen ist es sinnvoll, die alte Vollmacht zu widerrufen und eine neue Vollmacht zu verfassen.
- Soll die alte Vorsorgevollmacht widerrufen werden, ist es sinnvoll, zunächst das Original der Vollmachtsurkunde zu vernichten. Denn die Vollmacht ist nur als Original gültig. Deshalb sollte die alte Vollmacht vom Bevollmächtigten zurückverlangt werden, wenn sie an den Bevollmächtigten bereits ausgehändigt wurde. Dann kann der Bevollmächtigte nicht mehr im Namen des Vollmachtgebers tätig werden. Sicherheitshalber sollte die alte Vollmacht auch formell widerrufen werden. Der Widerruf und gegebenenfalls die neue Vollmacht sollten mit Datum versehen werden, sodass eindeutig ersichtlich ist, dass sie nach der alten Vollmacht aufgesetzt wurde und diese ersetzt.

Achtung: Der Betreuer darf eine Vollmacht oder einen Teil einer Vollmacht, die den Bevollmächtigten zu Maßnahmen der Personensorge oder zu Maßnahmen in wesentlichen Bereichen der Vermögenssorge ermächtigt, nur widerrufen, wenn das Festhalten an der Vollmacht eine künftige Verletzung der Person oder des Vermögens des Betreuten mit hinreichender Wahrscheinlichkeit und in erheblicher Schwere befürchten lässt und mildere Maßnahmen nicht zur Abwehr eines Schadens für den Betreuten geeignet erscheinen. Der Widerruf bedarf der Genehmigung des Betreuungsgerichts. Mit der Genehmigung des Widerrufs einer Vollmacht kann das Betreuungsgericht die Herausgabe der Vollmachtsurkunde an den Betreuer anordnen (§ 1820 Abs. 5 BGB).

Vereinbarung zwischen Vollmachtgeber und Bevollmächtigtem

Es ist sinnvoll, neben der nach außen wirkenden Vorsorgevollmacht mit dem Bevollmächtigten eine Vereinbarung im Innenverhältnis abzuschließen. Eine solche Vereinbarung hat für beide Seiten Vorteile:

- Für den Vollmachtgeber ist gewährleistet, dass der Bevollmächtigte tatsächlich im Betreuungsfall für die bestellten Aufgaben zur Verfügung steht. Ferner können dem Bevollmächtigten Anweisungen erteilt werden, wie sich der Vollmachtgeber in bestimmten Situationen seine Vertretung vorstellt.
- Für den Bevollmächtigten ist die Vereinbarung eine wichtige Anleitung, wie er sich in der jeweiligen Situation verhalten und wie er im Einzelfall die Interessen des Vollmachtgebers wahrnehmen soll.

Anders als die Vorsorgevollmacht, die gegenüber dem Bevollmächtigten erteilt wird und die eine einseitige Erklärung darstellt, handelt es sich bei der Vereinbarung zwischen dem Vollmachtgeber und dem Bevollmächtigten (im Innenverhältnis) um einen gegenseitigen Vertrag, in dem die Rechte und Pflichten aus der Bevollmächtigung vereinbart werden können. Wenn der Bevollmächtigte seine vertraglichen Verpflichtungen verletzt, ist er dem Vollmachtgeber und unter Umständen auch den Erben gegenüber haftbar.

Anordnung der Betreuung trotz Vollmacht

Nur eine wirksame und umfängliche Vollmacht macht eine rechtliche Betreuung entbehrlich. Eine Betreuung wird trotz vorliegender Vollmacht insbesondere angeordnet, wenn

- der Vollmachtgeber zum Zeitpunkt der Errichtung der Vollmacht nicht geschäftsfähig war,
- die Vollmacht beziehungsweise einzelne Teile der Vollmacht nicht der gesetzlich vorgeschriebenen Form entsprechen,
- die Vollmacht zwischenzeitlich wirksam widerrufen wurde,
- die Vollmacht den konkreten Betreuungsbedarf (z.B. Vermögensangelegenheiten) nicht abdeckt.

Urteil

- *Die Erteilung einer schriftlichen Vorsorgevollmacht ist keine Garantie dafür, dass das Betreuungsgericht für den Vollmachtgeber später nicht doch einen Betreuer bestellt. Für den Bundesgerichtshof steht eine Vorsorgevollmacht der Anordnung der Betreuung dann nicht entgegen, wenn sich der Bevollmächtigte als zur Wahrnehmung der Interessen des Betroffenen nicht tauglich erweist und sogar erhebliche Zweifel an seiner Redlichkeit bestehen.*

  BGH, Az. XII ZB 301/13

- *Laut dem Bayerischen Obersten Landesgericht ist trotz bestehender Vorsorgevollmacht die Bestellung eines Betreuers dann erforderlich, wenn konkrete Anhaltspunkte dafür bestehen, dass der Vorsorgebevollmächtigte die Vorsorgevollmacht missbraucht.*

  BayObLG, Az. 3Z BR 242/02

Bestellung eines Kontrollbetreuers

Da ein Bevollmächtigter nicht der Aufsicht des Betreuungsgerichts unterliegt, bedarf es zum Schutz des Betreuten einer Kontrollbetreuung, wenn der Vollmachtgeber aus Gründen, die die Bestellung eines Betreuers rechtfertigen würden, aufgrund einer Krankheit oder Behinderung nicht mehr in der Lage ist, seine Rechte gegenüber dem Bevollmächtigten auszuüben. Wenn dies der Fall ist und hinzukommt, dass aufgrund konkreter Anhaltspunkte davon auszugehen ist, dass der Bevollmächtigte die Angelegenheiten des Vollmachtgebers nicht entsprechend der Vereinbarung oder dem erklärten oder mutmaßlichen Willen des Vollmachtgebers besorgt, kann das Betreuungsgericht einen Kontrollbetreuer bestellen (§ 1820 Abs. 3 BGB). Es kann verschiedene Gründe haben, warum es zu einer unzureichenden, fehlerhaften oder missbräuchlichen Ausübung der Vollmacht kommt, die der Vollmachtgeber nicht vorhergesehen hatte und die bei der Anordnung festgestellt werden müssen. In Betracht kommen zum Beispiel eine Überforderung des Bevollmächtigten wegen der Schwierigkeit des Rechtsgeschäfts oder einer eigenen Erkrankung oder sonstiger Änderungen seiner Lebensbedingungen, ernsthafte Zweifel an der Redlichkeit des Bevollmächtigten oder neu auftretende Interessenkonflikte.

Dem Kontrollbetreuer obliegt es, die Tätigkeit des Bevollmächtigten zu überwachen und diesem gegenüber die Rechte des Vollmachtgebers geltend zu machen. In diesem Zusammenhang ist der Bevollmächtigte insbesondere verpflichtet, dem Kontrollbetreuer die erforderlichen Nachrichten zu geben, auf Verlangen über den Stand des Geschäfts Auskunft zu erteilen und nach Ausführung Rechenschaft abzulegen (§ 666 BGB).

Der Kontrollbetreuer muss dem Betreuungsgericht jederzeit Auskunft über die Betreuung und die persönlichen Verhältnisse des Betroffenen erteilen.

Zur Kontrollbetreuung vgl. auch 4.8.3.

3.4.3 Vorrang anderer Hilfen

Keine rechtliche Betreuung ist erforderlich, wenn die Angelegenheiten des Betroffenen durch andere Hilfen, bei denen kein gesetzlicher Vertreter bestellt wird, erledigt werden können, insbesondere durch solche Unterstützung, die auf sozialen Rechten oder anderen Vorschriften beruht (§ 1814 Abs. 3 Satz 2 Nr. 2 BGB).

In Betracht kommen zunächst Hilfen tatsächlicher Art durch die Familie, durch Bekannte oder Nachbarn, Heimpersonal oder Sozialdienste bei praktischen Angelegenheiten des Alltags. Wenn der Betroffene nur einen Pfleger für Waschen, Kochen, Einkaufen, Körperpflege oder ärztliche Hilfe benötigt, ist keine rechtliche Betreuung notwendig.

Auch gegenüber jeder Form der Unterstützung, die auf sozialen Rechten oder anderen Vorschriften beruht, ist die Betreuung nachrangig. Diese Unterstützung genießt also Vorrang vor der Bestellung eines rechtlichen Betreuers. So sind beispielsweise im Bereich der Eingliederungshilfe die zuständigen Sozialleistungsträger gesetzlich zu umfassender Beratung und Unterstützung der antragstellenden Personen verpflichtet, was unter anderem auch die Unterstützung bei der Antragstellung umfasst. Ist der Betroffene allerdings auch nach umfassender Sicherstellung der den Sozialleistungsträgern obliegenden Beratungs- und Unterstützungspflichten nicht in der Lage, die zur Realisierung seiner Leistungsansprüche notwendigen Rechtshandlungen vorzunehmen, insbesondere, weil ihm insoweit die erforderliche Fähigkeit zur Mitwirkung fehlt, kann die Bestellung eines rechtlichen Betreuers erforderlich sein.

3.5 Betreuung auf Antrag oder von Amts wegen

Ein Betreuer wird auf Antrag des Betroffenen oder von Amts wegen bestellt. Den Antrag kann nur der Betreuungsbedürftige selbst stellen, selbst wenn er geschäftsunfähig ist. Dritte (z.B. Verwandte, Nachbarn, Freunde, Sozialamt, Polizeibehörde, Betreuungsbehörde) haben kein Antragsrecht. Sie können lediglich eine Betreuung »anregen«. Das Betreuungsgericht muss dann den Sachverhalt von Amts wegen ermitteln. Soweit der Betroffene seine Angelegenheiten lediglich aufgrund einer körperlichen Krankheit oder Behinderung nicht besorgen kann, darf ein Betreuer nur auf Antrag des Betroffenen bestellt werden, es sei denn, dass dieser seinen Willen nicht äußern kann (§ 1814 Abs. 4 BGB).

Näheres zur Einleitung des Betreuungsverfahrens unter 4.1.

3.6 Zwangsbetreuung

Jeder hat das Recht, sein Leben nach seinen Vorstellungen zu gestalten, soweit nicht Rechte Dritter oder Rechtsgüter von Verfassungsrang beeinträchtigt werden. Deshalb darf gegen den freien Willen des Betroffenen ein Betreuer nicht bestellt werden (§ 1814 Abs. 2 BGB).

Auch ein an einem der genannten Gebrechen leidender Betroffener kann in der Lage sein, einen freien Willen zu bilden und ihn zu äußern. Maßgebend für die freie Willensbildung ist, ob der Betroffene noch einsichtsfähig ist, also die Fähigkeit besitzt, die für und wider einer Betreuerbestellung sprechenden Gesichtspunkte im Grundsatz zu erkennen und gegeneinander abzuwägen. Dabei ist jeweils auf das Krankheitsbild des Betroffenen abzustellen. So vermag ein an einer Psychose erkrankter Betroffener das Wesen und die Bedeutung einer Betreuung im Detail eher zu bereifen als die an einer Demenz leidende fürsorgebedürftige Person.

Urteil

Gegen den Willen des Betroffenen kann auch dann, wenn mit ihm wegen einer schwerwiegenden psychischen Störung in Form einer ausgeprägten Behinderung der sprachlichen und nonverbalen Kommunikationsfähigkeit (autistische Veranlagung) nur schwer eine Verständigung möglich ist, so lange kein Betreuer bestellt werden, wie nicht festgestellt ist, dass er nicht in der Lage ist, seinen Willen frei zu bestimmen.

OLG Köln, Az. 16 Wx 183/05

3.7 Vorsorgliche Bestellung eines Betreuers für Minderjährige

Grundsätzlich kann ein Betreuer nur bestellt werden, um Angelegenheiten eines Volljährigen zu besorgen. Schließlich stehen Minderjährige unter elterlicher Sorge und werden von den Eltern oder vom Vormund vertreten. Wenn allerdings bei einem Minderjährigen, der das 17. Lebensjahr vollendet hat, abzusehen ist, dass er auch bei Vollendung des 18. Lebensjahres wegen einer Erkrankung oder einer Behinderung nicht in der Lage sein wird, seine Angelegenheiten zu besorgen, kann bereits ein Betreuer bestellt werden (§ 1814 Abs. 5 BGB). Damit soll gewährleistet werden, dass keine Versorgungslücke zwischen dem Beginn der Volljährigkeit und der Wirksamkeit einer Betreuung entsteht. Im Regelfall werden bei der Betreuerbestellung in erster Linie die Eltern als zukünftige Betreuer in Betracht kommen, weil sie am besten geeignet sein dürften.

Achtung: Voraussetzung für die vorsorgliche Bestellung eines Betreuers ist, dass mit hoher Wahrscheinlichkeit ein konkretes Betreuungsbedürfnis besteht. Nur allgemeine Erwartungen und Befürchtungen reichen nicht aus.

Die Bestellung des Betreuers kann von Amts wegen oder – ohne Rücksicht auf seine Geschäftsfähigkeit – auf Antrag des Minderjährigen erfolgen. Sie wird erst mit dem Eintritt der Volljährigkeit des Betroffenen wirksam.

4 Bestellung des Betreuers durch das Gericht

Ein Betreuer wird vom Betreuungsgericht bestellt. Das Gericht ist auch zuständig für die Bestimmung des Aufgabenkreises und der Aufgabenbereiche des Betreuers, die Anordnung oder Aufhebung eines Einwilligungsvorbehalts, die Genehmigung der Einwilligung des Betreuers in bestimmte ärztliche Maßnahmen, die für den Betreuten gefährlich sind, und über die Verlängerung und Aufhebung der Betreuung. Das gerichtliche Verfahren in Betreuungssachen ist im Gesetz über das Verfahren in Familiensachen und in den Angelegenheiten der freiwilligen Gerichtsbarkeit (FamFG) geregelt.

4.1 Anlass für das Betreuungsverfahren

Über die Bestellung eines Betreuers entscheidet das Gericht in einem Betreuungsverfahren. In dem Verfahren gibt es keinen Kläger oder Beklagten, sondern nur sogenannte Verfahrensbeteiligte bzw. den Betreuten als Antragsteller, wenn der Betroffene einen Antrag auf die Bestellung eines Betreuers gestellt hat.

Die Bestellung eines Betreuers kann auf Antrag des Betroffenen erfolgen oder von Amts wegen. Von Amts wegen erfolgt regelmäßig die Prüfung, ob eine Betreuung notwendig ist, wenn Dritte oder eine Behörde einen Hinweis auf eine Fürsorgebedürftigkeit geben. Soweit der Betroffene seine Angelegenheiten lediglich wegen einer körperlichen Krankheit oder Behinderung nicht besorgen kann, darf ein Betreuer nur auf Antrag des Betroffenen bestellt werden, es sei denn, dass dieser seinen Willen nicht äußern kann.

4.1.1 Betreuung auf Antrag des Betroffenen

Einen Antrag auf Bestellung eines Betreuers kann nur der Betroffene selbst stellen. Inhaltlich werden an den Antrag keine besonderen Anforderungen gestellt. Es ist also ausreichend, wenn der Wille des

Betroffenen zu erkennen ist, dass die Bestellung eines Betreuers gewünscht wird. Unabhängig davon, dass der Betroffene die Bestellung eines Betreuers beantragt, muss das Gericht prüfen, ob die Voraussetzungen für die Betreuung vorliegen.

Bei der Antragstellung kann sich der Betroffene zwar nicht vertreten lassen, er kann sich allerdings eines Boten bedienen, so beispielsweise des Krankenhauspersonals, wenn sich der Betreuungsbedarf während eines Krankenhausaufenthalts ergibt.

Achtung: Wird das Betreuungsverfahren auf Antrag des Betroffenen eingeleitet, hat das besondere rechtliche Folgen. So kann im gerichtlichen Verfahren auf die Einholung des Gutachtens eines Sachverständigen über die Notwendigkeit der Betreuung verzichtet werden; ausreichend ist in diesem Fall ein ärztliches Zeugnis. Auf Antrag des Betroffenen ist die Bestellung des Betreuers durch das Gericht aufzuheben, es sei denn, dass eine Betreuung von Amts wegen erforderlich ist.

4.1.2 Betreuung auf Anregung Dritter

Der Antrag des Betroffenen ist grundsätzlich nicht Voraussetzung für die Einleitung eines Betreuungsverfahrens. Zwar steht nur dem Betroffenen ein Antragsrecht zu, allerdings können Dritte (z.B. Verwandte, Nachbarn, Freunde, Ärzte, soziale Dienste, Pflegedienste, Sozialamt, Betreuungsbehörde) beim Betreuungsgericht eine Betreuung zugunsten einer Person anregen.

Jeder, der wahrnimmt, dass eine Person nicht mehr in der Lage ist, einzelne Bereiche ihres Lebens ohne fremde Hilfe zu meistern, kann ein Betreuungsverfahren anregen. Der Betreuungsbedarf einer Person kann entweder direkt gegenüber dem Betreuungsgericht oder gegenüber der Betreuungsbehörde angezeigt werden. Das Betreuungsgericht muss dann den Sachverhalt von Amts wegen ermitteln (§ 26 FamFG) und gegebenenfalls ein Amtsverfahren auf Bestellung eines Betreuers einleiten.

Achtung: Bei einem lediglich körperbehinderten Betroffenen kann die Bestellung eines Betreuers allerdings nur auf seinen Antrag erfolgen, es sei denn, dass dieser seinen Willen nicht kundtun kann (§ 1814 Abs. 4 Satz 2 BGB). Ihren Antrag kann die körperbehinderte Person jederzeit zurücknehmen; in diesem Fall endet dann das laufende Betreuungsverfahren automatisch.

4.1.3 Zuständiges Gericht

Sachlich zuständig für die Bestellung eines Betreuers und alle mit der Betreuung zusammenhängenden Angelegenheiten (sog. Betreuungssachen) ist das Amtsgericht als Betreuungsgericht. Gibt es noch keinen gerichtlichen Beschluss über die Bestellung eines Betreuers, ist das örtliche Gericht zuständig, in dessen Bezirk der Betroffene seinen gewöhnlichen Aufenthalt hat. Als gewöhnlicher Aufenthaltsort gilt der Ort, an dem der tatsächliche Lebensmittelpunkt des Betroffenen liegt, an dem er also seine wesentlichen persönlichen und beruflichen Bindungen hat und an dem er sich hauptsächlich aufhält. Keine Bedeutung hat, ob der Betroffene dort polizeilich gemeldet ist. Ist ein Betreuer nicht bestellt und kann kein gewöhnlicher Aufenthalt des Betroffenen festgestellt werden (z.B. wenn der Betroffene obdachlos ist), ist das örtliche Gericht zuständig, in dessen Bezirk das Bedürfnis der Fürsorge hervortritt (z.B. in Grundstücksangelegenheiten der Bezirk des Gerichts, in dem das Grundstück liegt).

Innerhalb des Betreuungsgerichts sind die Betreuungssachen zwischen dem Richter und dem Rechtspfleger verteilt. Grundsätzlich ist der Rechtspfleger zuständig, soweit nicht eine Aufgabe dem Richter vorbehalten ist.

Dem Richter vorbehalten sind unter anderem

- die Anordnung, Einschränkung, Erweiterung und Aufhebung der Betreuung,
- Bestellung und Entlassung des Betreuers,

- die Bestimmung des Aufgabenkreises des Betreuers,
- die Bestellung eines Ergänzungsbetreuers und eines Kontrollbetreuers,
- die Bestimmung der Aufgabenbereiche des Betreuers,
- die Anordnung und Aufhebung eines Einwilligungsvorbehalts und
- die Genehmigung bei ärztlichen Maßnahmen.

Der Rechtspfleger ist unter anderem zuständig für

- die Beratung und Aufsicht der Betreuer,
- gerichtliche Genehmigungen im Aufgabenkreis Vermögenssorge,
- die gerichtliche Genehmigung der Kündigung der vom Betreuten gemieteten Wohnung,
- die Entscheidung über den Aufwendungsersatz und die Betreuervergütung.

4.2 Beteiligte im Betreuungsverfahren

Wer am gerichtlichen Verfahren zur Bestellung eines Betreuers beteiligt ist, legt das Gesetz fest. Dabei geht es darum, wer im gerichtlichen Betreuungsverfahren mitmachen darf. Ob jemand Beteiligter des Verfahrens ist, hat wegen der besonderen Rechte und Pflichten im Verfahren große praktische Bedeutung. Zu unterscheiden ist zwischen Beteiligten, die auf jeden Fall beteiligt werden müssen, und solchen, die von Amts wegen oder auf Antrag beteiligt werden können.

Am Betreuungsverfahren muss der Betroffene beteiligt werden, also die Person, für die ein Betreuer bestellt werden soll oder bereits bestellt worden ist.

Daneben sind am gerichtlichen Verfahren beteiligt (§ 274 Abs. 1, 2 und 3 FamFG)

- der Betreuer, soweit sein Aufgabenkreis betroffen ist (das ist insbesondere bei mehreren Betreuern mit verschiedenen Aufgabenkreisen von Bedeutung),
- der Bevollmächtigte im Falle einer Vorsorgevollmacht (§ 1814 Abs. 3 Satz 2 Nr. 1 BGB), soweit sein Aufgabenkreis betroffen ist,
- der Verfahrenspfleger durch seine Bestellung (vgl. dazu 4.7),
- die Betreuungsbehörde auf ihren Antrag (allerdings nur bei der Bestellung eines Betreuers oder der Anordnung eines Einwilligungsvorbehalts sowie Entscheidungen über Umfang, Inhalt oder Bestand der Bestellung eines Betreuers bzw. der Anordnung eines Einwilligungsvorbehalts).

Von Amts wegen oder auf Antrag können am gerichtlichen Verfahren beteiligt werden (§ 274 Abs. 4 BGB)

- im Interesse des Betroffenen dessen Ehegatte oder Lebenspartner, wenn die Ehegatten oder Lebenspartner nicht dauernd getrennt leben, sowie dessen Eltern, Pflegeeltern, Großeltern, Abkömmlinge, Geschwister und eine Person seines Vertrauens,
- der Vertreter der Staatskasse, soweit das Interesse der Staatskasse durch den Ausgang des Verfahrens betroffen sein kann.

! Im Interesse des Betroffenen kann auch eine Person seines Vertrauens am Verfahren beteiligt werden. Diese Regelung ermöglicht es dem Gericht, im Einzelfall auch entferntere Angehörige, einen getrennt lebenden Ehegatten oder Lebenspartner sowie sonstige Personen hinzuzuziehen, wenn sie mit dem Betroffenen eng verbunden sind.

Mit der Verfahrensbeteiligung sind für die Beteiligten bestimmte Rechte verbunden. Von Bedeutung sind insbesondere das Anhörungsrecht (vgl. dazu 4.3.2), das Akteneinsichtsrecht und das Beschwerderecht (vgl. dazu 4.8.7).

! Verfahrensbeteiligte haben das Recht, die Gerichtsakten auf der Geschäftsstelle einzusehen, soweit nicht schwerwiegende Interessen eines Beteiligten oder eines Dritten entgegenstehen. Personen, die an dem Verfahren nicht beteiligt sind, kann Einsicht nur gestattet werden, soweit sie ein berechtigtes Interesse glaubhaft machen und schutzwürdige Interessen eines Beteiligten oder eines Dritten nicht entgegenstehen (§ 13 FamFG).

4.3 Rechte des Betroffenen

Im gerichtlichen Betreuungsverfahren sind dem Betroffenen gesetzlich eine Reihe von Rechten gewährleistet, die sicherstellen sollen, dass er sich aktiv am Verfahren beteiligen und nicht über seinen Kopf hinweg entschieden werden kann.

4.3.1 Stellung des Betroffenen im Betreuungsverfahren

Ohne Rücksicht auf seine Geschäftsfähigkeit besitzt der Betroffene im gerichtlichen Betreuungsverfahren die sogenannte Verfahrensfähigkeit (§ 275 Abs. 1 FamFG). Er hat damit die Möglichkeit, alle Verfahrenshandlungen selbst oder durch einen selbst gewählten Vertreter wahrzunehmen. Als Betroffener gilt sowohl derjenige, der selbst die Bestellung eines Betreuers beantragt hat, als auch derjenige, der von Amts wegen einen Betreuer erhalten soll.

» Der Betroffene kann Anträge selbst stellen, den Richter oder Sachverständige ablehnen, Verfahrenskostenbeihilfe beantragen und Rechtsmittel gegen gerichtliche Beschlüsse einlegen. Er kann auch einem Anwalt Verfahrensvollmacht erteilen.

Das Gericht muss den Betroffenen bei Einleitung des Verfahrens in einer für den Betroffenen verständlichen Weise über die Aufgaben des Betreuers, den möglichen Verlauf des Verfahrens sowie die Kosten, die allgemein aus der Bestellung eines Betreuers folgen können, unterrichten (§ 275 Abs. 2 FamFG). Die Unterrichtung über den möglichen Verlauf des Verfahrens umfasst dabei auch den Hinweis, dass das Gericht im Verfahren auf Verlangen des Betroffenen eine ihm nahestehende Person anhört, wenn dies ohne erhebliche Verzögerung möglich ist (§ 279 Abs. 3 FamFG).

4.3.2 Anhörungsrecht

Das Betreuungsgericht hat den Betroffenen vor der Bestellung eines Betreuers oder der Anordnung eines Einwilligungsvorbehalts persönlich anzuhören und dessen Wünsche zu erfragen. Es hat sich einen persönlichen Eindruck von ihm zu verschaffen (§ 278 Abs. 1 FamFG). Dadurch soll das Gericht bessere Erkenntnisse von der Persönlichkeit des Betroffenen, seinem sozialen Umfeld und seinen Angelegenheiten gewinnen.

Einzelfälle

Über die Verpflichtung zur vorherigen Anhörung bei der Bestellung eines Betreuers oder der Anordnung eines Einwilligungsvorbehalts hinaus schreibt das Gesetz auch unter anderem in folgenden Fällen ausdrücklich eine Anhörung des Betroffenen vor:

- Erweiterung des Aufgabenkreises des Betreuers, es sei denn, dass die beabsichtigte Erweiterung nicht wesentlich ist (§ 293 Abs. 1 und 2 FamFG),
- Bestellung eines weiteren Betreuers, wenn damit eine Erweiterung des Aufgabenkreises verbunden ist (§ 293 Abs. 4 FamFG),
- Verlängerung der Bestellung eines Betreuers oder der Anordnung eines Einwilligungsvorbehalts (§ 295 Abs. 1 FamFG),
- Widerspruch des Betroffenen gegen die Entlassung des Betreuers (§ 296 Abs. 1 FamFG) oder die Bestellung eines neuen Betreuers, es sei denn, der Betroffene hat sein Einverständnis mit dem Betreuerwechsel erklärt (§ 296 Abs. 2 FamFG).
- Genehmigung einer Sterilisation (§ 297 Abs. 1 FamFG),

- Genehmigung einer gefährlichen Untersuchung, Heilbehandlung oder eines ärztlichen Eingriffs (§ 298 Abs. 1 FamFG, § 1829 BGB),
- Genehmigung der Wohnungsaufgabe (§§ 299 FamFG, 1833 BGB).

Durchführung der Anhörung

Das Gericht hat den Betroffenen vor der Bestellung eines Betreuers oder der Anordnung eines Einwilligungsvorbehalts persönlich anzuhören. Es hat sich einen persönlichen Eindruck von dem Betroffenen zu verschaffen. Diesen persönlichen Eindruck soll sich das Gericht in dessen üblicher Umgebung verschaffen, wenn es der Betroffene verlangt oder wenn es der Sachaufklärung dient und der Betroffene nicht widerspricht (§ 278 Abs. 1 FamFG). Zur üblichen Umgebung gehört insbesondere die Wohnung des Betroffenen, das Heim oder Krankenhaus.

Achtung: Nach dem ab 1.1.2023 geltenden Betreuungsrecht hat das Gericht im Rahmen der Anhörung auch die Wünsche des Betroffenen zu erfragen. Diese Pflicht entspricht der Wichtigkeit und Maßgeblichkeit der Wünsche des Betroffenen bei der Bestellung, der Auswahl und der Tätigkeit eines rechtlichen Betreuers.

Die Anhörung ist grundsätzlich nicht öffentlich. Hat das Gericht einen Verfahrenspfleger bestellt (vgl. dazu 4.7), soll die persönliche Anhörung in dessen Anwesenheit erfolgen (§ 278 Abs. 2 Satz 3 FamFG).

Gegenstand der Anhörung sind das Ergebnis des übermittelten Gutachtens, die Person oder Stelle, die als Betreuer in Betracht kommt, der Umfang des Aufgabenkreises und der Zeitpunkt, bis zu dem das Gericht über eine Aufhebung oder Verlängerung der Betreuung oder der Anordnung eines Einwilligungsvorbehalts entscheidet. Das Gericht hat den Betroffenen in geeigneten Fällen auf die Möglichkeit der Vorsorgevollmacht, deren Inhalt sowie auf die Möglichkeit ihrer Registrierung bei dem Zentralen Vorsorgeregister hinzuweisen (§ 278 Abs. 2 Sätze 1 und 2 FamFG).

Ausnahmen von der persönlichen Anhörungspflicht

Die persönliche Anhörung des Betroffenen kann unterbleiben, wenn hiervon erhebliche Nachteile für seine Gesundheit zu besorgen sind oder wenn der Betroffene offensichtlich nicht in der Lage ist, seinen Willen kundzutun (§§ 34 Abs. 2, 278 Abs. 4 FamFG). Die entsprechende Entscheidung des Betreuungsgerichts darf nur auf Grundlage eines ärztlichen Gutachtens getroffen werden. Auch wenn der Betroffene dem anberaumten Anhörungstermin unentschuldigt fernbleibt, kann das Verfahren ohne seine persönliche Anhörung beendet werden. Für den Fall, dass auf Grundlage eines ärztlichen Gutachtens von der Anhörung des Betroffenen abgesehen wird, weil hiervon erhebliche Nachteile für die Gesundheit des Betroffenen zu besorgen wären, besteht auch keine Pflicht des Gerichts, sich einen persönlichen Eindruck von dem Betroffenen zu verschaffen.

Urteil

Vor der Bestellung eines Betreuers darf das Gericht nur dann von der Anhörung des Betroffenen absehen, wenn dessen Vorführung unverhältnismäßig ist und das Gericht zuvor sämtliche nicht mit Zwang verbundenen Versuche unternommen hat, um den Betroffenen zu befragen oder sich von ihm einen persönlichen Eindruck zu verschaffen.

BGH, Az. XII 405/14

Achtung: Sieht das Betreuungsgericht von der Anhörung des Betroffenen ab, muss es zwingend einen Verfahrenspfleger bestellen (Näheres dazu unter 4.7).

4.3.3 Weitere Rechte des Betroffenen

Über die unter 4.3.1 und 4.3.2 genannten Rechte hinaus stehen dem Betroffenen weitere Rechte im gerichtlichen Betreuungsverfahren zu.

- Auf Verlangen des Betroffenen hat das Gericht eine ihm nahestehende Person anzuhören, wenn dies ohne erhebliche Verzögerung möglich ist (§ 279 Abs. 3 FamFG). Auf diese Möglichkeit muss der Betroffene spätestens im Rahmen der Anhörung hingewiesen werden (vgl. dazu 4.5).
- Dem Betroffenen muss das Gutachten des gerichtlichen Sachverständigen vor seiner Verwertung in seinem vollen Wortlaut zur Verfügung gestellt werden, es sei denn, dass damit erhebliche Nachteile für die Gesundheit des Betroffenen verbunden sind (§ 288 Abs. 1 FamFG). Näheres dazu unter 4.6.
- Der Betroffene kann verlangen, dass die Auswahl der Person, der ein Verein oder eine Behörde die Wahrnehmung der Betreuung übertragen hat, durch gerichtliche Entscheidung überprüft wird (§ 291 Satz 1 FamFG). Dazu Näheres unter 4.8.1.
- Dem Betroffenen steht ein eigenes Beschwerderecht zu, wenn er durch einen Beschluss des Betreuungsgerichts in seinen Rechten beeinträchtigt ist (§ 59 Abs. 1 FamFG). Vgl. dazu auch 4.8.7.

4.4 Anhörung der Betreuungsbehörde

Das Betreuungsgericht muss vor Bestellung eines Betreuers oder der Anordnung eines Einwilligungsvorbehalts die zuständige Behörde anhören (§ 279 Abs. 2 Satz 1 FamFG). Damit soll sichergestellt werden, dass die besonderen sozialpädagogischen Kompetenzen und Erfahrungen der Behörde im Umgang mit Kranken und Behinderten genutzt werden. Durch die Einbindung der Betreuungsbehörde ist gewährleistet, dass andere Hilfen, die unterhalb der Schwelle der rechtlichen Betreuung noch zur Verfügung stehen (z.B. Unterstützung durch Pflegeberatung, soziale Dienste oder Schuldnerberatung), ausgeschöpft werden können. Die Anhörung erfolgt grundsätzlich durch den Richter. Sie ist sowohl für Verfahren zur erstmaligen Bestellung eines Betreuers als auch zur Anordnung eines Einwilligungsvorbehalts vorgeschrieben.

Die Anhörung der Betreuungsbehörde soll vor der Einholung eines Sachverständigengutachtens erfolgen und sich insbesondere auf folgende Kriterien beziehen (§ 279 Abs. 2 Satz 2 FamFG):

- persönliche, gesundheitliche und soziale Situation des Betroffenen,
- Erforderlichkeit der Betreuung einschließlich geeigneter anderer Hilfen,
- Betreuerauswahl unter Berücksichtigung des Vorrangs der Ehrenamtlichkeit und
- diesbezügliche Sichtweise des Betroffenen.

4.5 Anhörung einer dem Betroffenen nahestehenden Person

Auf Verlangen des Betroffenen hat das Gericht eine ihm nahestehende Person anzuhören, wenn dies ohne erhebliche Verzögerung möglich ist (§ 279 Abs. 3 FamFG). Auf diese Möglichkeit ist der Betroffene vom Gericht spätestens im Rahmen der Anhörung hinzuweisen. Die Anhörung der Vertrauensperson kann auch ein Geschäftsunfähiger verlangen. Dem Betroffenen nahestehende Personen, deren Anhörung er verlangen kann, können auch Verwandte sein, wenn sie im Einzelfall nicht als Beteiligte zum Verfahren hinzugezogen wurden.

Nur wenn die Anhörung der nahestehenden Person ohne zeitliche Verzögerung möglich ist, muss das Gericht dem Verlangen des Betroffenen entsprechen. Eine Anhörung kann beispielsweise unterbleiben, wenn das Gericht über die Bestellung eines Betreuers nach dem Stand des Verfahrens entscheiden könnte, die anzuhörende Person allerdings nicht erreichbar ist, weil sie sich für längere Zeit im Ausland aufhält oder ihr Aufenthaltsort unbekannt ist.

4.6 Beweisaufnahme durch Sachverständigengutachten oder ärztliches Zeugnis

Bevor das Betreuungsgericht über die Bestellung eines Betreuers entscheidet, hat es ein Sachverständigengutachten über die Notwendigkeit der Maßnahme einzuholen. Der Sachverständige soll Arzt für Psychiatrie oder Arzt mit Erfahrung auf dem Gebiet der Psychiatrie sein (§ 280 Abs. 1 FamFG).

Achtung: Die Einholung eines Gutachtens durch das Gericht ist auch dann notwendig, wenn der Richter durch die persönliche Anhörung des Betroffenen der Auffassung ist, dass die Bestellung eines Betreuers notwendig ist. Sachverständige Feststellungen sind also auch bei eindeutig scheinenden Krankheiten (z.B. fortgeschrittene Demenz) erforderlich.

Die Einholung eines Sachverständigengutachtens durch das Betreuungsgericht ist nicht nur im gerichtlichen Verfahren über die Bestellung eines Betreuers, sondern auch in einer Reihe von weiteren betreuungsrechtlichen Maßnahmen erforderlich. So muss das Gericht insbesondere in folgenden Angelegenheiten ein Sachverständigengutachten in Auftrag geben:

- Anordnung eines Einwilligungsvorbehalts (§ 280 Abs. 1 FamFG),
- Erweiterung des Aufgabenkreises des Betreuers, es sei denn, dass die beabsichtigte Erweiterung nicht wesentlich ist oder die Verfahrenshandlungen länger als sechs Monate zurückliegen (§ 293 Abs. 1 und 2 FamFG),
- Bestellung eines weiteren Betreuers, wenn damit eine Erweiterung des Aufgabenkreises verbunden ist (§ 293 Abs. 4 FamFG),
- Genehmigung einer Sterilisation (§ 297 Abs. 6 FamFG),
- Genehmigung einer gefährlichen Untersuchung, Heilbehandlung oder eines ärztlichen Eingriffs (§§ 298 Abs. 1 FamFG, 1829 BGB).

4.6.1 Sachverständigengutachten

Der Sachverständige muss die erforderliche Sachkunde zur Erstellung von Gutachten in Betreuungssachen aufweisen. Er soll Arzt für Psychiatrie oder Arzt mit Erfahrung auf dem Gebiet der Psychiatrie sein (§ 280 Abs. 1 Satz 2 FamFG). In Betracht kommen insbesondere Nervenärzte, öffentlich bestellte Amtsärzte mit psychiatrischer Vorbildung, auf dem Gebiet der Psychiatrie kundige Klinikärzte. In diesem Fall kann das Gericht die erforderliche Sachkunde ohne weitere Prüfung annehmen. Bei Ärzten, die keine derartige Qualifikation aufweisen, muss der Richter die Sachkunde überprüfen und darlegen.

Der Sachverständige hat den Betroffenen vor der Erstattung des Gutachtens persönlich zu untersuchen oder zu befragen. Das Gutachten muss grundsätzlich schriftlich erstattet werden. Es muss sich auf folgende Bereiche erstrecken (§ 280 Abs. 3 FamFG):

- das Krankheits- oder Behinderungsbild einschließlich dessen Entwicklung,
- die durchgeführten Untersuchungen und die diesen zugrunde gelegten Forschungserkenntnisse,
- den körperlichen und psychischen Zustand des Betroffenen,
- den aus medizinischer Sicht aufgrund der Krankheit oder Behinderung erforderlichen Unterstützungsbedarf und
- die voraussichtliche Dauer der Maßnahme.

Urteil

Wenn ein Gericht eine Betreuung für eine psychisch kranke Person anordnet oder verlängert, muss dem Betroffenen das entsprechende Sachverständigengutachten im Wortlaut übermittelt werden. Es reicht nicht aus, dass der Verfahrenspfleger oder der bisherige Betreuer das Sachverständigengutachten mit dem Betroffenen bespricht.

BGH, Az. XII ZB 139/18

Die richtige Würdigung des Gutachtens ist von größter Bedeutung für das weitere gerichtliche Verfahren. Deshalb ist der Richter zur kritischen Würdigung des Sachverständigengutachtens in einem Betreuungsverfahren verpflichtet. Er darf also das Ergebnis des Gutachtens nicht einfach übernehmen. Gegebenenfalls muss er ergänzende Stellungnahmen des Sachverständigen einholen. Ist das Betreuungsgericht nicht von der Richtigkeit des Gutachtens überzeugt, muss es ein weiteres Gutachten in Auftrag geben, wenn es nicht seine eigene überlegene Sachkunde nachprüfbar darlegt.

4.6.2 Alternativen zum Sachverständigengutachten

Unter Umständen reicht anstelle eines Sachverständigengutachtens die Vorlage eines ärztlichen Zeugnisses oder die Verwendung eines bestehenden ärztlichen Gutachtens des Medizinischen Dienstes aus.

Ärztliches Zeugnis

Ein ärztliches Zeugnis ist anstelle eines Sachverständigengutachtens ausreichend, wenn

- der Betroffene die Bestellung eines Betreuers beantragt und auf die Begutachtung verzichtet hat und die Einholung des Gutachtens insbesondere im Hinblick auf den Umfang des Aufgabenkreises des Betreuers unverhältnismäßig wäre (§ 281 Abs. 1 FamFG),
- die Bestellung eines Betreuers verlängert wird und sich der Umfang der Betreuungsbedürftigkeit offensichtlich nicht verringert hat und eine Verlängerung dem erklärten Willen des Betroffenen nicht widerspricht (§ 295 Abs. 1 FamFG).

Der Arzt hat den Betroffenen vor der Erstattung des Gutachtens persönlich zu untersuchen oder zu befragen (§§ 281 Abs. 2, 280 Abs. 2 FamFG).

Ärztliches Gutachten des Medizinischen Dienstes der Krankenversicherung

Wenn im Rahmen der Feststellung der Pflegebedürftigkeit des Betroffenen in der sozialen Pflegeversicherung ein ärztliches Gutachten des Medizinischen Dienstes vorliegt, das Auskunft über eine Krankheit oder eine Behinderung des Betroffenen gibt, kann von der Einholung eines Sachverständigengutachtens abgesehen und das Gutachten bei der Pflegekasse angefordert werden. Dabei hat das Gericht anzugeben, für welchen Zweck das Gutachten und die Befunde verwendet werden sollen. Kommt das Gericht zu der Überzeugung, dass das eingeholte Gutachten und die Befunde im Verfahren zur Bestellung eines Betreuers geeignet sind, eine weitere Begutachtung ganz oder teilweise zu ersetzen, hat es vor einer weiteren Verwendung die Einwilligung des Betroffenen oder des Pflegers für das Verfahren einzuholen (§ 282 FamFG).

4.7 Unterstützung des Betroffenen durch einen Verfahrenspfleger

Der Betroffene ist im betreuungsgerichtlichen Verfahren immer verfahrensfähig und kann deshalb selbst Anträge stellen und Rechtsmittel gegen gerichtliche Entscheidungen einlegen (vgl. dazu 4.8.7). Soweit der Betroffene allerdings nicht in der Lage ist, seine Interessen hinreichend selbst wahrzunehmen, bestellt das Gericht ihm einen Pfleger, der ihn im Verfahren unterstützen soll.

Das Gericht hat dem Betroffenen einen geeigneten Verfahrenspfleger zu bestellen, wenn dies zur Wahrnehmung der Interessen des Betroffenen erforderlich ist (§ 276 Abs. 1 Satz 1 FamFG). Vor allem, wenn der Betroffene wegen seiner Krankheit oder Behinderung nicht in der Lage ist, seine Interessen und Rechte ausreichend wahrzunehmen, ist die Bestellung notwendig. Bei der Auswahl des Verfahrenspflegers hat das Gericht darauf abzustellen, ob die ausgewählte Person die fachliche und persönliche Eignung besitzt, ihre gesetzlichen Aufgaben wahrzunehmen.

Zwingend muss ein Verfahrenspfleger in der Regel bestellt werden, wenn (§ 276 Abs. 1 FamFG)

- von der persönlichen Anhörung des Betroffenen abgesehen werden soll (vgl. dazu 4.3.2) oder
- die Bestellung eines Betreuers oder die Anordnung eines Einwilligungsvorbehalts gegen den erklärten Willen des Betroffenen erfolgen soll.

Urteil

Ein Verfahrenspfleger ist zu bestellen,

- *wenn der Betroffene schwer ansprechbar ist,*

  BayObLG, Az. 3Z BR 169/92
- *wenn sich der Betroffene zu einem Antrag des Betreuers auf Festsetzung der Vergütung aus seinem Vermögen nicht äußern kann,*

  BayObLG, Az. 3Z BR 43/03
- *oder wenn sich bei der Anhörung des Betroffenen zur Entlassung des Betreuers herausstellt, dass er die Frage des Betreuerwechsels offenkundig nicht versteht.*

  KG Berlin, Az. 1 W 259/08

Zuständig für die Bestellung eines Verfahrenspflegers ist das für das entsprechende Betreuungsverfahren zur Entscheidung berufene Gericht.

Als Verfahrenspfleger muss eine natürliche Person bestellt werden. Er soll Helfer des Betroffenen sein. Durch seine Bestellung wird die eigene Verfahrensfähigkeit des Betroffenen nicht berührt. Der Verfahrenspfleger ist vom Gericht an Verfahrenshandlungen zu beteiligen und über den Verlauf des Verfahrens zu unterrichten.

Zu den Aufgaben des Verfahrenspflegers gehört es,

- zu dem Betroffenen Kontakt aufzunehmen,
- die Betreuungsakten einzusehen,
- die Wünsche des Betroffenen zu ermitteln und an das Betreuungsgericht zu übermitteln,
- Kontakt zu dem vom Betroffenen gewünschten Betreuer aufzunehmen,
- Sachverständigengutachten zu überprüfen,
- die Einhaltung der Verfahrensrechte des Betroffenen zu überwachen,
- Beweisanträge zu stellen,
- am Schlussgespräch teilzunehmen,
- Rechtsmittel gegen gerichtliche Entscheidungen einzulegen.

Achtung: Der Verfahrenspfleger muss die Wünsche, hilfsweise den mutmaßlichen Willen des Betroffenen feststellen und im gerichtlichen Verfahren zur Geltung bringen. Er hat den Betroffenen über Gegenstand, Ablauf und möglichen Ausgang des Verfahrens in geeigneter Weise zu informieren und ihn bei Bedarf bei der Ausübung seiner Rechte im Verfahren zu unterstützen. Er ist nicht gesetzlicher Vertreter des Betroffenen (§ 276 Abs. 3 FamFG).

Die Bestellung eines Verfahrenspflegers soll unterbleiben oder aufgehoben werden, wenn die Interessen des Betroffenen von einem Rechtsanwalt oder einem anderen geeigneten Verfahrensbevollmächtigten vertreten werden (§ 276 Abs. 5 FamFG).

4.8 Gerichtliche Entscheidung

Über die Notwendigkeit der Betreuung, die Bestellung eines bestimmten Betreuers und über dessen Aufgabenkreis entscheidet das Betreuungsgericht durch Beschluss. Im Fall der Anordnung eines Einwilligungsvorbehalts muss der Beschluss den Kreis der einwilligungsfähigen Willenserklärungen beinhalten.

4.8.1 Auswahl des Betreuers

Wenn feststeht, dass eine volljährige Person aufgrund einer Krankheit oder einer Behinderung der Betreuung bedarf, muss das Betreuungsgericht einen Betreuer auswählen. Die Auswahl der Person richtet sich nach den gesetzlichen Regelungen.

Nur eine »geeignete« Person darf vom Gericht als Betreuer bestellt werden. Das Betreuungsgericht muss also zunächst die allgemeine, vom konkreten Betreuungsverfahren unabhängige persönliche Eignung und Zuverlässigkeit des in Aussicht genommenen Betreuers prüfen. In diesem Zusammenhang hat insbesondere auch die Fähigkeit, die Wünsche und den mutmaßlichen Willen des Betreuten zu ermitteln und adäquat umzusetzen, besondere Bedeutung.

Eignungskriterien

Nur eine geeignete Person darf vom Gericht zum Betreuer bestellt werden. Das gilt auch dann, wenn eine Person vom Betroffenen selbst als Betreuer vorgeschlagen wird (§ 1816 Abs. 2 Satz 1 BGB). Die Übernahme eines Betreueramtes setzt sowohl für den beruflichen wie auch den ehrenamtlichen Betreuer die persönliche Eignung und Zuverlässigkeit voraus. Ein beruflicher Betreuer muss zudem die erforderliche Sachkunde nachweisen. Und sowohl für den ehrenamtlichen als auch für den beruflichen Betreuer ist Bestandteil der Eignung, dass sie im erforderlichen Umfang persönlichen Kontakt mit dem Betreuten halten können.

Persönlicher Kontakt zum Betreuten

Bestandteil der Eignung ist zunächst, dass der Betreuer im erforderlichen Umfang persönlichen Kontakt mit dem Betreuten halten kann (§ 1816 Abs. 1 BGB). Deshalb müssen die Kernaufgaben aus dem Betreuer übertragenen Aufgabenkreis, die Hausbesuche und verwaltungsmäßige Leistungen vom Betreuer immer höchstpersönlich wahrgenommen werden. Lediglich Hilfsarbeiten (z.B. Schreibarbeiten), können vom Betreuer auf andere Personen übertragen werden (wegen der Einzelheiten der persönlichen Betreuung vgl. 2.2.3 und 8.2.3).

Ehrenamtliche Betreuung

Voraussetzung für die Führung einer Betreuung als ehrenamtlicher Betreuer ist die persönliche Eignung und Zuverlässigkeit (§ 21 Abs. 1 BtOG). Die persönliche Eignung umfasst insbesondere die Bereitschaft des Betreuers, die Betreuungsführung nach den gesetzlichen Vorgaben auszurichten, insbesondere die Wünsche des Betreuten festzustellen und umzusetzen. Besondere Fachkenntnisse oder betreuungsrechtliche Vorkenntnisse sind keine Voraussetzung für die Übernahme einer ehrenamtlichen Betreuung. Dennoch erfordert die Betreuertätigkeit oftmals Kenntnisse des örtlichen Unterstützungssystems und der einschlägigen sozialrechtlichen Leistungsträger und -erbringer. Auch ein ehrenamtlicher Betreuer muss die Bereitschaft haben, sich hiermit vertraut zu machen, bei Bedarf auf Beratungs- und Fortbildungsangebote zurückzugreifen und mit den entsprechenden Akteuren zusammenzuarbeiten. Neben einer fachlichen Eignung ist die soziale Kompetenz des ehrenamtlichen Betreuers Voraussetzung einer persönlichen Eignung. Diese umfasst die Fähigkeit zur Selbstreflexion, Frustrationstoleranz, Wertschätzung, Konfliktfähigkeit, Rollenbewusstsein, Durchsetzungsvermögen, Empathie- und Kommunikationsfähigkeit und die Fähigkeit des Zuhörens sowie Kooperationsbereitschaft und die Fähigkeit zur kritischen Distanz zu sich selbst und anderen. Darüber hinaus werden an den ehrenamtlichen Betreuer minimale organisatorische Anforderungen, wie die Fähigkeit zum förmlichen Schriftverkehr und zu einer geordneten Dokumentenablage und die Einhaltung des Datenschutzes wie auch die Sicherstellung der persönlichen und telefonischen Erreichbarkeit, gestellt.

Urteil

- *Die persönliche Eignung eines Betreuers ist unteilbar und muss sich daher auf alle ihm übertragenen Angelegenheiten erstrecken.*

  BGH, Az. XII ZB 334/18

- *Das Betreuungsgericht hat den Willen des Betreuten hinsichtlich der Wahl des Betreuers nach Möglichkeit zu berücksichtigen. Stets erforderlich für die Betreuerbestellung ist jedoch dessen Geeignetheit und Zuverlässigkeit. Hebt ein Betreuer knapp 20.000,– € vom Konto eines zu betreuenden Demenzkranken ohne genaue Verwendungsnachweise ab, ist dies ein Hinweis auf eine mangelnde Eignung.*

  BGH, Az. XII ZB 615/15

Von einer fehlenden persönlichen Eignung einer Person für den konkreten Betreuten ist insbesondere auch dann auszugehen, wenn das Betreuungsgericht anhand konkreter Tatsachen erhebliche Interessenkonflikte feststellt oder wenn ein Missbrauch eines zu der betroffenen Person bestehenden Vertrauensverhältnisses durch den potenziellen Betreuer konkret zu befürchten ist. Dies kann insbesondere dann in Betracht kommen, wenn ein solches Vertrauensverhältnis im Rahmen eines vorangegangenen beruflichen Kontakts zu der betroffenen Person etabliert worden ist, etwa im Rahmen eines Behandlungsverhältnisses zwischen einem Arzt und seinem Patienten oder eines Beratungskontakts zwischen einem Rechtsanwalt und seinem Klienten.

» Ein Interessenkonflikt kann bestehen, wenn der vom Betroffenen vorgeschlagene Betreuer beharrlich die Übernahme des Amts verweigert. Auch wenn die Gefahr besteht, dass der Betreuer einen eigenen Anspruch auf Unterhalt geltend machen wird, kann ein Interessenkonflikt bestehen.

Zur Feststellung der persönlichen Eignung und Zuverlässigkeit hat der ehrenamtliche Betreuer ein Führungszeugnis und einen Auszug aus dem zentralen Schuldnerverzeichnis vorzulegen, die jeweils nicht älter als drei Monate sein sollen. Die Pflicht zur Vorlage einer Auskunft aus dem zentralen Schuldnerverzeichnis entfällt, wenn die zuständige Behörde die Auskunft selbst einholt. (§ 21 Abs. 2 BtOG).

Berufliche Betreuung

Die Übernahme eines Betreueramts setzt auch für den beruflichen Betreuer die persönliche Eignung und Zuverlässigkeit voraus. Ferner muss der berufliche Betreuer noch eine ausreichende Sachkunde nachweisen (§ 23 Abs. 1 BtOG).

Einem beruflichen Betreuer fehlt regelmäßig die Zuverlässigkeit, wenn (§ 23 Abs. 2 BtOG),

- die Person hinsichtlich der Tätigkeit als beruflicher Betreuer einem Berufsverbot nach § 70 Strafgesetzbuch oder einem vorläufigen Berufsverbot nach § 132a Strafprozessordnung unterliegt,
- die Person in den letzten drei Jahren vor Stellung des Registrierungsantrags wegen eines Verbrechens oder eines vorsätzlich begangenen, für die Führung einer Betreuung relevanten Vergehens rechtskräftig verurteilt worden ist,
- in den letzten drei Jahren vor der Antragstellung eine Registrierung als beruflicher Betreuer widerrufen worden ist oder
- die Vermögensverhältnisse der Person ungeordnet sind, was in der Regel der Fall ist, wenn über das Vermögen der Person das Insolvenzverfahren eröffnet worden oder sie in das vom zentralen Vollstreckungsgericht zu führende Schuldnerverzeichnis eingetragen ist.

Die Anforderungen an die Sachkunde des beruflichen Betreuers umfassen im Einzelnen (§ 23 Abs. 3 BtOG):

- Kenntnisse des Betreuungs- und Unterbringungsrechts, des dazugehörigen Verfahrensrechts sowie auf den Gebieten der Personen- und Vermögenssorge,
- Kenntnisse des sozialrechtlichen Unterstützungssystems und
- Kenntnisse der Kommunikation mit Personen mit Erkrankungen und Behinderungen und von Methoden zur Unterstützung bei der Entscheidungsfindung.

Die von jedem beruflichen Betreuer geforderte Sachkunde hat in erster Linie vertiefte Kenntnisse des Betreuungs- und Unterbringungsrechts, des zugehörigen Verfahrensrechts sowie Kenntnisse auf den Gebieten der Personen- und Vermögenssorge zu umfassen. Kenntnisse des Betreuungsrechts umfassen die Vorschriften zu den Voraussetzungen, aber insbesondere auch zur Führung einer Betreuung. Dabei sind Kenntnisse sowohl der Pflichten gegenüber dem Betreuten als auch der Pflichten gegenüber dem Gericht (Anzeige-, Genehmigungs- und Berichtspflichten) zu fordern. Ebenfalls erforderlich sind Kenntnisse über die Anordnung eines Einwilligungsvorbehalts. Das Unterbringungsrecht umfasst insbesondere die Voraussetzungen für die Anordnung einer freiheitsentziehenden Unterbringung nach Betreuungsrecht oder öffentlichem Recht, sonstiger freiheitsentziehender Maßnahmen sowie die Voraussetzung für die Einwilligung in eine ärztliche Zwangsbehandlung. Kenntnisse auf dem Gebiet der Personensorge umfassen insbesondere die Aufgabenbereiche der Gesundheitssorge, der Aufenthaltsbestimmung sowie der Unterbringungsentscheidungen. Hierfür müssen medizinische Grundkenntnisse über betreuungsrelevante Erkrankungen und Behinderungen, deren Auswirkungen, Gefahren und Behandlungsbedarf vorhanden sein.

Zu verlangen sind auch Kenntnisse zu den Themen Patientenrechte, Einwilligungsfähigkeit und Patientenverfügung. Wichtig sind auch Kenntnisse über die Möglichkeiten der Vermeidung einer freiheitsentziehenden Unterbringung oder sonstiger freiheitsentziehender Maßnahmen. Kenntnisse auf dem Gebiet der Vermögenssorge sollen Grundlagen des Miet- und Haftungsrechts, der Rechtsgeschäftslehre sowie der Grundsätze der Vermögensverwaltung und -anlage umfassen. Sie sollen den Betreuer unter anderem in die Lage versetzen, die Genehmigungsbedürftigkeit einzelner Rechtsgeschäfte und das Erfordernis der Hinzuziehung eines Rechtsanwalts zu beurteilen.

Abhängigkeitsverhältnis als Bestellungshindernis

Nicht als Betreuer bestellt werden darf in jedem Fall eine Person, die zu einem Träger von Einrichtungen oder Diensten, der in der Versorgung des Betroffenen tätig ist, in einem Abhängigkeitsverhältnis steht (§ 1816 Abs. 6 BGB). In Betracht kommen Wohn- oder Unterbringungseinrichtungen wie Altenheime, Altenpflegeheime, Kliniken, psychiatrische Anstalten, Wohnheime, nicht aber die eigene Wohnung der betreuten Person. Als Betreuer scheidet auch aus, wer zu der Einrichtung in einer anderen engen Beziehung steht, so etwa in der Einrichtung beschäftigte nahe Angehörige des vorgeschlagenen Betreuers.

Eine Ausnahme von dem Bestellungsverbot gilt, wenn die Gefahr einer Interessenkollision nachweislich nicht besteht. So reicht lediglich die abstrakte Gefahr einer Interessenkollision nicht aus, um einen Elternteil von der Betreuung des volljährigen Kindes auszuschließen, wobei ähnliche Erwägungen auch für Geschwister, die häufig nach dem Versterben der Eltern die ehrenamtliche Betreuung für Betreute mit einer Behinderung übernehmen, gelten können.

Vorrang der Wünsche des Betroffenen

Schlägt der Betroffene eine bestimmte Person als Betreuer vor, so ist diesem Vorschlag vom Betreuungsgericht zu entsprechen, es sei denn, dass die gewünschte Person zur Führung der Betreuung nicht geeignet ist (§ 1816 Abs. 2 Satz 1 BGB). Da es sich bei dem Vorschlag des Betroffenen um keine Willenserklärung handelt, sind auch die Wünsche eines geschäftsunfähigen Betroffenen zu berücksichtigen.

Dem Vorschlag des Betroffenen muss das Gericht nur entsprechen, wenn die Person persönlich geeignet und zuverlässig ist und insbesondere im erforderlichen Umfang den persönlichen Kontakt mit dem Betreuten halten kann (vgl. dazu oben). Unabhängig vom konkreten Verfahren sind nur solche Personen als Betreuer geeignet, die die psychischen und physischen Eigenschaften besitzen, das Amt eines Betreuers generell auszuüben. Darüber hinaus hat das Gericht die Eignung der gewünschten Person für den konkreten Betreuten zu prüfen. Der Wunsch des Betroffenen hat insoweit auch Auswirkungen auf die Eignung des Betreuers, als dass eine vertrauensvolle Zusammenarbeit die Qualität der Betreuung hebt. Bei einem konkreten Wunsch des Volljährigen darf die Eignung des gewünschten Betreuers allerdings nicht vorschnell verneint werden.

Über die Eignung des vom Betroffenen gewünschten Betreuers hinaus unterliegt das Vorschlagsrecht des Betroffenen einer weiteren Grenze. So darf vom Betreuungsgericht grundsätzlich eine Person nicht zum Betreuer bestellt werden, die zu einem Träger von Einrichtungen oder Diensten, der in der Versorgung des Betroffenen tätig ist, in einem Abhängigkeitsverhältnis oder in einer anderen engen Beziehung steht (vgl. dazu oben).

Der Betroffene kann auch bereits vor einer notwendigen Betreuung einen Betreuer vorschlagen. Auch in diesem Fall ist das Betreuungsgericht an seinen Vorschlag gebunden, es sei denn, dass der Betroffene erkennbar nicht mehr daran festhalten will (§ 1816 Abs. 3 Satz 3 BGB). Regelmäßig kann der Betroffene in einer sogenannten Betreuungsverfügung Vorschläge für die Auswahl des Betreuers machen.

Darin kann er festlegen, wer bzw. wer auf keinen Fall als Betreuer bestellt werden soll, wenn eine Betreuung notwendig, er aber selbst nicht in der Lage ist, seine Vorstellungen zu äußern. Näheres dazu unter 2.3.

Achtung: Wer von der Einleitung eines Verfahrens über die Bestellung eines Betreuers für einen Volljährigen Kenntnis erlangt und ein Dokument besitzt, in dem der Volljährige für den Fall, dass für ihn ein Betreuer bestellt werden muss, Wünsche zur Auswahl des Betreuers oder zur Wahrnehmung der Betreuung geäußert hat, hat die Betreuungsverfügung dem Betreuungsgericht zu übermitteln (§ 1816 Abs. 3 Satz 4 BGB).

Rangfolge bei der Betreuerauswahl

Schlägt der Betroffene keine Person als Betreuer vor, so wählt das Gericht den Betreuer aus. Priorität hat dabei die Einzelbetreuung. Das Betreuungsgericht muss also nach Möglichkeit eine einzelne Person auswählen, die geeignet ist, in dem gerichtlich bestimmten Aufgabenkreis die Angelegenheiten des Betreuten rechtlich zu besorgen und insbesondere in dem hierfür erforderlichen Umfang persönlich Kontakt mit dem Betreuten zu halten (§ 1816 Abs. 1 BGB).

Bei der Auswahl des Betreuers hat das Gericht eine gesetzlich festgelegte Rangfolge einzuhalten (§ 1816 BGB). Priorität bei der Auswahl des Betreuers haben die Wünsche des Betroffenen. Wünscht dieser eine Person als Betreuer, so muss das Gericht diesem Wunsch entsprechen, es sei denn, die gewünschte Person ist zur Führung der Betreuung nicht geeignet. Schlägt der Betroffene niemanden vor, der zum Betreuer bestellt werden kann, oder ist die gewünschte Person nicht geeignet, so sind bei der Auswahl des Betreuers die familiären Beziehungen des Betroffenen, insbesondere zum Ehegatten, zu Eltern und zu Kindern, seine persönlichen Bindungen sowie die Gefahr von Interessenkonflikten zu berücksichtigen. Ein beruflicher

Betreuer soll nur dann zum Betreuer bestellt werden, wenn keine geeignete Person für die ehrenamtliche Führung der Betreuung zur Verfügung steht. Einen anerkannten Betreuungsverein bestellt das Gericht zum Betreuer, wenn der Betroffene durch eine oder mehrere natürliche Personen nicht hinreichend betreut werden kann. Kann der Volljährige weder durch eine oder mehrere natürliche Personen noch durch einen Betreuungsverein hinreichend betreut werden, so bestellt das Betreuungsgericht die zuständige Betreuungsbehörde zum Betreuer.

Rangfolge der Betreuerauswahl

- Vorrangig soll eine natürliche Person, also eine Einzelperson, bestellt werden, die den Betroffenen ehrenamtlich betreut.
- Steht keine geeignete Person zur Verfügung, die zur ehrenamtlichen Führung der Betreuung bereit ist, soll eine Einzelperson in der Form eines beruflichen Betreuers bestellt werden.
- Ein anerkannter Betreuungsverein wird vom Gericht als Betreuer bestimmt, wenn der Betroffene dies wünscht, oder wenn er durch eine oder mehrere Personen nicht hinreichend betreut werden kann. Der Betreuungsverein überträgt die Wahrnehmung der Betreuung einzelnen Personen.
- Kann der Betroffene weder durch eine oder mehrere natürliche Personen noch durch einen Betreuungsverein hinreichend betreut werden, wird die Betreuungsbehörde zum Betreuer bestellt.

Achtung: Große Bedeutung bei der Auswahl des Betreuers haben die Wünsche des Betroffenen. Schlägt er eine bestimmte Person vor, die bereit ist, die Aufgaben zu übernehmen, so ist das Gericht an diesen Vorschlag gebunden. Nur wenn die gewünschte Person zur Führung der Betreuung nicht geeignet ist, besteht keine Bindung des Betreuungsgerichts an den Vorschlag des

Betroffenen. Auch wenn der Betroffene eine bestimmte Person als Betreuer ablehnt, hat das Gericht diesem Wunsch zu entsprechen, es sei denn, die Ablehnung bezieht sich nicht auf die Person, sondern auf die Bestellung eines Betreuers als solche.

Vorrang der ehrenamtlichen Betreuung

Die Ehrenamtlichkeit der rechtlichen Betreuung bildet das gesetzgeberische Leitbild, basierend auf der Prämisse, dass eine Ausübung der rechtlichen Betreuung durch Familienangehörige, andere nahestehende Personen oder ehrenamtlich engagierte Bürger, soweit eine dieser Personen im konkreten Fall vorhanden und geeignet ist, in der Regel als optimale Unterstützungsform der Betreuungsführung durch beruflich tätige Personen vorzuziehen ist.

Ehrenamtliche Betreuer sind natürliche Personen (Einzelpersonen), die außerhalb einer beruflichen Tätigkeit rechtliche Betreuungen führen. In Betracht kommen sowohl Personen, die familiäre Beziehungen oder persönliche Bindungen zum Betroffenen haben (sog. Angehörigenbetreuer), als auch andere Personen (sog. Fremdbetreuer).

Schlägt der Betroffene niemanden vor, der zum Betreuer bestellt werden kann, oder ist die gewünschte Person nicht geeignet, so sind bei der Auswahl des Betreuers die familiären Beziehungen des Betroffenen, insbesondere zum Ehegatten, zu Eltern und zu Kindern, seine persönlichen Bindungen sowie die Gefahr von Interessenkonflikten zu berücksichtigen (§ 1816 Abs. 3 BGB). Bei der Auswahl des »Angehörigenbetreuers« kommt es darauf an, wer die Wünsche und Vorstellungen des Betroffenen am besten kennt. Auch die Nähe und das Vertrauensverhältnis zwischen dem Betroffenen und der auszuwählenden Person sind von Bedeutung.

Bei der Auswahl des »Angehörigenbetreuers« muss das Betreuungsgericht auf die Gefahr von Interessenkonflikten Rücksicht nehmen.

Dabei kommen allerdings nur konkrete Gefahren in Betracht. Abstrakte Gefahren (z.B. die Erbberechtigung also solche) schließen die Betreuerbestellung nicht aus.

» Ein Interessenkonflikt kann bestehen, wenn der vom Betroffenen vorgeschlagene Betreuer beharrlich die Übernahme des Amts verweigert. Auch wenn die Gefahr besteht, dass der Betreuer einen eigenen Anspruch auf Unterhalt geltend machen wird, kann ein Interessenkonflikt bestehen.

Eine Person, die keine familiäre Beziehung oder persönliche Bindung zu dem Betroffenen hat, soll nur dann zum ehrenamtlichen Betreuer bestellt werden, wenn sie mit einem anerkannten Betreuungsverein oder mit der zuständigen Behörde eine Vereinbarung über eine Begleitung und Unterstützung geschlossen hat (§ 1816 Abs. 4 BGB). Hierdurch soll eine kontinuierliche Anleitung und Fortbildung des ehrenamtlichen Betreuers erreicht werden. Weil es bei diesem Personenkreis kein persönliches Näheverhältnis zum Betreuten gibt, das die Bestellung gerade dieses Betreuers rechtfertigt, soll mit der Anbindung an einen Betreuungsverein im Interesse des Betreuten ein Mindestmaß an Qualität gewährleistet und die Akzeptanz der ehrenamtlichen Betreuung sichergestellt werden.

Achtung: Zur Anbindung an einen Betreuungsverein ist nur der »Fremdbetreuer«, nicht dagegen der »Angehörigenbetreuer« verpflichtet. Auf eigenen Wunsch können sich aber auch Betreuer mit einer familiären Beziehung oder persönlichen Bindung zum Betreuten zu einer solchen Anbindung verpflichten.

Bestellung eines beruflichen Betreuers

Berufliche Betreuer sind natürliche Personen, die selbstständig oder als Mitarbeiter eines anerkannten Betreuungsvereins rechtliche Betreuungen führen und registriert sind oder als vorläufig registriert gelten. Ein beruflicher Betreuer soll vom Gericht nur dann zum Betreuer bestellt werden, wenn keine geeignete Person für die ehrenamtliche Führung der Betreuung zur Verfügung steht (§ 1816 Abs. 5 Satz 1 BGB).

» Eine Betreuung durch einen beruflichen Betreuer kann dann erforderlich sein, wenn es sich um eine besonders komplizierte Betreuung handelt (z.B. weil ein großes Vermögen zu verwalten ist, zahlreiche Gerichtsverfahren anhängig oder Erfahrungen mit Suchtkranken notwendig sind) oder Konflikte aus dem verwandtschaftlichen Verhältnis zu befürchten sind (z.B. wenn Interessen der betreuten Person gegen seine Familie durchzusetzen sind).

Achtung: Die ehrenamtliche Betreuung hat grundsätzlich Vorrang vor der Bestellung eines beruflichen Betreuers. Das gilt grundsätzlich auch dann, wenn der Betroffene einen beruflichen Betreuer wünscht. Die als Soll-Vorschrift ausgestaltete Rechtsvorschrift lässt dem Betreuungsgericht im Einzelfall jedoch genügend Spielraum, gegebenenfalls doch einen geeigneten Berufsbetreuer zu bestellen und so letztlich auch dem Selbstbestimmungsrecht des Betroffenen Rechnung zu tragen. In einem solchen Fall wäre der ehrenamtliche Betreuer keine »geeignete« Person.

Berufsbetreuer werden vom Betreuungsgericht bestellt; dabei wird im Bestellungsbeschluss des Gerichts die Betreuung als beruflich geführt bezeichnet. Bei der Entscheidung, ob ein bestimmter beruflicher Betreuer bestellt wird, hat das Gericht die Anzahl und den Umfang der bereits von diesem zu führenden Betreuungen zu berücksichtigen (§ 1816 Abs. 5 Satz 2 BGB). Neben Anwälten sind vor allem Sozialarbeiter und -pädagogen, Alten- und Krankenpfleger, Erzieher und Verwaltungsfachkräfte als professionelle Betreuer tätig.

Betreuung durch einen Betreuungsverein

Die Vereinsbetreuung ist gegenüber der ehrenamtlichen oder beruflichen Betreuung nachrangig. Das Betreuungsgericht darf einen anerkannten Betreuungsverein zum Betreuer nur bestellen, wenn der Betroffene durch eine oder mehrere natürliche Personen nicht hinreichend betreut werden kann. Die Bestellung bedarf der Einwilligung des Betreuungsvereins (§ 1818 Abs. 1 BGB).

Die Wahrnehmung der Betreuung muss der Betreuungsverein einzelnen natürlichen Personen übertragen. Dies können sowohl hauptamtliche als auch ehrenamtliche Vereinsmitarbeiter sein. Wenn allerdings der Verein die Betreuung einem ehrenamtlichen Mitarbeiter übertragen könnte, kommt die Übertragung auf einen hauptamtlichen Mitarbeiter nicht in Betracht. Von Vorschlägen des Betroffenen darf der Verein nur dann abweichen, wenn wichtige Gründe entgegenstehen (§ 1818 Abs. 2 Satz 1 BGB). Dies können im Regelfall nur organisatorische Gründe sein, etwa die Überlastung des ausgewählten Mitarbeiters.

Der Betreuungsverein hat dem Gericht Mitteilung zu machen, wenn ihm Umstände bekannt werden, aus denen sich ergibt, dass der Betroffene durch eine oder mehrere natürliche Personen hinreichend betreut werden kann (§ 1818 Abs. 3 BGB). Liegen solche Umstände vor, so hat das Gericht den Verein als Betreuer zu entlassen und die Einzelperson zum Betreuer zu bestellen. Hierdurch wird sichergestellt, dass die Betreuung durch einen Verein nur so lange dauert, als eine Einzelbetreuung nicht möglich ist.

Betreuung durch die Betreuungsbehörde

Erst wenn der Betroffene weder durch eine oder mehrere natürliche Personen noch durch einen Betreuungsverein hinreichend betreut werden kann, bestellt das Gericht die zuständige Betreuungsbehörde zum Betreuer. Auch die Behörde überträgt die Wahrnehmung der

Betreuung einzelnen Personen, wobei Vorschlägen des Betroffenen zu entsprechen ist, soweit nicht wichtige Gründe entgegenstehen (§ 1818 Abs. 4 BGB).

Urteil

Die Bestellung der örtlichen Betreuungsbehörde zur Betreuerin ist dann geboten, wenn die Betreuungsbehörde im konkreten Fall keinen im Einzelfall geeigneten und übernahmebereiten Einzelbetreuer und auch keinen Betreuungsverein vorschlagen kann. Es ist Aufgabe der Betreuungsbehörde, die notwendigen fachlichen und personellen Ressourcen für die Bestellung als Betreuerin vorzuhalten. Die Übernahme einer Betreuung kann durch die Behörde jedenfalls nicht durch Verweis auf Überlastung und Personalknappheit verweigert werden.

LG Hamburg, Az. 309 T 24/20

Bestellung mehrerer Betreuer

Das Betreuungsgericht kann mehrere Betreuer bestellen, wenn die Angelegenheiten des Betreuten hierdurch besser besorgt werden können. In diesem Fall ist festzulegen, welcher Betreuer mit welchem Aufgabenkreis betraut wird (§ 1817 Abs. 1 BGB). Allerdings müssen auch in diesem Fall die Betreuer geeignet sein und es müssen die Wünsche des Betroffenen berücksichtigt werden.

» Die Bestellung mehrerer Betreuer kommt in Betracht, wenn dem vom Betroffenen vorgeschlagenen und an sich geeigneten Betreuer für eine einzelne Aufgabe die notwendigen Kenntnisse und Erfahrungen fehlen. Auch bei großen Entfernungen zum Betreuten kann es sinnvoll sein, mehrere Betreuer zu bestellen.

Das Betreuungsgericht kann die einzelnen Aufgabenkreise der Betreuung mehreren Betreuern gemeinsam oder den einzelnen Betreuern getrennte Aufgabenkreise zuweisen.

- Werden mehrere Betreuer mit demselben Aufgabenbereich bestellt, besteht grundsätzlich eine gemeinschaftliche Betreuung. In diesem Fall können die Betreuer die Angelegenheiten des Betreuten nur gemeinsam besorgen, es sei denn, dass das Gericht etwas anderes bestimmt hat oder mit dem Aufschub Gefahr verbunden ist (§ 1817 Abs. 3 BGB).
- Das Betreuungsgericht kann auch eine Arbeitsteilung anordnen. In diesem Fall werden mehrere Betreuer in der Weise bestellt, dass der jeweilige Betreuer allein für seinen Aufgabenkreis zuständig ist. So können etwa bestimmte Vermögensangelegenheiten dem einen, andere Vermögensangelegenheiten einem zweiten Betreuer übertragen werden.
- Es besteht auch die Möglichkeit der sogenannten Verhinderungsbetreuung. So soll das Betreuungsgericht einen Verhinderungsbetreuer bestellen, der die Angelegenheiten des Betreuten zu besorgen hat, soweit der Betreuer aus tatsächlichen Gründen verhindert ist (§ 1817 Abs. 4 BGB; vgl. dazu 4.8.4).
- Soweit ein Betreuer aus rechtlichen Gründen gehindert ist, einzelne Angelegenheiten des Betreuten zu besorgen, muss das Betreuungsgericht hierfür einen sogenannten Ergänzungsbetreuer bestellen (§ 1817 Abs. 5 BGB; vgl. dazu 4.8.5).

Verpflichtung zur Übernahme

Die vom Betreuungsgericht ausgewählte Person ist verpflichtet, die Betreuung zu übernehmen, wenn sie zur Betreuung geeignet ist und ihr die Übernahme unter Berücksichtigung ihrer finanziellen, beruflichen und sonstigen Verhältnisse zugemutet werden kann (§ 1819 Abs. 1 BGB). Unter sonstigen Verhältnissen sind vor allem Alter und Gesundheitszustand des Auserwählten zu verstehen, daneben die Entfernung zwischen dem Ort der Betreuung und dem Wohnort der ausgewählten Person. Auch ein persönliches Zerwürfnis zwischen ihm und der betreuungsbedürftigen Person kann berücksichtigt werden.

» Aus familiären Gründen kann die für die Betreuung ausgewählte Person wegen einer Kindererziehung oder wegen der Pflege eines Familienangehörigen die Betreuung ablehnen. Als berufliche Gründe kommen eine starke berufliche Beanspruchung oder häufige berufsbedingte Abwesenheiten in Betracht.

Die Bestellung der ausgewählten Person zum Betreuer darf erst erfolgen, wenn diese sich zur Übernahme der Betreuung bereit erklärt hat (§ 1819 Abs. 2 BGB). Die Bestellung eines Vereins- oder Behördenbetreuers kann nur mit Einwilligung des Vereins beziehungsweise der Behörde erfolgen (§ 1819 Abs. 3 BGB). Bei mehreren Betreuern ist die Zustimmung jedes einzelnen Betreuers erforderlich.

4.8.2 Festlegung des Aufgabenkreises des Betreuers

Nach dem neuen Betreuungsrecht ist zwischen den Begriffen »Aufgabenkreis« und »Aufgabenbereich« zu unterscheiden. Der Aufgabenkreis betrifft die Gesamtheit der vom Betreuer zu regelnden Aufgaben, während einzelne Bestandteile des Aufgabenkreises bzw. die konkret zu regelnden Bereiche als »Aufgabenbereiche« bezeichnet werden.

Das Betreuungsgericht entscheidet nicht nur darüber, ob für eine kranke oder behinderte volljährige Person ein Betreuer bestellt wird. Auch der Umfang der Betreuung muss festgelegt werden. Maßgebend ist dabei der Betreuungsbedarf des Betroffenen. Ein Aufgabenbereich darf nur angeordnet werden, wenn und soweit dessen rechtliche Wahrnehmung durch einen Betreuer erforderlich ist (§ 1815 Abs. 1 Satz 2 BGB). Der das Betreuungsrecht prägende Erforderlichkeitsgrundsatz bezieht sich ausdrücklich auch auf den Umfang der Betreuung. Mit der Formulierung »wenn und soweit dessen rechtliche Wahrnehmung durch einen Betreuer erforderlich ist« wird deutlich gemacht, dass auch für jeden einzelnen Aufgabenbereich eine Erforderlichkeitsprüfung durchzuführen ist. Vorauszusetzen ist allerdings nicht, dass schon im Zeitpunkt der Anordnung der Regelungsbedarf im Einzelnen in Form einer konkreten Angelegenheit fest umrissen sein muss. Die Beschreibung des Aufgabenbereichs ist nicht allein davon abhängig, was der Betreute eventuell nicht selbst regeln kann, sondern eben auch davon, was zukünftig absehbar regelungsbedürftig ist. Es genügt, dass ein Handlungsbedarf unvermittelt auftreten kann.

Achtung: Der Begriff »Aufgabenbereich« schließt nicht aus, dass dem Betreuer nur eine einzelne Angelegenheit zugewiesen wird (z.B. Verkauf einer Immobilie). Auch bei der Besorgung einer einzelnen Angelegenheit kommen auf den Betreuer verschiedene Aufgaben zu, so etwa der erforderliche Kontakt mit dem Betreuten, die Besorgung der Angelegenheit selbst und die Mitteilung an das Gericht, dass die Angelegenheit erledigt ist und die Betreuung deshalb aufgehoben werden kann.

Den Aufgabenkreis des Betreuers legt das Gericht unter Benennung der einzelnen Aufgabenbereiche gleichzeitig mit dessen Bestellung fest (§ 286 Abs. 1 Nr. 1 FamFG). Das vor der Bestellung des Betreuers einzuholende Sachverständigengutachten muss sich auch auf den aus medizinischer Sicht aufgrund der Krankheit oder Behinderung erforderlichen Unterstützungsbedarf erstrecken (§ 280 Abs. 3 Nr. 4 FamFG), mit welchem sich dann das Betreuungsgericht bei der Entscheidung über die Reichweite einer gegebenenfalls einzurichtenden Betreuung auseinanderzusetzen hat.

Die Aufgabenbereiche, die vom Betreuungsgericht dem Betreuer übertragen werden, müssen im Einzelnen angeordnet und so konkret wie möglich bezeichnet werden. Eine Betreuung in allen Angelegenheiten ist deshalb nicht zulässig. Allerdings müssen bei der Bestimmung des Aufgabenbereichs die einzelnen Besorgungen, die auf den Betreuer zukommen, insbesondere die einzelnen Rechtsgeschäfte, die er abzuschließen hat, nicht gesondert bezeichnet werden. Ausreichend sind vielmehr typisierende Bezeichnungen wie etwa »Vermögenssorge« oder »Sorge für die Gesundheit«, wenn für die jeweiligen Bereiche insgesamt eine Betreuung erforderlich ist. Es können also auch »Bereiche« angeordnet werden und nicht einzelne Angelegenheiten. In Betracht kommen insbesondere

- die Personensorge,
- die Gesundheitssorge,
- die Vermögenssorge,
- Wohnungsangelegenheiten,
- die Aufenthaltsbestimmung,
- die Vertretung gegenüber Ämtern und Behörden,
- die Vertretung gegenüber Gerichten,
- die Post- und Telekommunikationskontrolle.

Personensorge

Der Aufgabenbereich Personensorge berechtigt den Betreuer insbesondere zur Aufenthaltsbestimmung, Gesundheitssorge und zur Bestimmung des Umgangs des Betreuten. Nicht erfasst ist die Vermögenssorge.

Gesundheitssorge

Zur Gesundheitssorge gehören alle im Bereich der medizinischen Behandlung anstehenden Entscheidungen, die der Betroffene selbst nicht mehr treffen kann, auch wenn aufgrund des Krankheitsbildes eine Wiederherstellung der Gesundheit nicht mehr zu erreichen ist. Erfasst werden die gesamte medizinische, medikative und pflegerische Versorgung.

Die Gesundheitssorge ist Teil der Personensorge. Näheres zu den Aufgaben des Betreuers in diesem Zusammenhang unter 8.3.

Vermögenssorge

Wenn dem Betreuer vom Betreuungsgericht der Aufgabenbereich Vermögenssorge übertragen wurde, obliegt es ihm, die finanziellen Interessen des Betreuten zu schützen. Dabei hat er insbesondere dem Betreuten zustehende Ansprüche geltend zu machen, unberechtigte Ansprüche dritter Personen abzuwehren und vorhandene Vermögenswerte zu erhalten. Welche Ansprüche der Betreuer im Einzelnen geltend zu machen hat, richtet sich nach dem Umfang des ihm vom Betreuungsgericht übertragenen Aufgabenbereichs und nach den Besonderheiten des Einzelfalls (Näheres dazu unter 6.2).

Wohnungsangelegenheiten

Beim Aufgabenbereich Wohnungsangelegenheiten überschneiden sich personen- und vermögensrechtliche Fragen. Der Abschluss eines Mietvertrags und die Kündigung des Mietverhältnisses etwa betreffen sowohl die persönliche Situation des Betroffenen als auch dessen Vermögen. Zum Aufgabenbereich Wohnungsangelegenheiten gehören insbesondere alle Maßnahmen zur Sicherung und Erhaltung der Wohnung. Dazu zählen beispielsweise der Abschluss von Wohnungsmietverträgen, die Vertretung des Betreuten bei Fragen rund um das Mietverhältnis und die Organisation von Reparaturen und der Renovierung der Wohnung (Näheres dazu unter 6.4).

Aufenthaltsbestimmung

Der Aufgabenbereich Aufenthaltsbestimmung ist Bestandteil der Personensorge, insbesondere der Wohnungsangelegenheiten (vgl. oben). Das Aufenthaltsbestimmungsrecht erlaubt es dem Betreuer, grundsätzlich festzulegen, wo sich die betreute Person tatsächlich aufhalten soll. Der Betreuer ist dabei allerdings an die Wünsche des Betreuten gebunden. Gegen den freien Willen des Betreuten ist ein Aufenthaltswechsel nur unter den Voraussetzungen einer freiheitsentziehenden Maßnahme zulässig (wegen der Einzelheiten vgl. 6.5).

Umgangsbestimmung

Das Umgangsbestimmungsrecht ist dem Betreuer mit der Personensorge zugewiesen oder als besondere Aufgabe übertragen. Das Aufenthaltsbestimmungsrecht erfasst nicht die Befugnis, den Umgang des Betreuten zu bestimmen. Näheres dazu unter 6.6.

Vertretung gegenüber Behörden und Gerichten

Soweit dem Betreuer als Aufgabenbereich die Vertretung des Betreuten gegenüber Ämtern und Behörden übertragen ist, hat dieser die Befugnis und Verpflichtung, die Rechte des Betreuten gegenüber Behörden jedweder Art zu vertreten. Er kann Anträge stellen (z.B. Rentenantrag oder Antrag auf Gewährung von Wohngeld), Verwaltungsverfahren betreiben, Rechtsmittel gegen Behördenbescheide einlegen und Beratungshilfe in Anspruch nehmen.

Gegenüber Gerichten obliegt dem Betreuer insbesondere die Vertretung des Betreuten in Sozial- und Zivilrechtssachen. Unter Umständen kann auch die Vertretung in einzelnen Fragen des Familienrechts in Betracht kommen (z.B. Fragen des Unterhaltsrechts). Zum Aufgabenbereich des Betreuers gehört auch die Inanspruchnahme der Prozesskosten- und Beratungshilfe. Näheres unter 6.8.

Post- und Telekommunikationskontrolle

Das Post- und Telekommunikationsgeheimnis wird vom Grundgesetz ausdrücklich geschützt. Deshalb wird vom Aufgabenkreis des Betreuers die Post- und Telekommunikationskontrolle nur dann erfasst, wenn dies vom Betreuungsgericht ausdrücklich angeordnet wurde. Selbst wenn also dem Betreuer der Aufgabenbereich »persönliche Angelegenheiten des Betreuten« übertragen wurde, wird davon die Entscheidung über den Telekommunikations- und Postverkehr nicht erfasst.

Der Postverkehr betrifft im Wesentlichen die Entgegennahme, das Öffnen und das Anhalten der Post des Betroffenen. Bei der Telekommunikationskontrolle geht es insbesondere darum, ob die betreute Person einen Telefonanschluss bekommt oder ihn behalten darf (z.B. ob bestimmte Nummernbereiche wegen hoher Kosten gesperrt werden).

Näheres zur Telekommunikations- und Postkontrolle unter 6.7.

4.8.3 Bestellung eines Kontrollbetreuers

Wie unter 3.4.2 dargelegt, ist eine Betreuung nicht erforderlich, soweit die Angelegenheiten des Betroffenen durch einen Bevollmächtigten ebenso gut wie durch einen Betreuer besorgt werden können. Da ein Bevollmächtigter allerdings nicht der Aufsicht des Betreuungsgerichts unterliegt, bedarf es zum Schutz des Vollmachtgebers einer sogenannten Kontrollbetreuung, wenn der Vollmachtgeber aufgrund seiner Krankheit oder Behinderung nicht (mehr) in der Lage ist, den Bevollmächtigten ausreichend zu überwachen und seine Rechte gegen diesen geltend zu machen. Ist das der Fall, und kommt hinzu, dass aufgrund konkreter Anhaltspunkte davon auszugehen ist, dass der Bevollmächtigte die Angelegenheiten des Vollmachtgebers nicht entsprechend der Vereinbarung oder dem erklärten oder mutmaßlichen Willen des Vollmachtgebers besorgt, kann das Betreuungsgericht einen Kontrollbetreuer bestellen (§ 1820 Abs. 3 BGB). Diesem können auch die Aufgabenbereiche der Geltendmachung von Rechten des Betreuten gegenüber seinem Bevollmächtigten sowie zusätzlich die Geltendmachung von Auskunfts- und Rechenschaftsansprüchen des Betreuten gegenüber Dritten übertragen werden (§ 1815 Abs. 3 BGB). Diese Aufgabenbereiche können vom Gericht alleine oder aber zusammen mit anderen Aufgabenbereichen angeordnet werden. Wird ausschließlich dieser Aufgabenbereich angeordnet, handelt es sich um die Bestellung eines Kontrollbetreuers.

Urteil

Ist die Vorsorgebevollmächtigte als Erbin mit einem zugunsten des Betroffenen ausgesetzten Vermächtnis belastet, können die daraus entstehenden Interessenkonflikte die Einrichtung einer Kontrollbetreuung rechtfertigen.

BGH, Az. XII ZB 143/17

Unter die Geltendmachung von Rechten des Betreuten gegenüber seinem Betreuer fällt auch der Widerruf der Vollmacht, da es sich auch hierbei um ein Recht des Betreuten gegenüber seinem Betreuer handelt. Mit der Anordnung dieses Aufgabenbereichs geht somit unmittelbar die Ermächtigung zum Widerruf der Vollmacht einher.

Soweit es erforderlich ist, um die Rechte des Betreuten gegenüber dem Bevollmächtigten effektiv geltend machen zu können, kann als zusätzlicher Aufgabenbereich auch die Geltendmachung von Auskunfts- und Rechenschaftsansprüchen des Betreuten gegenüber Dritten angeordnet werden. Der Kontrollbetreuer kann danach beispielsweise auch Auskünfte von Banken, Grundbuchämtern und sonstigen Dritten einholen, ohne auf die Mitwirkung des Bevollmächtigten angewiesen zu sein. Damit wird ihm ein weiteres Instrument in die Hand gegeben, um eine effektive Kontrolle des Bevollmächtigten, insbesondere im Falle des (drohenden) Missbrauchs der Vollmacht, zu ermöglichen.

4.8.4 Bestellung eines Verhinderungsbetreuers

Das Betreuungsgericht soll einen Verhinderungsbetreuer bestellen, der die Angelegenheiten des Betreuten zu besorgen hat, soweit der Betreuer aus tatsächlichen Gründen verhindert ist. Für diesen Fall kann auch ein anerkannter Betreuungsverein bestellt werden (§ 1817 Abs. 4 BGB).

Da davon auszugehen ist, dass ein Verhinderungsfall bei jedem Betreuer, unabhängig davon, ob er ehrenamtlich oder beruflich tätig ist, in aller Regel auftreten kann (z.B. im Falle des Urlaubs, einer Erkrankung oder der Wahrnehmung von Fortbildungen), ist vorgesehen, dass das Betreuungsgericht auch vorsorglich einen Verhinderungsbetreuer bestellen kann. Es reicht hierfür aus, dass ein Verhinderungsfall in der nächsten Zeit potenziell eintreten kann. Dies gibt dem Betreuungsgericht die Möglichkeit, im Rahmen der Betreuerbestellung den Betroffenen persönlich auch zu der Person des Verhinderungsbetreuers anzuhören und hierzu eine sinnvolle und dem Grundsatz der persönlichen Betreuung entsprechende Regelung zu treffen.

Achtung: Der Verhinderungsbetreuer darf die Angelegenheiten des Betreuten nur besorgen, soweit der Betreuer verhindert ist. Seine Handlungsmacht ist somit im Innenverhältnis begrenzt. Ein Tätigwerden des Verhinderungsbetreuers ohne tatsächliche Verhinderung des Hauptbetreuers stellt eine betreuungsrechtliche Pflichtverletzung dar.

4.8.5 Bestellung eines Ergänzungsbetreuers

Soweit der Betreuer aus rechtlichen Gründen gehindert ist, einzelne Angelegenheiten des Betreuten zu besorgen, hat das Gericht einen Ergänzungsbetreuer zu bestellen (§ 1817 Abs. 5 BGB). Das ist beispielsweise der Fall, wenn der Betreuer im Namen des Betreuten mit sich selbst oder einem mit ihm in gerader Linie Verwandten ein Rechtsgeschäft (z.B. Anmietung einer Wohnung oder Kauf eines Autos) abschließen müsste oder wenn der bestellte Betreuer und der Betreute eine Erbengemeinschaft bilden und die Erbauseinandersetzung erfolgen soll.

Anders als im Falle des Verhinderungsbetreuers hat das Gericht bei der Bestellung eines Ergänzungsbetreuers kein Entscheidungsermessen, sondern muss – einen entsprechenden Handlungsbedarf vorausgesetzt – die Vornahme der notwendigen Rechtsgeschäfte durch die entsprechende Betreuerbestellung ermöglichen.

4.8.6 Gerichtliche Anordnung eines Einwilligungsvorbehalts

Das Betreuungsgericht hat die Möglichkeit, zur Abwendung einer erheblichen Gefahr für die Person und das Vermögen des Betreuten im Einzelfall einen sogenannten Einwilligungsvorbehalt anzuordnen (§ 1825 BGB). In diesem Fall bedarf der Betreute – unabhängig von seiner bestehenden Geschäftsfähigkeit – zu einer Willenserklärung, die einen Aufgabenbereich des Betreuers betrifft, dessen Einwilligung.

Näheres zum Einwilligungsvorbehalt unter 5.3.

4.8.7 Rechtsschutz gegen Entscheidungen des Betreuungsgerichts

Gegen die Bestellung eines Betreuers, die Erweiterung seines Aufgabenkreises und gegen die Ablehnung dieser Maßnahmen sowie gegen die Anordnung eines Einwilligungsvorbehalts durch das Betreuungsgericht kann Beschwerde eingelegt werden. Beschwerdegericht ist das Landgericht.

Beschwerdeberechtigt ist in erster Linie der Betroffene selbst. Nahe Angehörige können gegen gerichtliche Entscheidungen nur dann Beschwerde einlegen, wenn die Betreuung nicht auf eigenen Wunsch des Betroffenen eingerichtet wurde, ferner steht das Beschwerderecht nur denjenigen Personen zu, die auf ihren Antrag vom Gericht als Verfahrensbeteiligte hinzugezogen wurden (vgl. dazu 4.2). Das

Beschwerderecht kann also dem nicht dauernd getrennt lebenden Ehegatten des Betroffenen, dessen Eltern, Pflegeeltern, Großeltern, Abkömmlingen, Geschwistern und einer vom Betroffenen benannten Person seines Vertrauens zustehen.

Die Beschwerdefrist beträgt grundsätzlich einen Monat. Bei einstweiligen Anordnungen und Entscheidungen, die die Genehmigung von Rechtsgeschäften zum Gegenstand haben, muss die Beschwerde innerhalb von zwei Wochen eingelegt werden. Die jeweilige Frist beginnt mit der schriftlichen Bekanntgabe des Beschlusses an die Beteiligten (§ 63 FamFG).

Die Beschwerde ist bei dem Gericht einzulegen, dessen Entscheidung angefochten wird. Die Beschwerde wird durch Einreichung einer Beschwerdeschrift oder zur Niederschrift der Geschäftsstelle eingelegt. Sie muss die Bezeichnung des angefochtenen Beschlusses sowie die Erklärung enthalten, dass Beschwerde gegen diesen Beschluss eingelegt wird. Die Beschwerde ist vom Beschwerdeführer oder von seinem Bevollmächtigten zu unterzeichnen (§ 64 FamFG). Die Beschwerde soll begründet werden (§ 65 Abs. 1 FamFG).

5 Rechtliche Auswirkungen der Betreuung

Die Bestellung eines Betreuers ist für den Betreuten nicht mit einer Entrechtung verbunden. Seine Geschäfts-, Einwilligungs- und Testierfähigkeit werden von der Betreuung nicht berührt. Auch die ihm zustehenden höchstpersönlichen Rechte kann der Betreute weiterhin wahrnehmen. Wesensmerkmal der Betreuung ist die gesetzliche Vertretungsmacht des Betreuers. Bei der Betreuung bekommt der Betroffene für die Angelegenheiten, die er rechtlich nicht mehr selbst besorgen kann, einen Betreuer als gesetzlichen Vertreter zur Seite gestellt. Wenn das Gericht für einzelne Aufgabenbereiche einen Einwilligungsvorbehalt angeordnet hat, werden die rechtliche Handlungsfähigkeit des Betreuten und damit seine Teilnahme am Rechtsverkehr allerdings beschränkt.

5.1 Gesetzliche Vertretung durch den Betreuer

Der Betreuer ist gesetzlicher Vertreter des Betreuten. Er kann den Betreuten in seinem Aufgabenkreis gerichtlich und außergerichtlich vertreten (§ 1823 BGB). Die Vertretungsbefugnis betrifft die Abgabe von Willenserklärungen (z.B. Abschluss von Verträgen, Kündigungen) und rechtsgeschäftliche Handlungen (z.B. Mahnungen, Fristsetzungen). Sie gilt auch für den Empfang solcher Erklärungen gegenüber dem Betreuten (z.B. Kündigung des Mietvertrages durch den Vermieter des Betreuten) und für die Vertretung im gerichtlichen Verfahren und gegenüber Behörden.

Die Vertretungsmacht des Betreuten ist auf den ihm vom Gericht übertragenen Aufgabenkreis (z.B. Vermögensangelegenheiten) begrenzt. Innerhalb des Aufgabenkreises ist seine Vertretungsbefugnis jedoch nicht beschränkt. Ist also beispielsweise dem Betreuer die Gesundheitssorge übertragen, umfasst die Vertretungsmacht auch den Abschluss von Krankenhaus- und Arztverträgen und die Geltendmachung von Ansprüchen gegenüber der Krankenversicherung; eine Vertretungsbefugnis im Zusammenhang mit der Unterbringung des Betreuten besteht jedoch nur dann, wenn dem Betreuer zugleich auch die Aufenthaltsbestimmung übertragen ist. Allerdings kann der Betreute – seine Geschäftsfähigkeit vorausgesetzt – die Vertretungsbefugnis des Betreuers über den vom Gericht übertragenen Aufgabenkreis hinaus durch Vollmacht erweitern.

Achtung: Gemäß dem das Betreuungsrecht prägenden Erforderlichkeitsgrundsatz darf der Betreuer von seiner Vertretungsmacht nur Gebrauch machen, soweit dies erforderlich ist, das heißt, wenn andere Unterstützungsarten ohne Stellvertretung nicht ausreichen (§ 1814 Abs. 3 Nr. 2 BGB). Außerdem ist er auch für den Fall, dass er den Betreuten vertritt, an dessen Wünsche gebunden (§ 1814 Abs. 2 Nr. 1 BGB). Ob der Betreuer diese Vorgaben einhält, ist jedoch keine Bedingung für die Wirksamkeit einer im Rahmen der angeordneten Aufgabenbereiche in Ausübung seiner Vertretungsmacht abgegebenen Willenserklärung. Die gesetzlichen Vorgaben betreffen lediglich das Innenverhältnis, also das Rechtsverhältnis zwischen dem Betreuer und dem Betreuten. Nach außen, also gegenüber Dritten, ist die Erklärung des Betreuers jedoch wirksam. Gleichwohl handelt der Betreuer pflichtwidrig, wenn er sich nicht an die gesetzlichen Vorgaben hält.

Die Vertretungsmacht des Betreuten ist einerseits durch den ihm vom Betreuungsgericht übertragenen Aufgabenkreis begrenzt, generell nicht vertretungsberechtigt ist der Betreuer auch für sogenannte höchstpersönliche Rechtsgeschäfte des Betreuten wie beispielsweise für die Eheschließung, die bei einer Adoption notwendigen Einwilligungen, die Testamentserrichtung, für einen Religionswechsel und die Ausübung des politischen Wahlrechts.

Auch in den folgenden Fällen darf der Betreuer den Betreuten nicht vertreten (§ 1824 BGB):

- bei einem Rechtsgeschäft zwischen seinem Ehegatten oder einem seiner Verwandten in gerader Linie einerseits und dem Betreuten andererseits, es sei denn, dass das Rechtsgeschäft ausschließlich in der Erfüllung einer Verbindlichkeit besteht,

- bei einem Rechtsgeschäft, das die Übertragung oder Belastung einer durch Pfandrecht, Hypothek, Schiffshypothek oder Bürgschaft gesicherten Forderung des Betreuten gegen dem Betreuer oder die Aufhebung oder Minderung dieser Sicherheit zum Gegenstand hat oder die Verpflichtung des Betreuten zu einer solchen Übertragung, Belastung, Aufhebung oder Minderung begründet,
- bei einem Rechtsstreit, der die Übertragung oder Belastung einer durch Pfandrecht, Hypothek, Schiffshypothek oder Bürgschaft gesicherten Forderung des Betreuten gegen den Betreuer oder die Aufhebung oder Minderung dieser Sicherheit zum Gegenstand hat oder die Verpflichtung des Betreuten zu einer solchen Übertragung, Belastung, Aufhebung oder Minderung begründet.

Im Rahmen seines Aufgabenkreises besitzt der Betreuer zwar eine umfassende Vertretungsmacht, in zahlreichen Fällen bedarf er allerdings auch der Genehmigung des Betreuungsgerichts.

Näheres zur Vertretung des Betreuten unter 8.1.

5.2 Geschäftsfähigkeit des Betreuten

Am privaten Rechtsverkehr kann nur teilnehmen, wer geschäftsfähig ist. Wer also Rechtsgeschäfte wie beispielsweise Verträge abschließen oder einseitige Rechtsgeschäfte wie Kündigungen vornehmen will, muss geschäftsfähig sein. Geschäftsunfähigkeit besteht nur in Ausnahmefällen, so insbesondere bei Personen, die sich in einem die freie Willensbildung ausschließenden Zustand krankhafter Störung der Geistestätigkeit befinden, sofern nicht der Zustand seiner Natur nach ein vorübergehender ist (§ 104 Nr. 2 BGB). Geschäftsunfähigkeit liegt also vor, wenn der Betroffene nicht mehr in der Lage ist, seine Entscheidungen von vernünftigen Erwägungen abhängig zu machen, was zum Beispiel bei einer fortschreitenden Demenz der Fall sein kann.

Achtung: Die Anordnung einer Betreuung berührt nicht die Geschäftsfähigkeit des Betreuten. Der Betreute kann also neben dem Betreuer Rechtsgeschäfte abschließen und selbstständig im Rechtsverkehr auftreten. Der Betreute darf also beispielsweise von seinem Bankkonto Geld abheben, Überweisungen tätigen und Wertpapiere kaufen, es sei denn, das Gericht hat einen Einwilligungsvorbehalt für die Vermögensvorsorge angeordnet (Näheres zum Einwilligungsvorbehalt unter 5.3). Ob Geschäftsunfähigkeit vorliegt, ist allein nach den genannten Grundsätzen zu beurteilen. Ist der Betreute geschäftsunfähig, kann für ihn allein der Betreuer als gesetzlicher Vertreter innerhalb des ihm übertragenen Aufgabenkreises handeln (§ 1823 BGB). Liegen die Voraussetzungen für die Geschäftsunfähigkeit nicht vor, bleibt die Geschäftsfähigkeit des Betreuten bestehen; in diesem Fall können sowohl der Betreute als auch der Betreuer als gesetzlicher Vertreter in den Grenzen seines Aufgabenkreises handeln.

» Für den geschäftsfähigen Andreas Vollmer ist ein Betreuer bestellt. Die Wohnung des Betreuten soll renoviert werden. Der Betreuer beauftragt den Malerbetrieb Pinsel, der Betreute beauftragt den Malerbetrieb Spachtel. Beide Werkverträge sind wirksam. Weil aber nur ein Vertrag erfüllt werden kann, muss der andere durch Zahlung von Schadenersatz abgewickelt werden.

Bestimmte Tätigkeiten darf der Betreuer nur dann vornehmen, wenn der Betreute geschäftsunfähig ist. Insofern ist die auf den Aufgabenkreis bezogene Vertretungsbefugnis des Betreuers beschränkt. Zu den Tätigkeiten, die der Betreuer nur bei Geschäftsunfähigkeit des Betreuten vornehmen darf, gehören unter anderem

- der Abschluss eines Ehevertrags (§ 1411 Abs. 2 BGB),
- der Erbverzicht als Erblasser (§ 2347 Abs. 2 Satz 2 BGB),
- die Anfechtung der Vaterschaft (§ 1600a Abs. 2 Satz 3 BGB),

- die Antragstellung für den Personalausweis (§ 9 Abs. 2 Personalausweisgesetz) und den Reisepass (§ 6 Abs. 1 Passgesetz),
- die Genehmigung eines Heim- oder Betreuungsvertrags (§ 4 Abs. 2 Satz 1 Wohn- und Betreuungsvertragsgesetz).

5.3 Einwilligungsvorbehalt

Bei Geschäftsfähigkeit des Betreuten ist es durchaus möglich und denkbar, dass es zu einander widersprechenden rechtsgeschäftlichen Handlungen von Betreuer und Betreutem kommt. Der geschäftsfähige Betreute muss nämlich nicht Rücksprache mit dem Betreuer halten, wenn er ein Rechtsgeschäft abschließen will. Allerdings kann das Betreuungsgericht im Einzelfall einen sogenannten Einwilligungsvorbehalt anordnen. Dann sind Willenserklärungen der betreuten Person nur mit vorheriger oder nachträglicher Zustimmung des Betreuers wirksam. Der Einwilligungsvorbehalt ist also eine Ausnahme von dem Grundsatz, dass die rechtliche Betreuung keinen Einfluss auf die rechtliche Handlungsfähigkeit der betreuten Person hat. Allerdings ist die Anordnung eines Einwilligungsvorbehalts durch das Betreuungsgericht nur unter engen Voraussetzungen zulässig.

Achtung: Gegen den freien Willen des Betreuten darf ein Einwilligungsvorbehalt nicht angeordnet werden (§ 1825 Abs. 1 Satz 2 BGB). Und auch bei einem angeordneten Einwilligungsvorbehalt ist der Betreuer an die Wünsche des Betreuten gebunden. Diese Vorgaben hat er bei der Entscheidung zu berücksichtigen, ob er in eine vom Betreuten abgegebene, schwebend unwirksame Willenserklärung einwilligt und ihr damit zur Wirksamkeit verhilft, oder ob er zum Schutz des Betreuten seine Zustimmung verweigert. Auch insoweit hat er sich nicht an objektiven wirtschaftlichen Überlegungen zu orientieren, sondern an den Wünschen oder dem mutmaßlichen Willen des Betreuten. Dessen Selbstbestimmungsrecht wird durch die Anordnung eines Einwilligungsvorbehalts nicht aufgehoben.

5.3.1 Voraussetzungen

Soweit dies zur Abwendung einer erheblichen Gefahr für die Person oder das Vermögen des Betreuten erforderlich ist, ordnet das Betreuungsgericht an, dass der Betreute zu einer Willenserklärung, die einen Aufgabenbereich des Betreuers betrifft, dessen Einwilligung bedarf (§ 1825 Abs. 1 Satz 1 BGB). Ein solcher Einwilligungsvorbehalt erstreckt sich in der Praxis in erster Linie zwar auf Vermögensangelegenheiten, er kann aber bei besonders gelagerten Umständen auch in Fällen der Personensorge (z.B. Wohnungsangelegenheiten) angeordnet werden.

Wegen des erheblichen Eingriffs in die Rechtsstellung des Betreuten, der mit der gerichtlichen Anordnung eines Einwilligungsvorbehalts verbunden ist, kommt dieser nur »zur Abwendung einer erheblichen Gefahr« für die Person oder das Vermögen des Betreuten in Betracht. Eine solche liegt insbesondere bei Willenserklärungen vor, bei denen eine erhebliche Gefahr der Selbstschädigung für den Betreuten besteht. Nicht ausreichend für die Anordnung ist die Gefahr einer geringfügigen Vermögensschädigung. Das gilt auch für den Fall, dass der Betreute eine fällige Rechnung nicht bezahlt hat. Dagegen kommt die Anordnung eines Einwilligungsvorbehalts in Betracht, wenn der betreuten Person durch viele aussichtslose Klagen eine Verschuldung droht. Und auch dann, wenn der Betreute ordnungsgemäße Willenserklärungen des Betreuers durch Widerruf oder in anderer Weise zunichtemacht und hierdurch sein Wohl gefährdet, kann die Anordnung eines Einwilligungsvorbehalts angezeigt sein.

Urteil

- *Erhebt ein Betroffener massenhaft von vornherein aussichtslose Klagen, kann die Anordnung eines Einwilligungsvorbehalts für »Behördenangelegenheiten und gerichtliche Auseinandersetzungen« in Betracht kommen. Ein solcher Einwilligungsvorbehalt kann geeignet sein, eine erhebliche Gefährdung des Vermögens eines Betroffenen abzuwenden, weil dessen Verfahrenshandlungen von vornherein unwirksam sind und gerichtliche Gebühren nicht entstehen oder erhoben werden, weil Anträge eines Prozessunfähigen keine Haftung begründen.*

KG Berlin, Az. 1 W 60/06

- *Die Bestellung eines Betreuers für den Aufgabenbereich Vermögenssorge kann auch erforderlich sein, um eine (weitere) Verschuldung eines Betroffenen zu verhindern, selbst wenn er vermögenslos ist. In einem solchen Fall ist in der Regel auch die Anordnung eines Einwilligungsvorbehalts erforderlich.*

  BayObLG, Az. 3Z BR 8/97

Die Anordnung eines Einwilligungsvorbehalts kommt nur in Ausnahmefällen und in engen Grenzen in Betracht. Wird ein Betreuer lediglich aufgrund der körperlichen Behinderung des Betroffenen bestellt, so ist die Anordnung schon wegen des Erforderlichkeitsgrundsatzes nicht zulässig. Auch bei leichteren Fällen psychischer Krankheiten oder geistiger oder seelischer Behinderungen, in denen keine Gefahr besteht, dass sich die betreute Person durch unvernünftige Willenserklärungen selbst schädigt, besteht keine Notwendigkeit für die Anordnung eines Einwilligungsvorbehalts. Das gilt auch in besonders schweren Fällen, wenn also die Krankheit oder Behinderung so schwer ist, dass der Betroffene seinen rechtsgeschäftlichen Willen überhaupt nicht kundtun kann. Und auch wenn eine Vorsorgevollmacht vorliegt, kann kein Einwilligungsvorbehalt angeordnet werden.

5.3.2 Folgen des Einwilligungsvorbehalts

Der vom Betreuungsgericht angeordnete Einwilligungsvorbehalt hat zur Folge, dass das vom Betreuten abgeschlossene Rechtsgeschäft schwebend unwirksam ist. Für die Wirksamkeit des Geschäfts bedarf es der Genehmigung des Betreuers (§ 108 Abs. 1 BGB). Die Einwilligung kann dem Betreuten oder dem Dritten gegenüber erklärt werden. Mit der nachträglichen Genehmigung wird das Rechtsgeschäft von Anfang an wirksam. Verweigert der Betreuer die Genehmigung, wird das Rechtsgeschäft rückwirkend endgültig unwirksam.

Die Genehmigung des Rechtsgeschäfts durch den Betreuer ist formfrei. Grundsätzlich besteht für die Erteilung der Genehmigung keine Frist. Nur wenn der Vertragspartner des Betreuten den Betreuer auffordert, die Genehmigung zu erteilen, beträgt die Äußerungsfrist zwei Wochen (§ 108 Abs. 2 BGB). Bis zur Genehmigung des Vertrags steht dem Vertragspartner des Betreuten ein Widerrufsrecht zu (§ 109 Abs. 1 BGB).

5.3.3 Gerichtliche Anordnung

Der Einwilligungsvorbehalt kann nur von Amts wegen angeordnet werden. Weder dritte Personen noch der Betreute können die Anordnung beantragen.

Soweit das Betreuungsgericht im Betreuungsverfahren feststellt, dass die Betreuung allein nicht ausreichend sein wird, die Gefahren für die betreute Person zu beseitigen, wird es zeitgleich mit der Bestellung des Betreuers den Einwilligungsvorbehalt anordnen. Die Anordnung kann allerdings auch noch später erfolgen, wenn erst im Rahmen der Betreuertätigkeit klar wird, dass ohne einen Einwilligungsvorbehalt der Betreute gefährdet bleibt. In diesem Fall kann der Betreuer die Anordnung eines Einwilligungsvorbehalts beim Betreuungsgericht beantragen. Es besteht auch die Möglichkeit, einen vorläufigen Einwilligungsvorbehalt im Rahmen einer einstweiligen Anordnung zu beantragen, wenn dringende Gründe für die Annahme bestehen, dass die Voraussetzungen für die Anordnung eines Einwilligungsvorbehalts gegeben sind und ein dringendes Bedürfnis für ein sofortiges Tätigwerden besteht (§ 300 Abs. 1 FamFG).

5.3.4 Unzulässige Einwilligungsvorbehalte

Für bestimmte Rechtsgeschäfte ist die Anordnung eines Einwilligungsvorbehalts gesetzlich ausgeschlossen (§ 1825 Abs. 2 BGB).

Eheschließung

Für die Eheschließung ist die Anordnung eines Einwilligungsvorbehalts nicht zulässig. Die betreute Person kann also ohne Zustimmung des Betreuers eine Ehe eingehen. Voraussetzung ist allerdings, dass die betreute Person geschäftsfähig ist. Ob dies der Fall ist, wird vom Standesbeamten geprüft.

Näheres zur Ehefähigkeit des Betreuten unter 5.5.2.

Verfügungen von Todes wegen

Gesetzlich ausgeschlossen ist die Anordnung eines Einwilligungsvorbehalts auch für Verfügungen von Todes wegen. Eine rechtliche Betreuung steht also der Errichtung eines Testaments oder dem Abschluss eines Erbvertrags nicht entgegen. Voraussetzung ist allerdings, dass der Erblasser bei der Errichtung eines Testaments testierfähig bzw. beim Abschluss eines Erbvertrags geschäftsfähig ist. Bei einem notariellen Testament beziehungsweise einem Erbvertrag, der notariell beurkundet werden muss, wird die Testier- bzw. Geschäftsfähigkeit des Erblassers vom Notar geprüft.

Näheres zur Testierfähigkeit des Betreuten unter 5.5.1.

Sonstige Rechtsgeschäfte

Auch für bestimmte familien- und erbrechtliche Erklärungen des Betreuten darf das Betreuungsgericht keine Einwilligungsvorbehalte anordnen. In Betracht kommen unter anderem Vaterschaftsanerkennungen, Vaterschaftsanfechtungen, Adoptionseinwilligungen, Testamentsanfechtungen und Erbverzichte.

5.3.5 Einwilligungsfreie Willenserklärungen

Auch dann, wenn ein Einwilligungsvorbehalt durch das Betreuungsgericht angeordnet ist, bedarf der Betreute unter Umständen nicht der Einwilligung seines Betreuers.

Lediglich rechtliche vorteilhafte Rechtsgeschäfte

Selbst wenn das Betreuungsgericht einen Einwilligungsvorbehalt angeordnet hat und das betreffende Rechtsgeschäft des Betreuten unter diesen Einwilligungsvorbehalt fallen würde, bedarf es nicht der Einwilligung des Betreuers, wenn die Erklärung dem Betreuten lediglich einen rechtlichen Vorteil bringt (§ 1825 Abs. 3 Satz 1 BGB). Maßgebend ist dabei, den Betroffenen vor rechtlichen Nachteilen zu schützen.

» Nur rechtlich vorteilhaft sind beispielsweise reine Geldschenkungen oder die Abtretung einer Forderung an den Betreuten.

Achtung: Bei Schenkungen an den Betreuten muss jeweils geprüft werden, ob im Zusammenhang mit der Zuwendung auch Nachteile wie Steuerpflichten oder andere rechtliche Verpflichtungen verbunden sind. Insbesondere bei der schenkweisen Übertragung einer Immobilie ist zu prüfen, ob die Zuwendung ausschließlich rechtliche Vorteile bringt oder ob wegen bestehender finanzieller Belastungen auch rechtliche Nachteile zu berücksichtigen sind. Maßgebend ist in diesem Fall immer eine Gesamtbetrachtung des Rechtsgeschäfts.

Geringfügige Angelegenheiten des täglichen Lebens

Der Einwilligung seines Betreuers bedarf der Betreute auch dann nicht, wenn die Willenserklärung eine geringfügige Angelegenheit des täglichen Lebens betrifft, es sei denn, dass das Betreuungsgericht etwas anderes angeordnet hat (§ 1825 Abs. 3 Satz 2 BGB). Was zu derartigen Alltagsgeschäften gehört, lässt sich nicht generell bestimmen. Von Bedeutung sind in diesem Zusammenhang auch die wirtschaftlichen Verhältnisse des Betreuten.

» Zustimmungsfrei ist der Kauf von Lebensmitteln, wenn diese nach Art und Menge das übliche Maß nicht übersteigen, oder die Anschaffung von Kleidungsstücken. Nicht zu den geringfügigen Angelegenheiten gehört der Abschluss eines Mobilfunktelefonvertrags.

Urteil

Zu einer Willenserklärung, die eine geringfügige Angelegenheit des täglichen Lebens – wie etwa den Erwerb geringer Mengen Alkoholika – betrifft, bedarf der Betroffene auch bei bestehendem Einwilligungsvorbehalt für die Vermögenssorge nicht der Einwilligung seines Betreuers, es sei denn, das Betreuungsgericht hat hierfür gemäß § 1903 Abs. 3 Satz 2 BGB eine gesonderte Anordnung getroffen.

BGH, Az. XII ZB 458/15

Taschengeld

Ist ein Einwilligungsvorbehalt angeordnet, so bedarf der Betreute dennoch nicht der Einwilligung des Betreuers, wenn der Betreute die vertragsgemäße Leistung mit Mitteln bewirkt, die ihm zu diesem Zweck oder zur freien Verfügung belassen wurden (§§ 1825 Abs. 1 Satz 3, 110 BGB). Nicht zulässig ist es allerdings, dass sich der Betreute an längerfristig verpflichtende Verträge bindet. Eine Ratenzahlungsvereinbarung ist damit nicht zustimmungsfrei, selbst wenn der Betreute die einzelnen Raten mit seinem Taschengeld zahlt.

Arbeitsverträge

Für die Eingehung oder Aufhebung eines Dienst- oder Arbeitsvertrags oder hinsichtlich der Erfüllung von Verpflichtungen hieraus bedarf der Betreute nicht der Zustimmung seines Betreuers, wenn er vorab hierzu ermächtigt wurde (§§ 1825 Abs. 1 Satz 3, 113 BGB). Die Ermächtigung erstreckt sich auf die gesamte Vertragsabwicklung, also auch auf die Entgegennahme der vereinbarten Vergütung. Die Einrichtung eines Girokontos durch den Betreuten bedarf also nicht der Zustimmung des Betreuers.

5.3.6 Aufhebung, Einschränkung oder Erweiterung des Einwilligungsvorbehalts

Werden dem Betreuer Umstände bekannt, die eine Aufhebung des Einwilligungsvorbehalts oder eine Einschränkung des Kreises der einwilligungsbedürftigen Willenserklärungen ermöglichen, so hat er dies dem Betreuungsgericht mitzuteilen (§ 1864 Abs. 2 Satz 2 Nr. 1 und 5 BGB). Hierdurch soll sichergestellt werden, dass dem Erforderlichkeitsgrundsatz auch in zeitlicher Hinsicht Rechnung getragen wird.

Werden dem Betreuer Umstände bekannt, die eine Erweiterung des Kreises der einwilligungsbedürftigen Willenserklärungen erfordern, so hat er dies dem Betreuungsgericht ebenfalls mitzuteilen. Hierdurch soll verhindert werden, dass der Betreute durch einen zu eng gewordenen Kreis der einwilligungsbedürftigen Willenserklärungen einen Schaden erleidet.

5.4 Einwilligungsfähigkeit des Betreuten

Weil jede ärztliche Heilbehandlungsmaßnahme eine Körperverletzung darstellt, muss der Arzt vor der Durchführung der medizinischen Maßnahme, insbesondere eines Eingriffs in den Körper oder die Gesundheit, die Einwilligung des Patienten einholen (§ 630d Abs. 1 Satz 1 BGB). Andernfalls ist der Eingriff rechtswidrig. Die Einwilligung ist nur wirksam, wenn der Patient vor der Einwilligung über die mit dem ärztlichen Heileingriff verbundenen Risiken und Belastungen aufgeklärt wurde (§ 630d Abs. 2 BGB). Zur Aufklärung gehören insbesondere Art, Umfang, Durchführung, zu erwartende Folgen und Risiken der Maßnahme sowie ihre Notwendigkeit, Dringlichkeit, Eignung und Erfolgsaussichten im Hinblick auf die Diagnose oder die Therapie. Bei der Aufklärung ist auch auf Alternativen zur Maßnahme hinzuweisen, wenn mehrere medizinisch gleichermaßen indizierte und übliche Methoden zu wesentlich unterschiedlichen Belastungen, Risiken oder Heilungschancen führen können (§ 630e Abs. 1 BGB).

Die Aufklärung muss

- mündlich durch den Behandelnden oder durch eine Person erfolgen, die über die zur Durchführung der Maßnahme notwendige Ausbildung verfügt; ergänzend kann auch auf Unterlagen Bezug genommen werden, die der Patient in Textform erhält,
- so rechtzeitig erfolgen, dass der Patient seine Entscheidung über die Einwilligung wohlüberlegt treffen kann,
- für den Patienten verständlich sein (§ 630e Abs. 2 BGB).

Der Aufklärung des Patienten bedarf es nicht, soweit diese ausnahmsweise aufgrund besonderer Umstände entbehrlich ist, insbesondere wenn die Maßnahme unaufschiebbar ist oder der Patient auf die Aufklärung ausdrücklich verzichtet hat (§ 630e Abs. 3 BGB).

In eine Heilbehandlungsmaßnahme kann der Patient nur rechtswirksam einwilligen, wenn er einwilligungsfähig ist. Die Einwilligungsfähigkeit ist nicht mit der Geschäftsfähigkeit gleichzusetzen. Einwilligungsfähig ist ein Patient schon dann, wenn er Art, Bedeutung und Tragweite (Risiken) der ärztlichen Maßnahme erfassen kann. Je komplexer der Eingriff ist, in den eingewilligt werden soll, desto höher sind die Anforderungen, die an die Einwilligungsfähigkeit zu stellen sind. Im Einzelnen müssen für die Einwilligungsfähigkeit eines Patienten folgende Voraussetzungen vorliegen:

- Der Patient muss fähig sein, einen bestimmten Sachverhalt zu verstehen.
- Er muss in der Lage sein, bestimmte Informationen auch hinsichtlich der Folgen und Risiken in angemessener Weise zu verarbeiten.
- Der Patient muss die Fähigkeit besitzen, die Informationen auch im Hinblick auf Behandlungsalternativen angemessen zu bewerten.

- Er muss die Fähigkeit haben, den eigenen Willen auf der Grundlage von Verständnis, Verarbeitung und Bewertung der Situation zu bestimmen.

Eine Betreuung als solche berührt die Einwilligungsfähigkeit des Betreuten grundsätzlich nicht. Eine rechtliche Betreuung geht immer nur so weit, wie der Betroffene durch eine Erkrankung oder eine Behinderung daran gehindert ist, seine Angelegenheiten selbst rechtlich zu besorgen bzw. auch medizinische Entscheidungen selbst zu treffen. Die Einwilligungsfähigkeit ist hinsichtlich jeder einzelnen medizinischen Entscheidung festzustellen. Der Betreute muss also in der Lage sein, intellektuell die Tatsachen zur Kenntnis zu nehmen, die seine Krankheit ausmachen, und ihre Bedeutung für seine weitere Lebensführung erfassen.

Ist der betreute Patient einwilligungsfähig, muss er selbst der Heilbehandlungsmaßnahme zustimmen. Die Entscheidung, ob er in den Eingriff einwilligt, bleibt dem Betreuten überlassen. Ein einwilligungsfähiger Patient darf auf keinen Fall gegen seinen Willen behandelt werden, und zwar auch dann nicht, wenn für ihn ein rechtlicher Betreuer bestellt ist. Die Einwilligung des Betreuers hat in diesem Fall keine Bedeutung. Ist der betreute Patient einwilligungsunfähig, bedarf es der Einwilligung des Betreuers. Unter Umständen bedarf es daneben noch der gerichtlichen Genehmigung.

» Der Betreuer, dem die Gesundheitssorge für den Betreuten übertragen wurde, hält eine ärztliche Maßnahme für notwendig. Der Betreute ist allerdings ganz anderer Meinung. Der Betreuer darf in diesem Fall nur dann in die ärztliche Maßnahme einwilligen, wenn der Betreute einwilligungsunfähig ist. Andernfalls kann dem Betreuten niemand – kein Arzt, kein Betreuer, kein Gericht – vorschreiben, ob er in eine Heilbehandlung einwilligt oder diese ablehnt.

Urteil

Für eine krankheitsbedingt einwilligungsunfähige, schwangere Frau kann ein Betreuer mit dem Aufgabenkreis der Entscheidung über den Schwangerschaftsabbruch bestellt werden, dem sodann die Entscheidung über die Einwilligung in einen Schwangerschaftsabbruch bei Vorliegen einer sozial-medizinischen Indikation nach § 218a Strafgesetzbuch obliegt.

OLG Frankfurt/Main, Az. 20 W 354/08

Problematisch sind die Fälle, wenn es sich nicht eindeutig klären lässt, ob der Patient hinsichtlich einer konkreten Heilbehandlung einwilligungsfähig ist. In diesem Fall stellt sich dann die Frage, ob der Betreuer für den Betreuten handeln kann. Auf der sicheren Seite ist der Arzt in einer solchen unklaren Situation nur dann, wenn beide, Betreuer und Betreuter, in die Maßnahme einwilligen. Andernfalls muss berücksichtigt werden, dass dem Betreuer der Aufgabenbereich Gesundheitssorge nur übertragen werden darf, wenn dem Betroffenen die Einwilligungsfähigkeit fehlt. Das spricht dann dafür, dass im Zweifel der Betreuer entscheiden darf.

5.5 Höchstpersönliche Angelegenheiten des Betreuten

Auch im Falle der Betreuung kann der Betreute seine höchstpersönlichen Rechte weiterhin wahrnehmen. Die Bestellung eines Betreuers hat darauf keinen Einfluss. Auch ein Einwilligungsvorbehalt kann vom Betreuungsgericht für die höchstpersönlichen Angelegenheiten des Betreuten nicht angeordnet werden.

5.5.1 Testierfähigkeit des Betreuten

Die Fähigkeit, ein Testament zu errichten, wird durch die Anordnung einer Betreuung nicht berührt. Auch eine unter Betreuung stehende Person kann also grundsätzlich wirksam ein Testament errichten. Für die Testierunfähigkeit der betreuten Person gelten die allgemeinen erbrechtlichen Regelungen. Danach kann ein Testament nicht errichten, wer wegen krankhafter Störung der Geistestätigkeit, wegen Geistesschwäche oder wegen Bewusstseinsstörung nicht in der Lage ist, die Bedeutung einer von ihm abgegebenen Willenserklärung einzusehen und nach dieser Einsicht zu handeln (§ 2229 Abs. 4 BGB).

Maßgebend für die Beurteilung der Testierfähigkeit ist, ob eine Person

- selbstständig, frei von Einflüssen Dritter handeln und eigenverantwortlich entscheiden kann und dabei die Entscheidung von vernünftigen Erwägungen abhängig machen kann,
- die Vorstellung hat, ein Testament zu errichten, Kenntnis über den Inhalt der darin enthaltenen Verfügungen hat und sich ein klares Urteil über die Tragweite der Anordnungen für die Betroffenen bilden kann,
- sich über die Gründe, welche für und gegen die sittliche Berechtigung der Anordnungen sprechen, ein Urteil bilden kann und
- bei der Testamentserrichtung in der Lage ist, sich an Sachverhalte und Ereignisse zu erinnern, Informationen aufzunehmen, Zusammenhänge zu erfassen und Abwägungen vorzunehmen.

Trifft einer der genannten Punkte nicht zu, ist Testierunfähigkeit anzunehmen. Maßgebend sind allerdings immer die konkreten Umstände des Einzelfalls. Das von einem testierunfähigen Erblasser errichtete Testament ist unwirksam.

Urteil

- *Verneint ein fachärztliches Attest bei einem Betreuten die Testierfähigkeit nicht zweifelsfrei, so ist von der Testierfähigkeit des Betroffenen auszugehen.*

  OLG München, Az. 34 Wx 293/14

- *Eine Erblasserin ist als testierunfähig anzusehen, wenn sie aufgrund einer fortgeschrittenen Demenzerkrankung vom Alzheimertyp nicht mehr in der Lage ist, Bedeutung und Tragweite einer erklärten letztwilligen Verfügung einzusehen und nach einer solchen Einsicht zu handeln.*

  OLG Hamm, Az. 10 U 76/16

Die Testierfähigkeit ist nicht mit der Geschäftsfähigkeit gleichzusetzen – auch wenn ähnliche Kriterien gelten. Sie muss zeitlich stets bei der Errichtung des Testaments vorliegen.

Achtung: Unabhängig davon, ob der Betreute testierfähig ist oder nicht, gehört die Testierfähigkeit zu den höchstpersönlichen Rechtsgeschäften des Betreuten. Auch für eine testierunfähige Person kann also ein Betreuer kein Testament errichten. Das Testament muss persönlich errichtet werden, eine Vertretung ist ausgeschlossen (§ 2064 BGB).

Auch ein Einwilligungsvorbehalt des Betreuers (vgl. dazu 5.3) darf sich nicht auf Verfügungen von Todes wegen erstrecken (§ 1825 Abs. 2 Nr. 2 BGB). In keinem Fall ist also die Einwilligung des Betreuers als gesetzlicher Vertreter für die Errichtung eines Testaments durch den Betreuten erforderlich.

5.5.2 Ehefähigkeit des Betreuten

Als Ehefähigkeit wird die Möglichkeit einer Person bezeichnet, eine rechtswirksame Ehe eingehen zu können. Erforderlich ist die Ehemündigkeit, das heißt die Geschäftsfähigkeit der Partner (§ 1304 BGB). Allein die Bestellung eines Betreuers hat also nicht die Eheunfähigkeit des Betroffenen zur Folge. Auch ein Einwilligungsvorbehalt des Betreuers (vgl. dazu oben) darf sich nicht auf die Eingehung der Ehe erstrecken (§ 1825 Abs. 2 Nr. 1 BGB). In keinem Fall ist also die Einwilligung des Betreuers als gesetzlicher Vertreter eines heiratswilligen Betreuten erforderlich.

Grundsätzlich ist davon auszugehen, dass eine volljährige Person auch geschäftsfähig ist. Nur dann, wenn aufgrund konkreter Umstände – etwa eines auffälligen Verhaltens der Person – ernstliche Zweifel an deren Geschäftsfähigkeit und damit Ehefähigkeit bestehen, wird der Standesbeamte die Ehefähigkeit näher prüfen. Allerdings muss dabei berücksichtigt werden, dass es sich bei der Ehefähigkeit um einen Sonderfall der Geschäftsfähigkeit handelt. Maßgebend bei der Beurteilung ist, ob sich die Beeinträchtigung der Geistestätigkeit auch auf die Ehe erstreckt und ob der Verlobte insoweit die notwendige Einsichtsfähigkeit besitzt und zur freien Willensentscheidung in der Lage ist, selbst wenn diese Einsichtsfähigkeit für andere Rechtsgeschäfte fehlt.

Achtung: Die von einem Geschäftsunfähigen geschlossene Ehe kann durch richterliche Entscheidung auf Antrag aufgehoben werden. Der Antrag kann für einen geschäftsunfähigen Ehegatten nur von seinem Betreuer als gesetzlichem Vertreter gestellt werden (§ 1316 Abs. 2 Satz 1 BGB). Dieser benötigt dazu einen geeigneten Aufgabenbereich (z.B. Vertretung vor dem Familiengericht). Der Aufgabenbereich Vermögenssorge reicht dazu nicht aus.

5.5.3 Wahlrecht des Betreuten

Das Wahlrecht des Betreuten wird durch die gerichtliche Bestellung eines Betreuers nicht beeinträchtigt. Das Bundesverfassungsgericht hat am 29.1.2019 (Az. 2 BvC 62/14) die Regelung im Bundeswahlgesetz, dass im Falle einer Totalbetreuung, also einer Betreuung, die vom Betreuungsgericht für alle Angelegenheiten des Betreuten angeordnet war, für verfassungswidrig erklärt.

6 Aufgaben des Betreuers

Der Aufgabenkreis eines Betreuers besteht aus einem oder mehreren Aufgabenbereichen. Diese sind vom Betreuungsgericht im Einzelnen anzuordnen. Ein Aufgabenbereich darf nur angeordnet werden, wenn und soweit dessen rechtliche Wahrnehmung durch einen Betreuer erforderlich ist. Bestimmte Entscheidungen dürfen vom Betreuer nur getroffenen werden, wenn sie als Aufgabenbereich vom Gericht ausdrücklich angeordnet worden sind.

6.1 Umfang der Betreuung

Das Betreuungsgericht entscheidet nicht nur darüber, ob für eine kranke oder behinderte volljährige Person ein Betreuer bestellt wird. Auch der Umfang der Betreuung muss ausdrücklich festgelegt werden. Maßgebend ist dabei der Betreuungsbedarf des Betroffenen. Die Betreuung darf nur für diejenigen Aufgabenbereiche angeordnet werden, die tatsächlich anfallen und die der Betroffene nicht ohne gesetzlichen Vertreter ausüben kann. Nur im Rahmen des ihm übertragenen Aufgabenkreises darf der Betreuer den Betreuten vertreten. Damit hängt die Reichweite der gesetzlichen Vertretungsbefugnis des Betreuers maßgeblich vom Umfang der angeordneten Betreuung ab.

Der das Betreuungsrecht prägende Erforderlichkeitsgrundsatz gilt auch für den Umfang der Betreuung. In der Formulierung in § 1815 Abs. 1 Satz 3 BGB »wenn und soweit dessen rechtliche Wahrnehmung durch einen Betreuer erforderlich ist« kommt deutlich zum Ausdruck, dass auch für jeden einzelnen Aufgabenbereich eine Erforderlichkeitsprüfung durchzuführen ist. Das Gericht kann eine Betreuung für einzelne Angelegenheiten (z.B. Geltendmachung eines Renten- oder Sozialhilfeanspruchs oder Kündigung eines Mietverhältnisses) oder (als Oberbegriff) für umfassende Bereiche wie beispielsweise Personen- oder Vermögenssorge anordnen. Weil allerdings die Aufgabenbereiche vom Gericht im Einzelnen angeordnet werden müssen, ist eine Betreuung in allen Angelegenheiten (sog. Totalbetreuung) nicht zulässig.

6.2 Vermögensangelegenheiten

Der Aufgabenbereich Vermögenssorge gehört zum Aufgabenkreis des Betreuers, wenn dies vom Betreuungsgericht entsprechend dem Betreuungsbedarf festgelegt ist. Die Betreuung kann einzelne Angelegenheiten (z.B. Geltendmachung eines Anspruchs gegen einen Schuldner), die Verwaltung von Vermögensteilen (z.B. Verwaltung eines Hausgrundstücks oder von Wertpapieren) oder die gesamte Vermögenssorge des Betroffenen umfassen. In welchem Umfang dem Betreuer die Vermögenssorge übertragen wird, hängt von den konkreten Umständen des Einzelfalls ab.

Grundsätzlich setzt die Bestellung eines Betreuers für die Vermögenssorge (zumindest zu erwartendes) Vermögen oder Einkommen des Betroffenen voraus. Ein Vermögensbetreuer kann allerdings auch bereits dann bestellt werden, wenn kein Vermögen vorhanden ist, aber eine weitere Verschuldung des Betroffenen vermieden werden soll. Die Bestellung eines Betreuers für die Vermögenssorge setzt auch einen konkreten Handlungsbedarf voraus (z.B. Zurückweisung einer unberechtigten Zahlungsaufforderung), es sei denn, dass ein solcher demnächst eintreten kann.

Urteil

Hat die Betroffene schon vor Jahren ihrer Nichte als engster Vertrauter Verfügungsbefugnis für ihr einziges Girokonto in Form eines Oder-Kontos erteilt, auf dem von den monatlich eingehenden Rentenbeträgen nach Abzug von fixen Ausgaben circa 330,– € verbleiben und ist sonstiges nennenswertes Vermögen nicht vorhanden, ist in einer bestehenden Betreuung der Aufgabenbereich Vermögenssorge auch dann nicht erforderlich, wenn die Nichte sich auf eine ihr von der Betroffenen bereits früher eingeräumte und glaubhaft erscheinende Gestattung beruft, monatlich für eigene Zwecke über bis zu 150,– € verfügen zu dürfen, soweit diese für den Lebensbedarf der Betreuten nicht benötigt werden.

BayObLG, Az. 3Z BR 17/04

Häufig wird sich ein Betreuungsbedarf für das gesamte Vermögen des Betroffenen ergeben. Die Vermögenssorge umfasst dann alle finanziellen Angelegenheiten des Betreuten, unabhängig davon, ob es sich um Vorgänge des Aktivvermögens oder der Schulden handelt. Erfasst werden alle rechtlichen und tatsächlichen Maßnahmen, die darauf gerichtet sind, das Vermögen des Betreuten zu erhalten, zu verwerten und zu vermehren.

» Die Vermögenssorge umfasst die Geltendmachung von Zahlungsansprüchen (z.B. aus Arbeits- und Mietverträgen), die Befriedigung von Zahlungsansprüchen (z.B. aus Kaufverträgen), die Geltendmachung von Schadenersatzansprüchen oder erbrechtlichen Ansprüchen (z.B. Pflichtteilsansprüchen), die Schuldenregulierung, die Beantragung sozialrechtlicher Leistungen (z.B. Sozialhilfe, Rente), die Regelung von Steuerangelegenheiten (z.B. Einkommensteuererklärung), die Abwehr von unberechtigten Ansprüchen (z.B. des Vermieters oder der Bank), die Vornahme von Bankgeschäften.

6.2.1 Einreichung eines Vermögensverzeichnisses durch den Betreuer

Soweit die Verwaltung des Vermögens des Betreuten zum Aufgabenbereich des Betreuers gehört, hat er zum Zeitpunkt seiner Bestellung ein Verzeichnis über das Vermögen des Betreuten zu erstellen und dieses dem Betreuungsgericht mit der Versicherung der Richtigkeit und Vollständigkeit einzureichen (§ 1835 Abs. 1 Satz 1 BGB). So wird dem Betreuungsgericht eine zuverlässige Beurteilung der wirtschaftlichen Verhältnisse des Betreuten ermöglicht. Das Vermögen muss der Betreuer allerdings nur insoweit verzeichnen, als sein Aufgabenkreis dessen Verwaltung umfasst. Soweit er Kenntnis von Vermögen des Betreuten hat, das nicht seiner Verwaltung unterliegt, sondern von einem Dritten verwaltet wird (z.B. von einem Testamentsvollstrecker), hat er dieses nicht zu verzeichnen.

Das Vermögensverzeichnis bildet zugleich die Grundlage für die spätere Rechnungslegung (vgl. dazu 6.2.6). Es soll auch Angaben zu den regelmäßigen Einnahmen und Ausgaben des Betreuten enthalten. Das Vermögensverzeichnis ist vom Betreuer um dasjenige Vermögen zu ergänzen, das der Betreute später hinzuerwirbt (§ 1835 Abs. 1 Sätze 2 und 3 BGB). Der Betreuer ist allerdings nicht verpflichtet, die einzelnen Vermögensgegenstände zu bewerten.

Im Regelfall wird dem Betreuer vom Gericht ein Formular für das Vermögensverzeichnis zur Verfügung gestellt. Anzugeben sind das vorhandene Vermögen, also insbesondere sämtliche Aktiva, Verbindlichkeiten und das Einkommen des Betreuten. In Betracht kommen unter anderem

- Grundvermögen,
- Guthaben bei Banken und Sparkassen,
- Forderungen des Betreuten gegenüber dritten Personen (z.B. aus Darlehen),
- Lebensversicherungen,
- Haushalts- und Einrichtungsgegenstände,
- Antiquitäten und Kunstgegenstände,
- Beteiligungen an Erbengemeinschaften,
- Beteiligungen an Unternehmen,
- Erwerbsgeschäfte (z.B. Beteiligung an Verbindlichkeiten gegenüber Banken, Privatpersonen oder gegenüber dem Finanzamt),
- Einkommen aus einem Arbeitsverhältnis, Sozialleistungen aus der Arbeitslosen-, gesetzlichen Unfall- oder der sozialen Pflegeversicherung, Renteneinkünfte.

Um dem Betreuungsgericht eine Überprüfung der Angaben zu ermöglichen, muss der Betreuer seine Angaben im Vermögensverzeichnis belegen (§ 1835 Abs. 2 BGB).

Um den Betreuten zukünftig stärker in die Kontrolle der Betreuung einzubeziehen, ist ihm das von dem Betreuer erstellte Vermögensverzeichnis bekannt zu geben (§ 1835 Abs. 6 BGB). Er soll in die Lage versetzt werden nachzuvollziehen, welche Angaben zu den Vermögensgegenständen sein Betreuer dem Gericht gegenüber macht. Eine Ausnahme von dieser Pflicht ist nur für den Fall vorgesehen, dass hiervon erhebliche Nachteile für die Gesundheit des Betreuten zu besorgen sind oder der Betreute offensichtlich nicht in der Lage ist, das Verzeichnis zur Kenntnis zu nehmen.

6.2.2 Trennungsgebot

Der Betreuer hat das Vermögen des Betreuten getrennt von seinem eigenen Vermögen zu halten (§ 1836 Abs. 1 Satz 1 BGB). Diesem Zweck dient das Vermögensverzeichnis, das vom Betreuer anzulegen ist. Durch das Trennungsgebot soll zum einen ein Zugriff des Betreuers auf das Vermögen des Betreuten verhindert, zum anderen soll der Betreute vor etwaigen gegen den Betreuer gerichteten Zwangsvollstreckungsmaßnahmen oder einer Insolvenz des Betreuers geschützt werden.

! Eine Ausnahme vom Trennungsgebot gilt für das bei Bestellung des Betreuers bestehende sowie für das während der Betreuung hinzukommende gemeinschaftliche Vermögen des Betreuten und des Betreuers (§ 1836 Abs. 1 Satz 2 BGB). Dieses gemeinschaftliche Vermögen (z.B. ein gemeinsames Depot) darf weiter bestehen bleiben, wenn und soweit das Betreuungsgericht nichts anderes anordnet.

Der Betreuer darf Vermögen des Betreuten nicht für sich verwenden (§ 1836 Abs. 2 Satz 1 BGB). Das gilt ausnahmslos für den beruflichen Betreuer. Wenn die Betreuung ehrenamtlich ausgeübt wird, kann es jedoch durchaus dem Wunsch des Betreuten entsprechen, dass der Betreuer als nahestehende Person Vermögenswerte des Betreuten nutzt. Für diesen Fall ist gesetzlich zur Stärkung des Selbstbestimmungsrechts eine Ausnahme von dem Verwendungsverbot vorgesehen, wenn über die Verwendung eine Vereinbarung getroffen wurde. Diese muss nicht zwingend schriftlich abgeschlossen worden sein, vielmehr kann auch eine schlüssige Vereinbarung diesem Erfordernis genügen (§ 1836 Abs. 2 BGB).

! Vom gesetzlichen Verwendungsverbot besteht dahin gehend eine Ausnahme, dass der Betreuer, der mit dem Betreuten einen gemeinsamen Haushalt führt oder geführt hat, Haushaltsgegenstände (z.B. einen Pkw) sowie das Geld, das für die laufenden Ausgaben benötigt wird, auch nach seiner Bestellung zum Betreuer verwenden, mithin gebrauchen kann, sofern die weitere Verwendung dem Wunsch oder mutmaßlichen Willen des Betreuten entspricht (§ 1836 Abs. 3 BGB).

Unzulässig ist es auch, dass sich der Betreuer aus dem Vermögen des Betreuten ein Darlehen gewähren lässt, selbst wenn er einen höheren Zinssatz zahlen würde. Gegen das Gebot der getrennten Vermögensverwaltung verstößt es auch, wenn Gelder des Betreuten auf einem Treuhandkonto angelegt werden, dessen Inhaber der Betreuer ist. Auch der unentgeltliche Gebrauch von Gegenständen des Betreuten durch den Betreuer ist nicht erlaubt.

6.2.3 Grundsätze für die Vermögensverwaltung

Der Betreuer hat das Vermögen des Betreuten entsprechend den gesetzlichen Vorgaben zu verwalten. Vorrangig hat er allerdings die Wünsche des Betreuten zu berücksichtigen.

Pflichten des Betreuers

Für die Wahrnehmung der einzelnen Vermögensangelegenheiten des Betreuten durch den Betreuer enthält das Gesetz Vorgaben (Näheres dazu unten).

Für die Frage, ob der Betreuer von diesen Vorgaben abweichen darf, gelten folgende Grundsätze (§ 1838 BGB):

- Vorrang bei der Vermögensverwaltung haben die Wünsche des Betreuten.
- Wünscht der Betreute eine Wahrnehmung der Vermögensangelegenheiten nach den gesetzlichen Vorgaben, hat der Betreuer dem selbstverständlich zu folgen.
- Weichen die Wünsche des Betreuten hinsichtlich der Wahrnehmung der Vermögensangelegenheiten von den gesetzlichen Vorgaben ab, so hat der Betreuer ihnen auch dann zu folgen, wenn sie wirtschaftlich unvernünftig sind, sofern sie auf dem freien Willen des Betreuten beruhen. So darf beispielsweise der Betreuer dem Betreuten nicht verwehren, eine größere Erbschaft binnen kurzer Zeit auszugeben.
- Soweit dem Betreuer die Pflicht, den Wünschen des Betreuten zu entsprechen, nicht zuzumuten ist, steht es dem Betreuten frei, selbst rechtswirksam tätig zu werden, soweit er in Bezug auf die konkrete vermögensrelevante Handlung noch geschäftsfähig ist. Der Betreuer hat sich auf eine Beratung zu beschränken. Soweit er nicht selbst handelt, unterliegt er auch nicht der Aufsicht des Gerichts. Hat der Betreuer den Eindruck, dass der Betreute sich durch seine eigenen Handlungen schädigt, ohne dies erkennen oder steuern zu können, und ist die Fähigkeit zur freien Willensbildung fraglich, hat er die Anordnung eines Einwilligungsvorbehalts anzuregen.
- Soweit der Betreute in Bezug auf die konkrete vermögensrechtliche Angelegenheit nicht mehr geschäftsfähig ist, hat der Betreuer zum Schutz des Betreuten dessen Wunsch dann nicht zu entsprechen, wenn das Vermögen des Betreuten durch die Wunschbefolgung erheblich gefährdet wäre und der Betreute diese Gefahr gerade aufgrund seiner Erkrankung oder Behinderung nicht erkennen oder nicht nach dieser Erkenntnis handeln kann.

- Entspricht der Wunsch des Betreuten nicht dem aktuell frei gebildeten Willen und würde die Befolgung eine erhebliche Vermögensgefährdung bedeuten, hat der Betreuer nach dem mutmaßlichen Willen zu handeln. Dabei ist die Gefährdungslage subjektiv zu berücksichtigen und zu fragen, ob der Betreute auch dann diesen Wunsch äußern würde, wenn er die bei Befolgung eintretende Gefährdung oder den Vermögensschaden erkennen würde. Wenn er die Gefährdung mutmaßlich in Kauf nehmen würde, ist seinem Wunsch zu folgen. Aufgabe des Betreuers bleibt es, den Betreuten so gut wie möglich zu beraten. In diesem Zusammenhang hat er den Betreuten insbesondere auf die gesetzlichen Vorgaben hinzuweisen und mit dem Betreuten die aus einer Abweichung resultierenden Gefahren zu besprechen.
- Wenn der Betreute aktuell nicht in der Lage ist, einen freien Willen zu bilden und der Betreuer den Wünschen nicht zu folgen hat, weil bei einer Befolgung eine erhebliche Gefährdung eintreten würde, der Betreute dies krankheitsbedingt nicht erkennen kann und der Betreuer bei Ermittlung des mutmaßlichen Willens keine hinreichenden konkreten Anhaltspunkte hat, dass der Betreute eine andere Art der Vermögensverwaltung wünscht, hat der Betreuer sich nach den im Folgenden ausgeführten gesetzlichen Vorgaben zu richten.

Achtung: Der Betreuer ist verpflichtet, dem Gericht unverzüglich mitzuteilen, wenn er bei der Wahrnehmung der Vermögensangelegenheiten des Betreuten von den gesetzlichen Vorgaben abweicht und warum er dies tut (§ 1838 Abs. 2 Satz 1 BGB). Das Gericht hat dann im Rahmen der Aufsicht zu prüfen, ob die Art der abweichenden Vermögensverwaltung den Wünschen bzw. dem mutmaßlichen Willen des Betreuten entspricht, also letztlich Ausdruck des Selbstbestimmungsrechts des Betreuten ist.

Gesetzliche Vorgaben für die Wahrnehmung von Vermögensangelegenheiten

Das Betreuungsrecht enthält Vorgaben für die Wahrnehmung der Vermögensangelegenheiten des Betreuten durch den Betreuer. Sie beziehen sich auf

- das sogenannte Verfügungsgeld, also Geld des Betreuten, das der Betreuer für dessen Ausgaben benötigt (§§ 1839, 1840 BGB),
- das sogenannte Anlagegeld, also Geld, das nicht für laufende Ausgaben benötigt wird (§ 1841 BGB),
- die Voraussetzungen für das Kreditinstitut, bei dem Verfügungs- und Anlagegeld angelegt wird (§ 1842 BGB) und
- die Verwahrung unter Hinterlegung von Wertpapieren (§ 1843 BGB).

Bereithaltung von Verfügungsgeld

Geld des Betreuten (ausgenommen Bargeld), das der Betreuer für dessen Ausgaben benötigt, hat er auf einem Girokonto des Betreuten bei einem Kreditinstitut, das einer ausreichenden Sicherungseinrichtung angehört, bereitzuhalten (§§ 1839 Abs. 1, 1842 BGB). Das Konto kann ein bereits bestehendes oder ein neu für den Betreuten zu eröffnendes Girokonto sein. Ein für den Betreuten eingerichtetes Anderkonto des Betreuers ist nicht zulässig.

Achtung: Eine Kreditkarte darf dem Betreuer für das Konto nicht ausgestellt werden, es sei denn, das Betreuungsgericht hat die Ausstellung einer Kreditkarte ausdrücklich genehmigt.

Der Betreuer kann auch Verfügungsgeld nicht nur als Einlage auf dem Girokonto bereithalten, sondern auch bei einem Kreditinstitut vorübergehend und schnell verfügbar auf einem von ihm neu zu eröffnenden, unversperrten gesonderten Konto anlegen, das von den zu versperrenden Anlagekonten für das Anlagegeld getrennt ist (§ 1839 Abs. 2 BGB). In Betracht kommt in erster Linie die Anlage auf einem Tagesgeldkonto oder einem Sparkonto, die eine Verzinsung und eine schnelle Verfügbarkeit des Geldes ermöglichen.

Pflicht zum bargeldlosen Zahlungsverkehr

Für den Betreuer besteht die Pflicht zum bargeldlosen Zahlungsverkehr. Er hat den Zahlungsverkehr für den Betreuten bargeldlos unter Verwendung des für das Verfügungsgeld zu unterhaltenden Girokontos bei einem Kreditinstitut, das einer ausreichenden Sicherungseinrichtung angehört, durchzuführen (§§ 1840 Abs. 1, 1842 BGB). Hierzu kann der Betreuer sich auch der elektronischen Kontoführung bedienen, was den Vorteil bietet, dass er dann über elektronische Belege verfügt, die er als Ausdruck beim Gericht vorlegen kann. Anderer Zahlungsmittel kann sich der Betreuer dagegen nicht bedienen. Dies gilt beispielsweise für elektronische Bezahlverfahren (z.B. »PayPal«), insbesondere aber auch für die von einem Emittenten im klassischen Sinn losgelösten im Internet generierten Zahlungsmittel (z.B. »Bitcoin«).

Die Pflicht zum bargeldlosen Zahlungsverkehr besteht nicht, soweit Barzahlung im Geschäftsverkehr üblich ist oder vom Betreuten gewünscht wird (z.B. die Bezahlung von Friseur oder Fußpflege im Heim oder sonstige Bargeschäfte des täglichen Lebens). Auch die Auszahlung von Bargeld an den Betreuten, soweit dieser nicht selbst Abhebungen vom Konto durchführt, ist möglich (§ 1840 Abs. 2 BGB). Dem Betreuten ist Bargeld zur eigenen Verwaltung zu überlassen, wenn er es wünscht. Dies ist sogar geboten, wenn es seine eigenständige Lebensgestaltung fördert.

Anlagepflicht

Der Betreuer muss Geld des Betreuten, das nicht für die Ausgaben benötigt wird, anlegen. Er darf also dieses sogenannte Anlagegeld nicht auf dem Girokonto belassen (§ 1841 Abs. 1 BGB). Zweck der

Anlegung ist, mit der Anlage das Vermögen für den Betreuten zu erhalten und nach Möglichkeit einen Vermögensertrag zu erwirtschaften. Zum anderen dient die Anlegung der sicheren und vor unberechtigten Verfügungen des Betreuers oder Dritten geschützten Verwahrung des Vermögens des Betreuten.

Der Betreuer soll das Anlagegeld auf einem zur verzinslichen Anlage geeigneten Konto des Betreuten bei einem Kreditinstitut, das einer ausreichenden Sicherungseinrichtung angehört, anlegen (§§ 1841 Abs. 2, 1842 BGB). Wählt der Betreuer für das Anlagegeld eine andere Art der Anlegung, bedarf es zur Wirksamkeit der Anlegung der Genehmigung des Betreuungsgerichts (§ 1848 BGB).

Verwaltung von Wertpapieren

Depotfähige Wertpapiere des Betreuten muss der Betreuer bei einem Kreditinstitut in Einzel- oder Sammelverwahrung verwahren lassen (§ 1843 Abs. 1 BGB). Die erstmalige Verwahrung im Depot muss der Betreuer dem Betreuungsgericht unter Angabe von Art, Umfang und Wert der Papiere sowie die sich daraus ergebenden Aufwendungen und Nutzungen anzeigen (§ 1846 Abs. 1 Nr. 3, Abs. 2 Nr. 3 BGB) und so das Gericht über den Verbleib und die Verwaltung der Wertpapiere informieren.

Nicht depotfähige Wertpapiere hat der Betreuer bei einem Kreditinstitut mit der Bestimmung in einem Schließfach zu hinterlegen, dass er die Öffnung des Schließfachs nur mit Genehmigung des Betreuungsgerichts verlangen kann (§§ 1843 Abs. 2, 1845 Abs. 2 Satz 2 BGB). Auch die Hinterlegung dieser Papiere muss der Betreuer dem Betreuungsgericht anzeigen (§ 1846 Abs. 1 Nr. 3, Abs. 2 Nr. 3 BGB).

! Ausnahmsweise besteht keine Pflicht zur Depotverwahrung oder zur Hinterlegung, wenn diese nach den Umständen des Einzelfalls unter Berücksichtigung der Art der Wertpapiere zur Sicherung des Vermögens des Betreuten nicht geboten ist (§ 1843 Abs. 3 BGB). Das ist beispielsweise der Fall, wenn die

Depotführungs- oder Schließfachkosten die zu erwartenden Erträge der Wertpapiere erreichen oder gar überschreiten oder wenn der Betreute die Depotverwahrung oder Hinterlegung nicht wünscht.

Hinterlegung von Wertgegenständen auf Anordnung des Betreuungsgerichts

Das Betreuungsgericht kann die Hinterlegung von Wertgegenständen anordnen, wenn dies zur Sicherung des Vermögens des Betreuten geboten ist (§ 1844 BGB). Die Hinterlegung kann nicht nur bei einer Hinterlegungsstelle, sondern auch bei einer anderen geeigneten Stelle erfolgen, wenn dies beispielsweise zur Substanzerhaltung des Wertgegenstandes erforderlich ist. Dies kann zum Beispiel für wertvolle Gemälde eine dafür besonders geeignete Lagerhalle sein.

Sperrvereinbarung

Legt der Betreuer Geld des Betreuten, das nicht für die laufenden Ausgaben benötigt wird (sog. Anlagegeld; vgl. dazu oben), bei einem Kreditinstitut an, hat er mit der Bank oder Sparkasse zu vereinbaren, dass er über die Anlage nur mit Genehmigung des Betreuungsgerichts verfügen kann (§ 1845 Abs. 1 Satz 1 BGB). Die Einordnung, was Verfügungsgeld ist und welche Konten er versperrt anlegt, obliegt dem Betreuer. Wird vom Betreuer Verfügungsgeld auf einem gesonderten zur verzinslichen Anlage geeigneten Konto des Betreuten bereitgehalten (z.B. auf einem Tagesgeldkonto), muss keine Sperrvereinbarung getroffen werden (§ 1845 Abs. 1 Satz 2 BGB). Über dieses Geld kann der Betreuer genehmigungsfrei verfügen.

Achtung: Die Sperrvereinbarung enthält ein rechtsgeschäftliches Verfügungsverbot für das Kreditinstitut und stellt ihm gegenüber klar, dass es sich um Anlagegeld handelt, für das der Betreuer der Genehmigung des Gerichts bedarf, wenn er darüber verfügen will. Eine Verfügung des Betreuers über die Geldanlage ohne Genehmigung des Gerichts ist unwirksam, die Bank kann also nicht mit befreiender Wirkung leisten. Dagegen sind Zinsen, wenn sie nach den Anlagebedingungen nicht dem Anlageguthaben anwachsen sollen, nicht von der Sperrvereinbarung umfasst und können genehmigungsfrei an den Betreuer ausgezahlt werden.

Für depotfähige Wertpapiere (vgl. dazu oben) hat der Betreuer mit dem Verwahrer zu vereinbaren, dass er über die Wertpapiere und die Rechte aus dem Depotvertrag mit Ausnahme von Zinsen und Ausschüttungen nur mit Genehmigung des Betreuungsgerichts verfügen kann. Der Betreuer hat mit dem Kreditinstitut zu vereinbaren, dass er die Öffnung des Schließfachs für nicht depotfähige Wertpapiere und die Herausgabe von hinterlegten Wertgegenständen nur mit Genehmigung des Betreuungsgerichts verlangen kann (§ 1845 Abs. 2 BGB).

! Verwandte in gerader Linie (z.B. Eltern, Kinder), Geschwister oder der Ehegatte des Betreuten, der Betreuungsverein oder ein Vereinsbetreuer, die Betreuungsbehörde oder ein Behördenbetreuer sind von der Sperrvereinbarung befreit. Sie haben dem Betreuungsgericht jährlich eine Übersicht über den Bestand des ihrer Verwaltung unterliegenden Vermögens des Betreuten (Vermögensübersicht) einzureichen. Das Betreuungsgericht kann anordnen, dass die Vermögensübersicht in längeren, höchstens fünfjährigen Zeiträumen einzureichen ist. Das Betreuungsgericht hat allerdings die Befreiung von der Sperrvereinbarungspflicht aufzuheben, wenn durch die Befreiung das Vermögen des Betreuten erheblich gefährdet würde und der Betreute diese Gefahr aufgrund seiner Krankheit oder Behinderung nicht erkennen oder nicht nach dieser Einsicht handeln kann. Andere als die oben genannten Betreuer kann das Betreuungsgericht von ihren Pflichten befreien, wenn der Betreute dies vor der Bestellung des Betreuers verfügt hat, es sei denn, dass der Betreute erkennbar an diesem Wunsch nicht mehr festhalten will (§ 1859 BGB).

6.2.4 Anzeigepflichten des Betreuers

Im Rahmen der Vermögensverwaltung bestehen für den Betreuer eine Reihe von Anzeigepflichten, die dem Betreuungsgericht eine zeitnahe Aufsicht über die Geld- und Vermögensgeschäfte des Betreuers ermöglichen sollen.

Anzeigepflichten bei der Geld- und Vermögensverwaltung

Der Betreuer muss die Eröffnung eines Girokontos unverzüglich dem Betreuungsgericht mitteilen. Ferner hat er jede erstmalige Geldeinlage auf einem Anlagekonto anzuzeigen (§ 1846 Abs. 1 Nrn. 1 und 2 BGB). Das Betreuungsgericht soll zeitnah Kenntnis von der Anlegung erhalten und erforderlichenfalls mit Aufsichtsmitteln eingreifen können, etwa wenn der Betreuer eine hohe Summe Geld unzutreffend als Verfügungsgeld unversperrt anlegt. Bei der Eröffnung eines Girokontos muss der Betreuer die Höhe des Guthabens auf dem Konto angeben. Bei der Eröffnung eines Anlagekontos sollen dem Betreuungsgericht die Höhe und Verzinsung der Anlage sowie ihre Bestimmung als Anlage- oder Verfügungsgeld mitgeteilt werden (§ 1846 Abs. 2 Nrn. 1 und 2 BGB).

Der Betreuer hat dem Betreuungsgericht auch unverzüglich anzuzeigen, wenn er ein Depot eröffnet oder Wertpapiere des Betreuten hinterlegt beziehungsweise wenn er von der Depoteröffnung beziehungsweise Hinterlegung absieht (§ 1846 Abs. 1 Nr. 3 und 4 BGB). Mit der Anzeigepflicht sollen die vom Betreuer getroffenen Verwahrungsentscheidungen dem Gericht zur Kenntnis gebracht werden, damit dieses über den Verbleib der Wertpapiere informiert ist und erforderlichenfalls mit Anordnungen zur pflichtgemäßen Verwahrung eingreifen kann. Bei der Eröffnung eines Depots oder der Hinterlegung von Wertpapieren muss die Anzeige des Betreuers Art, Umfang und Wert der depotverwahrten oder hinterlegten Wertpapiere sowie die sich daraus ergebenden Aufwendungen und Nutzungen enthalten (§ 1846 Abs. 2 Nr. 3 BGB). Bei Anzeige des Betreuers, dass er Wertpapiere nicht in einem Depot verwahrt oder hinterlegt, muss der Betreuer die Gründe für diese Entscheidung angeben (§ 1846 Abs. 2 Nr. 4 BGB).

Im Rahmen der Anzeige muss der Betreuer dem Gericht auch mitteilen, dass er den erforderlichen Sperrvermerk vereinbart hat (§ 1846 Abs. 2 Nr. 5 BGB).

Anzeigepflicht für Erwerbsgeschäfte

Der Betreuer hat die Neuaufnahme (Beginn, Art und Umfang) eines Erwerbsgeschäfts im Namen des Betreuten und die Aufgabe eines bestehenden Erwerbsgeschäfts dem Betreuungsgericht anzuzeigen (§ 1847 BGB). Entspricht die Neuaufnahme bzw. die Aufgabe des Erwerbsgeschäfts nicht den Wünschen oder dem mutmaßlichen Willen des Betreuten, kann das Betreuungsgericht Aufsichtsmaßnahmen ergreifen (§ 1862 Abs. 3 BGB).

6.2.5 Genehmigungsbedürftige Rechtsgeschäfte

Zur Sicherung der Interessen des Betreuten bedürfen bestimmte wichtige Rechtsgeschäfte und Rechtshandlungen des Betreuers der Genehmigung des Betreuungsgerichts.

Achtung: Das Genehmigungserfordernis für bestimmte Rechtsgeschäfte entfaltet Außenwirkung. Unterbleibt die Genehmigung, ist das Geschäft nichtig.

Überblick über wichtige genehmigungsbedürftige Maßnahmen

andere als vom Gesetz vorgegebene Anlegung von Geld	§ 1848 BGB
bestimmte Verfügungen über Rechte und Wertpapiere	§ 1849 BGB
bestimmte Rechtsgeschäfte über Grundstücke	§ 1850 BGB
bestimmte erbrechtliche Rechtsgeschäfte	§ 1851 BGB

bestimmte handels- und gesellschaftsrechtliche Rechtsgeschäfte	§ 1852 BGB
längerfristige Verträge über wiederkehrende Leistungen	§ 1853 BGB
Verfügung über das Vermögen als Ganzes	§ 1854 Abs. 1 Nr. 1 BGB
Kreditaufnahme	§ 1854 Abs. 1 Nr. 2 BGB
Eingehung einer Bürgschaft	§ 1854 Abs. 1 Nr. 5 BGB
bestimmte Vergleiche	§ 1854 Abs. 1 Nr. 6 BGB
bestimmte Schenkungen	§ 1854 Abs. 1 Nr. 8 BGB

Genehmigung einer anderen Anlegung von Geld

Der Betreuer soll das Anlagegeld auf einem zur verzinslichen Anlage geeigneten Konto des Betreuten bei einem Kreditinstitut, das einer ausreichenden Sicherungseinrichtung angehört, anlegen (vgl. dazu 6.2.3). Wählt der Betreuer für das Anlagegeld eine andere Art der Anlegung, bedarf es zur Wirksamkeit der Anlegung der Genehmigung des Betreuungsgerichts (§ 1848 BGB).

Genehmigung bei Verfügung über Rechte und Wertpapiere

Genehmigungspflichtig ist eine Verfügung des Betreuers über ein Recht, kraft dessen der Betreute eine Geldleistung verlangen kann (§ 1849 Abs. 1 Satz 1 Nr. 1 BGB). Betroffen sind Forderungen des Betreuten. Einer Genehmigung bedarf es unter anderem allerdings nicht, wenn der Zahlungsanspruch nicht mehr als 3.000,– € beträgt. Auch über das Guthaben auf einem Girokonto darf der Betreuer genehmigungsfrei verfügen, ebenso über das Guthaben auf einem vom Betreuer für Verfügungsgeld ohne Sperrvereinbarung eröffneten Anlagekontos etwa auf einem Tagesgeldkonto (§ 1849 Abs. 1 Nr. 1 BGB).

Der Betreuer bedarf der Genehmigung des Betreuungsgerichts auch zu einer Verfügung über ein Recht, kraft dessen der Betreute die Leistung eines Wertpapieres verlangen kann (§ 1849 Abs. 1 Satz 1 Nr. 1 BGB). Damit werden in erster Linie die Kündigung eines

Depotvertrages durch den Betreuer, wenn dieser bei Übernahme der Betreuung ein unversperrtes Depot vorfindet, und die Übertragung der Rechte aus dem Depotvertrag auf einen Dritten erfasst. Ausgenommen von der Genehmigungsbedürftigkeit sind unter anderem Verfügungen über Wertpapiere, wenn sie zu den Nutzungen des Vermögens gehören oder die Umschreibung von Wertpapieren betreffen (§ 1849 Abs. 1 Nr. 2 BGB).

! Verwandte in gerader Linie (z.B. Eltern, Kinder), Geschwister oder der Ehegatte des Betreuten, der Betreuungsverein oder ein Vereinsbetreuer, die Betreuungsbehörde oder ein Behördenbetreuer sind von der Genehmigungspflicht befreit. Sie haben dem Betreuungsgericht jährlich eine Übersicht über den Bestand des ihrer Verwaltung unterliegenden Vermögens des Betreuten (Vermögensübersicht) einzureichen. Das Betreuungsgericht kann anordnen, dass die Vermögensübersicht in längeren, höchstens fünfjährigen Zeiträumen einzureichen ist. Das Betreuungsgericht hat allerdings die Befreiung von der Genehmigungspflicht aufzuheben, wenn durch die Befreiung das Vermögen des Betreuten erheblich gefährdet würde und der Betreute diese Gefahr aufgrund seiner Krankheit oder Behinderung nicht erkennen oder nicht nach dieser Einsicht handeln kann. Andere als die oben genannten Betreuer, kann das Betreuungsgericht von ihren Pflichten befreien, wenn der Betreute dies vor der Bestellung des Betreuers verfügt hat, es sei denn, dass der Betreute erkennbar an diesem Wunsch nicht mehr festhalten will (§ 1859 BGB).

Genehmigung für Rechtsgeschäfte über Grundstücke

Genehmigungspflichtig sind Rechtsgeschäfte des Betreuers mit Immobilien (§ 1850 BGB). Der Genehmigung bedürfen die Verfügung über ein Grundstück (z.B. Verkauf des Grundstücks) und über ein Recht an einem Grundstück (z.B. Hypotheken, Grundschulden), ferner ein Rechtsgeschäft, durch das der Betreute zum entgeltlichen

Erwerb eines Grundstücks verpflichtet wird. Der Genehmigung bedarf auch ein Rechtsgeschäft, durch das der Betreute unentgeltlich Wohnungs- und Teileigentum erwirbt, weil damit auch bei einem unentgeltlichen Erwerb umfangreiche Haftungsfolgen verbunden sind und gleichzeitig im Gegensatz zu Grundstücken keine Möglichkeit der Eigentumsaufgabe besteht.

Genehmigung erbrechtlicher Rechtsgeschäfte

Genehmigungspflichtig sind eine Reihe erbrechtlicher Rechtsgeschäfte durch den Betreuer. Dazu gehören unter anderem (§ 1851 BGB)

- die Ausschlagung einer Erbschaft oder eines Vermächtnisses,
- der Verzicht auf die Geltendmachung eines Vermächtnisses oder Pflichtteilsanspruchs sowie zu einem Auseinandersetzungsvertrag,
- ein Rechtsgeschäft, durch das der Betreute zu einer Verfügung über eine ihm angefallene Erbschaft, über seinen künftigen gesetzlichen Erbteil oder seinen künftigen Pflichtteil verpflichtet wird,
- eine Verfügung über den Anteil des Betreuten an einer Erbschaft oder zu einer Vereinbarung, mit der der Betreute aus der Erbengemeinschaft ausscheidet,
- die Anfechtung eines Erbvertrags für den geschäftsunfähigen Betreuten als Erblasser,
- die Aufhebung eines zwischen Ehegatten geschlossenen Erbvertrags durch gemeinschaftliches Testament der Eheleute,
- der Abschluss oder die Aufhebung eines Erb- oder Pflichtteilsverzichtsvertrags.

Genehmigung für handels- und gesellschaftsrechtliche Rechtsgeschäfte

Der Betreuer bedarf der Genehmigung des Betreuungsgerichts zu einer Verfügung und zur Eingehung der Verpflichtung zu einer solchen Verfügung, durch die er erwirbt oder veräußert. Der gerichtlichen Genehmigung bedürfen auch ein Gesellschaftsvertrag, der zum Betrieb eines Erwerbsgeschäfts eingegangen wird, und die Erteilung einer Prokura (§ 1852 BGB).

Genehmigung bei Verträgen über wiederkehrende Leistungen

Der Betreuer bedarf zum Abschluss eines Miet- oder Pachtvertrags oder zu einem anderen Vertrag, durch den der Betreute zu wiederkehrenden Leistungen verpflichtet wird, der Genehmigung des Betreuungsgerichts, wenn das Vertragsverhältnis länger als vier Jahre dauern soll. Der Genehmigungsvorbehalt erstreckt sich allerdings nur auf solche Verträge, die nicht ohne Nachteil für den Betreuten gekündigt werden können. Ist eine vorzeitige Kündigung möglich, ohne dass hieraus dem Betreuten Nachteile entstehen, bedarf es keiner Genehmigung. Genehmigungspflichtig ist auch ein Pachtvertrag über einen gewerblichen oder land- oder forstwirtschaftlichen Betrieb (§ 1853 BGB).

Genehmigung für sonstige Rechtsgeschäfte

Über die oben genannten genehmigungsbedürftigen Rechtsgeschäfte hinaus bedürfen unter anderem auch folgende Maßnahmen und Rechtsgeschäfte der Genehmigung des Betreuungsgerichts (§ 1854 BGB):

- ein Rechtsgeschäft, durch das der Betreute zu einer Verfügung über sein Vermögen im Ganzen verpflichtet wird,

- die Aufnahme von Geld auf den Kredit des Betreuten mit Ausnahme einer eingeräumten Überziehungsmöglichkeit für das auf einem Girokonto des Betreuten bei einem Kreditinstitut bereitzuhaltende Verfügungsgeld,
- die Eingehung einer Bürgschaft,
- eine Schenkung oder unentgeltliche Zuwendung, es sei denn, diese ist nach den Lebensverhältnissen des Betreuten angemessen oder als Gelegenheitsgeschenk üblich.

Genehmigungserklärung des Betreuungsgerichts

Die Genehmigung eines Rechtsgeschäfts kann das Betreuungsgericht nur gegenüber dem Betreuer erklären (§ 1855 Abs. 1 BGB).

Genehmigungsmaßstab

Wie die Aufsicht über die Tätigkeit des Betreuers hat das Betreuungsgericht auch bei der Erteilung von Genehmigungen in erster Linie die Wünsche des Betreuten festzustellen und diesen grundsätzlich zu entsprechen. Können die Wünsche des Betreuten nicht festgestellt werden, ist dessen mutmaßlicher Wille aufgrund konkreter Anhaltspunkte zu ermitteln (§§ 1862 Abs. 1 Satz 2, 1821 Abs. 2 bis 4 BGB).

Achtung: Aufgrund seiner Selbstständigkeit darf der Betreuer im Rahmen seiner Amtsführung bei Zweckmäßigkeits- und Ermessensentscheidungen nach pflichtgemäßem Ermessen entscheiden. Die Aufsicht des Betreuungsgerichts ist insoweit eingeschränkt.

Genehmigung von Verträgen

Hat der Betreuer einen Vertrag (z.B. Grundstückskaufvertrag) ohne Genehmigung des Betreuungsgerichts geschlossen, so hängt die Wirksamkeit des Vertrags von der nachträglichen Genehmigung des Gerichts ab. Die Genehmigung beziehungsweise deren Versagung wird dem anderen Teil gegenüber erst wirksam, wenn ihm die wirksam gewordene Genehmigung oder Verweigerung durch den Betreuer mitgeteilt wird. Fordert der andere Teil den Betreuer zur Mitteilung darüber auf, ob die Genehmigung erteilt sei, so kann die Mitteilung der Genehmigung nur bis zum Ablauf des zweiten Monats nach dem Empfang der Aufforderung erfolgen. Wird die Genehmigung nicht mitgeteilt, so gilt sie als verweigert (§ 1856 Abs. 1 und 2 BGB).

Hat der Betreuer dem anderen Teil gegenüber wahrheitswidrig die Genehmigung des Betreuungsgerichts behauptet, so ist der andere Teil bis zur Mitteilung der nachträglichen Genehmigung des Betreuungsgerichts zum Widerruf berechtigt, es sei denn, dass ihm das Fehlen der Genehmigung bei dem Abschluss des Vertrags bekannt war (§ 1857 BGB).

Genehmigung einseitiger Rechtsgeschäfte

Ein einseitiges Rechtsgeschäft (z.B. Kündigung), das der Betreuer ohne die erforderliche Genehmigung des Betreuungsgerichts vornimmt, ist unwirksam. Nimmt der Betreuer mit Genehmigung des Betreuungsgerichts ein einseitiges Rechtsgeschäft einem anderen gegenüber vor, so ist das Rechtsgeschäft unwirksam, wenn der Betreuer die Genehmigung nicht vorlegt und der andere das Rechtsgeschäft aus diesem Grunde unverzüglich zurückweist (§ 1858 BGB).

Nimmt der Betreuer ein einseitiges Rechtsgeschäft gegenüber einem Gericht oder einer Behörde ohne die erforderliche Genehmigung des Betreuungsgerichts vor (z.B. Ausschlagung der Erbschaft), ist das Rechtsgeschäft schwebend unwirksam. Mit der Rechtskraft der Genehmigung wird das Rechtsgeschäft dann wirksam. Während der Dauer des Genehmigungsverfahrens vor dem Betreuungsgericht ist der Fristablauf der gesetzlichen Frist (z.B. der sechswöchigen Frist für die Erbausschlagung) gehemmt (§ 1858 Abs. 3 BGB). Es genügt daher, wenn die erforderliche Genehmigung vor dem Ablauf der Frist beantragt wird.

6.2.6 Rechnungslegung durch den Betreuer

Der Betreuer, dessen Aufgabenbereich die Vermögensangelegenheiten des Betreuten umfasst, muss über seine Vermögensverwaltung dem Betreuungsgericht unaufgefordert Rechnung legen (§ 1865 Abs. 1 BGB). Erfasst ist dabei nur das Vermögen, das seiner Verwaltung oder Mitverwaltung (z.B. bei einer Erbengemeinschaft) unterliegt, nicht hingegen das Vermögen, das der Betreute selbst verwaltet oder das kraft Gesetzes von Dritten verwaltet wird (z.B. durch einen Testamentsvollstrecker).

! Verwandte in gerader Linie (z.B. Eltern, Kinder), Geschwister oder der Ehegatte des Betreuten, der Betreuungsverein oder ein Vereinsbetreuer, die Betreuungsbehörde oder ein Behördenbetreuer sind von oben genannten Beschränkungen befreit. Sie haben dem Betreuungsgericht jährlich eine Übersicht über den Bestand des ihrer Verwaltung unterliegenden Vermögens des Betreuten (Vermögensübersicht) einzureichen. Das Betreuungsgericht kann anordnen, dass die Vermögensübersicht in höchstens fünfjährigen Zeiträumen einzureichen ist. Das Betreuungsgericht hat allerdings die Befreiung von der Rechnungslegungspflicht aufzuheben, wenn durch die Befreiung das Vermögen des Betreuten erheblich gefährdet würde und der Betreute diese Gefahr aufgrund seiner Krankheit oder Behinderung nicht erkennen oder nicht nach dieser Einsicht handeln kann. Andere als die oben genannten Betreuer kann das Betreuungsgericht von ihren Pflichten befreien, wenn der Betreute dies vor der Bestellung des Betreuers verfügt hat, es sei denn, dass der Betreute erkennbar an diesem Wunsch nicht mehr festhalten will (§ 1859 BGB).

Grundsätzlich ist jährlich Rechnung zu legen, wobei das Rechnungsjahr vom Betreuungsgericht bestimmt wird (§ 1865 Abs. 2 BGB). Die Rechnungslegung umfasst eine geordnete Zusammenstellung der Einnahmen und Ausgaben und den Ab- und Zugang des vom Betreuer verwalteten Vermögens. Das Betreuungsgericht kann Einzelheiten zur Erstellung der geordneten Zusammenstellung bestimmen, die Vermögensaufstellung zu Beginn des Abrechnungszeitraums, die Aufstellung am Ende des Zeitraums und die geordnete Zusammenstellung der Einnahmen und Ausgaben (§ 1865 Abs. 3 Sätze 1 und 2 BGB).

Urteil

Die Jahresabrechnung des Betreuers muss die Einnahmen und Ausgaben im Rechnungsjahr schriftlich so klar und übersichtlich darstellen, dass das Gericht einen Überblick über alle Vorgänge erhält und seinen Verpflichtungen nachkommen kann, die Rechnung rechnungsmäßig und sachlich zu überprüfen. Die bloße Vorlage von Unterlagen und Belegen genügt zur Erfüllung der Verpflichtung nicht, auch nicht die Vorlage eines Kassenbuches, wenn dieses nicht alle Einnahmen und Ausgaben verzeichnet.

BayObLG, Az. 3Z BR 105/92

Grundsätzlich müssen sämtliche Einnahmen und Ausgaben der vom Betreuer verwalteten Konten nachgewiesen werden (z.B. durch Quittungen, Rechnungen, Durchschriften von Überweisungsaufträgen). Das Betreuungsgericht kann allerdings in geeigneten Fällen auf die Vorlage von Belegen verzichten (§ 1865 Abs. 3 Satz 3 BGB). Das kommt insbesondere dann in Betracht, wenn die Einkünfte des Betreuten vollständig für einen gleichbleibenden Lebensunterhalt verwendet werden.

Über die Verwendung von Mitteln, die dem Betreuten überlassen sind, oder über Vermögen, das der Betreute ausschließlich selbst verwaltet (z.B. Sparguthaben), braucht der Betreuer keine Rechnung zu legen. Hier reicht vielmehr eine entsprechende Mitteilung an das Betreuungsgericht. Zum Nachweis für die Eigenverwaltung des Betreuten ist vom Betreuer eine Erklärung des Betreuten hierüber beim Betreuungsgericht einzureichen. Ist eine solche Erklärung vom Betreuten nicht zu erlangen, so kann hilfsweise eine Versicherung des Betreuers an Eides statt über die Richtigkeit seiner Mitteilung genügen (§ 1865 Abs. 3 Sätze 4 und 5 BGB).

6.3 Gesundheitsangelegenheiten

Der Aufgabenbereich Gesundheitssorge gehört zum Aufgabenkreis des Betreuers, wenn dies vom Betreuungsgericht entsprechend dem Betreuungsbedarf festgelegt ist. Er darf vom Betreuungsgericht angeordnet werden, wenn der Betreute bei einer Krankheit nicht mehr einwilligungsfähig ist, wenn er also Art, Bedeutung, Tragweite und Risiken einer ärztlichen Maßnahme nicht zu erfassen und seinen Willen danach zu bestimmen vermag (Näheres zur Einwilligungsfähigkeit unter 5.4). Ist der Betroffene noch einwilligungsfähig, ist er auch berechtigt, sich nicht behandeln zu lassen und nicht daran gehindert, sich selbst zu schädigen.

Achtung: Auf die Geschäftsfähigkeit des Patienten kommt es nicht an. Eine Betreuung im Bereich der Gesundheitssorge ist deshalb nicht notwendig, wenn der Betroffene zwar geschäftsunfähig ist, gleichwohl aber Sinn und Zweck einer Behandlung verstehen, eine Entscheidung treffen und danach handeln kann. Kommt der Betroffene freiwillig einer notwendigen ärztlichen und medikamentösen Behandlung nach, ist eine Betreuung nur dann zulässig, wenn konkrete Anhaltspunkte bestehen, der Betroffene könne die Behandlung jederzeit abbrechen.

Urteil

Kann der Betroffene aufgrund einer psychischen Erkrankung seine Angelegenheiten hinsichtlich der Aufgabenbereiche Gesundheitssorge und Heilbehandlung nicht selbst besorgen, so ist ihm hierfür grundsätzlich auch dann ein Betreuer zu bestellen, wenn er die notwendige Behandlung ablehnt.

BGH, Az. XII ZB 395/12

Die Gesundheitssorge umfasst die gesamte medizinische, medikative und pflegerische Versorgung des Betreuten. Sie beinhaltet im Bereich der medizinischen Behandlung entstehende Entscheidungen, die der Betroffene selbst nicht mehr treffen kann, auch wenn aufgrund des Krankheitsbildes eine Wiederherstellung der Gesundheit nicht mehr zu erreichen ist.

Die Gesundheitssorge beinhaltet mehrere Aufgabenbereiche. Sie umfasst insbesondere Fragen im Zusammenhang mit ärztlichen Maßnahmen, den Abschluss von Behandlungsverträgen, die Sicherstellung des Krankenversicherungsschutzes, Pflege und Rehabilitation und die Beaufsichtigung der Behandlung und Pflege.

6.3.1 Umfang der Gesundheitssorge

Im Mittelpunkt der Gesundheitssorge stehen Entscheidungen über ärztliche Untersuchungen des Gesundheitszustands des Betreuten, ärztliche Eingriffe und Heilbehandlungen. Dabei hat der Betreuer insbesondere auch die Gesundheit und die körperliche Unversehrtheit des Betreuten zu schützen. In diesem Zusammenhang kommt auch einer vom Betroffenen errichteten Patientenverfügung besondere Bedeutung zu. Im Übrigen ist zu beachten, dass bei bestimmten ärztlichen Maßnahmen die Zustimmung des Betreuungsgerichts erforderlich ist.

Im Bereich der Gesundheitssorge ist wegen der damit verbundenen Aufgaben und Pflichten des Betreuers auf die genaue Festlegung des Aufgabenkreises durch das Betreuungsgericht zu achten.

- Nur wenn der Aufgabenkreis »Gesundheitssorge« lautet (vgl. dazu unten), muss der Betreuer in sämtlichen Bereichen der Medizin für den Betroffenen tätig werden. In diesem Fall umfasst die Betreuung die gesamte medizinische, medikative und pflegerische Versorgung für jede Art von Erkrankung oder Vorsorge.

- Der Aufgabenkreis kann vom Betreuungsgericht allerdings auch auf Teilbereiche oder einzelne Angelegenheiten beschränkt werden (z.B. auf die Zustimmung zu Heilbehandlungsmaßnahmen und ärztlichen Eingriffen, auf die Einwilligung des Betreuers zu einem bestimmten ärztlichen Eingriff oder auf die Einwilligung zu einem Schwangerschaftsabbruch).

Achtung: Der Aufgabenkreis der Gesundheitssorge umfasst nicht die Befugnis, für eine Unterbringung des Betreuten, die mit einer Freiheitsentziehung verbunden ist, zu sorgen (vgl. dazu 7.1). Ein entsprechender Unterbringungsantrag durch den Betreuer ist unzulässig und kann zu einem entsprechenden Schadenersatzanspruch des Betreuten gegen den Betreuer führen. Auch für Sterilisationen ist der Betreuer mit dem Aufgabenbereich Gesundheitssorge nicht zuständig. Für die Einwilligung in die Sterilisation eines Betreuten muss stets ein besonderer Betreuer mit nur diesem Aufgabenkreis bestellt werden (dazu Näheres unter 6.3.5).

Ärztliche Maßnahmen

In den Aufgabenkreis der Gesundheitssorge fallen ärztliche Maßnahmen wie Heilbehandlungen, Untersuchungen des Gesundheitszustands und ärztliche Eingriffe.

- Heilbehandlungen sind alle Maßnahmen, die auf die Herstellung der Gesundheit, die Beseitigung, Linderung, Besserung oder Verhütung einer Krankheit beziehungsweise ihrer Folgen gerichtet sind. In Betracht kommen unter anderem operative, medikamentöse oder physikalische Behandlungen, auch alternative Behandlungsmethoden.

- Untersuchungen des Gesundheitszustands sind Maßnahmen der Diagnose oder Anamnese eines Arztes oder von ärztlichem Hilfspersonal.
- Einen ärztlichen Eingriff stellt jede Maßnahme dar, die nicht eine Heilbehandlung ist, jedoch in den Körper des Betroffenen eingreift (z.B. Schwangerschaftsabbruch).

Achtung: Die Durchführung bestimmter ärztlicher Maßnahmen bedürfen neben der Einwilligung des Betreuers der Genehmigung des Betreuungsgerichts (vgl. dazu 6.3.3).

Urteil

Für eine krankheitsbedingt einwilligungsunfähige, schwangere Frau kann ein Betreuer mit dem Aufgabenkreis der Entscheidung über einen Schwangerschaftsabbruch bestellt werden, dem dann die Entscheidung über die Einwilligung in den Schwangerschaftsabbruch bei Vorliegen einer sozialmedizinischen Indikation nach § 218a Abs. 2 Strafgesetzbuch obliegt.

OLG Frankfurt/Main, Az. 20 W 354/08

Sicherstellung des Krankenversicherungsschutzes

Der Betreuer hat dafür Sorge zu tragen, dass der Betreute krankenversichert ist. Erst durch die Krankenversicherung erwirbt der Betreute umfassende Leistungsansprüche in einer unbestimmten Zahl von künftigen Behandlungsfällen. Die Krankenversicherung schafft mithin die Voraussetzung dafür, dass der Betreuer seine Aufgabe, für konkrete Gesundheitsmaßnahmen des Betreuten zu sorgen, dauerhaft nachkommen kann.

Achtung: Vor allem bei Veränderungen von Lebensumständen muss der Betreuer dafür sorgen, dass der Betreute nicht aus dem Krankenversicherungsschutz herausfällt (z.B. wenn die Familienversicherung endet). Der Betreuer darf sich nicht darauf verlassen, dass sich der Betreute alleine und ohne seine Beaufsichtigung um den eigenen Krankenversicherungsschutz bemüht.

Abschluss von Behandlungsverträgen

Zur Gesundheitssorge gehört auch der Abschluss von Behandlungsverträgen durch den Betreuer. In Betracht kommen Verträge über Krankenhausaufenthalte oder Aufenthalte in anderen Einrichtungen, die der medizinischen Behandlung des Betreuten dienen, ferner Behandlungsverträge mit niedergelassenen Ärzten. Dabei handelt es sich um Dienstverträge im Sinne des § 611 BGB, die eine medizinische beziehungsweise therapeutische Behandlung einschließen. Nur wenn der Betreute geschäftsfähig ist, kann er einen Behandlungsvertrag selbst abschließen. Ist der Betroffene nicht geschäftsfähig, kann nur der Betreuer als gesetzlicher Vertreter den Vertrag wirksam abschließen.

Pflege und Rehabilitation

Im Rahmen der Gesundheitssorge obliegt es dem Betreuer auch, für die hinreichende Pflege und gegebenenfalls Rehabilitation des Betreuten zu sorgen. Im Zusammenhang mit der Rehabilitationspflicht hat der Betreuer innerhalb seines Aufgabenkreises dazu beizutragen, dass Möglichkeiten genutzt werden, die Fähigkeit des Betreuten, seine Angelegenheiten zu besorgen, wiederherzustellen oder zu verbessern (§ 1821 Abs. 6 BGB).

Zu den Aufgaben des Betreuers gehört es, entsprechende Anträge auf Sach- oder Geldleistungen bei Krankenkassen, Pflege- und Rentenversicherungen, Sozial- und Versorgungsämtern zu stellen, um sicherzustellen, dass entsprechende Maßnahmen für den Betreuten ergriffen und finanziert werden können.

Achtung: Bei der Rehabilitation geht es nicht (allein) um eine gesundheitliche Rehabilitation. Der Betreuer hat vielmehr die Verpflichtung, auf die Beseitigung aller Gründe hinzuwirken, die eine Betreuung erforderlich gemacht haben, also neben den medizinischen auch der sozialen oder sonstigen Umstände, die den Betreuungsbedarf hervorgerufen haben. Der Betreuer muss also aktiv tätig werden, um den Betreuten, soweit wie möglich – auch bei weiterhin bestehender Erkrankung oder Behinderung – zu befähigen, seine rechtlichen Angelegenheiten wieder selbst oder mit niederschwelliger Hilfe zu besorgen. Dazu gehört unter anderem eine Unterstützung beim Erlernen einer eigenverantwortlichen Wahrnehmung seiner rechtlichen Angelegenheiten zur Förderung seiner Selbstbefähigung einschließlich der (Wieder-) Erlangung der eigenen Entscheidungsfähigkeit, letztlich auch mit dem Ziel, die Betreuung aufzuheben oder den Aufgabenkreis einzuschränken.

Beaufsichtigung von Behandlung und Pflege

Der Betreuer hat medizinische Behandlungen oder pflegerische Maßnahmen zu beaufsichtigen und bei Mängeln Abhilfe zu schaffen. Er hat die Rechte des Betreuten wahrzunehmen und Ansprüche des Betreuten wegen Behandlungsfehlern oder Pflegemängeln geltend zu machen. Er muss Schadenersatz- oder Schmerzensgeldansprüche des Betreuten gegenüber dem Krankenhaus, dem Heim, Ärzten oder dem Pflegedienst geltend machen und gegebenenfalls gerichtlich durchsetzen. Bei Pflegemängeln in einem Heim oder einer Rehabilitationseinrichtung obliegt es dem Betreuer, die Verlegung des Betroffenen in eine andere Einrichtung zu veranlassen.

6.3.2 Pflichten des Betreuers

Mit der Übertragung des Aufgabenbereichs Gesundheitssorge erlangt der Betreuer die Vertretungsmacht für alle Rechtsgeschäfte, die erforderlich sind, um für die Gesundheit des Betreuten sorgen zu können. Wesentlicher Bestandteil der Gesundheitssorge ist dabei insbesondere auch die Vertretung des Betreuten gegenüber Behörden sowie der Kranken- und Pflegeversicherung.

Im Falle der Geschäftsunfähigkeit des Betreuten obliegt es dem Betreuer insbesondere

- in ärztliche Untersuchungen, Heilbehandlungen und Operationen einzuwilligen,
- präventiven Maßnahmen (z.B. Vorsorgeuntersuchungen, Impfungen) zuzustimmen,
- in psychiatrische beziehungsweise psychotherapeutische Behandlungen einzuwilligen,
- die Patientenunterlagen einzusehen,
- Ärzte von der ärztlichen Schweigepflicht zu entbinden,
- in palliativmedizinische Maßnahmen einzuwilligen,
- Behandlungsverträge abzuschließen,
- Wohn- und Betreuungsverträge zu vereinbaren,
- Leistungen bei den Sozialversicherungsträgern (z.B. Krankenkasse, soziale Pflegeversicherung) zu beantragen,
- Kur- oder Rehabilitationsmaßnahmen zu organisieren,
- Schadenersatz- und Schmerzensgeldansprüche geltend zu machen.

Urteil

Grundsätzlich stellt die Entscheidung des bestellten Betreuers, einer Fortführung einer künstlichen Ernährung nicht zuzustimmen, für sich genommen keinen Eignungsmangel dar, sofern der Betroffene irreversibel erkrankt ist und die Nichtfortführung lebensverlängernder Maßnahmen, wie zum Beispiel künstlicher Ernährung, welche einen kontinuierlichen Eingriff in die körperliche Integrität darstellen und deswegen nur mit Einwilligung des Patienten zulässig sind, dem tatsächlichen oder mutmaßlichen Willen des Betroffenen entspricht.

KG Berlin, Az. 83 T 519/06

Besondere Pflichten treffen den Betreuer, zu dessen Aufgabenbereich die Entscheidung über eine Untersuchung, eine Heilbehandlung oder einen ärztlichen Eingriff gehört, wenn der Betreute eine Patientenverfügung errichtet hat. Einer schriftlich niedergelegten, den konkreten Fall betreffenden Patientenverfügung des Betreuten muss der Betreuer Ausdruck und Geltung verschaffen. Voraussetzung ist allerdings, dass der Betroffene einwilligungsunfähig geworden ist. Ist dies der Fall, muss der Betreuer prüfen, ob die Festlegungen in der Patientenverfügung auf die konkrete Lebens- und Behandlungssituation zutreffen oder nicht. Ist dies der Fall, ist der Betreuer verpflichtet, bei Ärzten und Pflegepersonal auf die Beachtung der Patientenverfügung hinzuwirken (§ 1827 Abs. 1 BGB). Näheres zur Patientenverfügung unter 8.2.2.

Liegt keine Patientenverfügung vor oder trifft die Festlegung in der Verfügung nicht auf die aktuelle und konkrete Lebens- und Behandlungssituation zu, hat der Betreuer die Behandlungswünsche des Betreuten oder seinen mutmaßlichen Willen festzustellen und auf dieser Grundlage zu entscheiden. Dabei muss der mutmaßliche Behandlungswille aufgrund konkreter Anhaltspunkte ermittelt werden. Keine Rolle dürfen Spekulationen spielen. Als aussagekräftig gelten frühere mündliche oder schriftliche Äußerungen, ethische oder religiöse Überzeugungen und sonstige persönliche Wertvorstellungen des Betreuten (§ 1827 Abs. 2 Satz 1 BGB).

Der behandelnde Arzt prüft, welche ärztliche Maßnahme im Hinblick auf den Gesamtzustand und die Prognose des Patienten indiziert ist. Er und der Betreuer erörtern diese Maßnahme unter Berücksichtigung des Patientenwillens als Grundlage für die nach der Patientenverfügung zu treffende Entscheidung. Bei der Feststellung des Patientenwillens auf der Grundlage der Patientenverfügung oder der Behandlungswünsche oder des mutmaßlichen Willens (wenn keine Patientenverfügung vorliegt oder die Festlegungen einer Patientenverfügung nicht auf die aktuelle Lebens- und Behandlungssituation des Betreuten zutreffen) soll nahen Angehörigen und sonstigen Vertrauenspersonen des Betreuten Gelegenheit zur Äußerung gegeben werden, sofern dies ohne erhebliche Verzögerung möglich ist (§ 1828 BGB).

6.3.3 Betreuungsgerichtliche Genehmigung bei ärztlichen Maßnahmen

Verfügt der Betreute noch über die erforderliche Einwilligungsfähigkeit, entscheidet allein er darüber, ob eine ärztliche Maßnahme durchgeführt wird oder nicht. Seine Einwilligung oder die Versagung der Einwilligung bedarf weder der Genehmigung des Betreuers noch des Betreuungsgerichts. Obliegt allerdings die Einwilligung in einen ärztlichen Eingriff dem Betreuer oder einer vom Betroffenen bevollmächtigten Person, darf die ärztliche Maßnahme erst durchgeführt werden, wenn der Betreuer beziehungsweise der Bevollmächtigte ihr zugestimmt hat und die Maßnahme vom Betreuungsgericht genehmigt wurde. Der Genehmigungspflicht unterliegen jedoch nur lebensgefährliche beziehungsweise mit dem Risiko schwerer und länger dauernder gesundheitlicher Schäden verbundene beziehungsweise zur Vermeidung solcher Schäden dienende Eingriffe.

Achtung: Eine betreuungsgerichtliche Genehmigung ist nicht erforderlich, wenn zwischen Betreuer und behandelndem Arzt Einvernehmen darüber besteht, dass die Erteilung, die Nichterteilung oder der Widerruf der Einwilligung den Behandlungswünschen oder dem mutmaßlichen Willen des Betreuten entspricht (§ 1829 Abs. 4 BGB). Eine Entscheidung des Betreuungsgerichts wird demnach dann zwingend notwendig, wenn zwischen dem Betreuer und dem behandelnden Arzt, der bestimmte Maßnahmen für medizinisch indiziert hält, unterschiedliche Auffassungen über die Erteilung, die Nichterteilung oder den Widerruf der Einwilligung bestehen.

Betreuungsgerichtliche Genehmigung der Einwilligung in gefährliche ärztliche Eingriffe

Die Einwilligung des Betreuers in eine Untersuchung des Gesundheitszustands, eine Heilbehandlung oder einen ärztlichen Eingriff bedarf der Genehmigung des Betreuungsgerichts, wenn die begründete Gefahr besteht, dass der Betreute aufgrund der Maßnahme stirbt oder einen schweren und länger dauernden gesundheitlichen Schaden erleidet. Ohne die Genehmigung darf die Maßnahme nur durchgeführt werden, wenn mit dem Aufschub Gefahr verbunden ist (§ 1829 Abs. 1 BGB).

Nur wenn Lebensgefahr besteht oder ein schwerer und länger andauernder gesundheitlicher Schaden entsteht, bedarf es grundsätzlich der Genehmigung des Betreuungsgerichts. Lebensgefahr liegt vor, wenn die ärztliche Maßnahme nach dem Stand der Medizin das klar erkennbare Risiko einer Verkürzung des Lebens in sich birgt. Wann eine gesundheitliche Beeinträchtigung schwer ist, beurteilt sich nach den Umständen des Einzelfalls. Von einer schweren gesundheitlichen Beeinträchtigung ist in jedem Fall auszugehen, wenn die ärztliche Behandlung eine schwere Körperverletzung nach § 224 Strafgesetzbuch zur Folge hätte (z.B. beim Verlust des Gehörs oder des Sehvermögens).

» Genehmigungspflichtig sind operative Eingriffe am Herzen des Betreuten, Transplantationen von fremden Organen, Kehlkopfoperationen bei der Gefahr des Verlusts der Sprachfähigkeit, Amputationen.

Urteil

Bei der Amputation eines Beines im Unterschenkel handelt es sich um eine vom Betreuungsgericht zu genehmigende Maßnahme. Ein gefährlicher Heileingriff kann nur dann als verhältnismäßig und genehmigungsfähig angesehen werden, wenn die Vorteile einer hoch riskanten Heilungsmaßnahme beziehungsweise Operation zumindest überwiegen. Dies wird zum Beispiel in den Fällen zu bejahen sein, bei denen ansonsten mit hoher Wahrscheinlichkeit kurzfristig ein Versterben oder eine erhebliche Verschlechterung des Gesundheitszustandes zu erwarten ist und mit überwiegender Wahrscheinlichkeit zumindest keine Verschlechterung der verbleibenden Lebensqualität zu besorgen ist.

LG Darmstadt, Az. 5 T 368/08

Ist im Hinblick auf eine Untersuchung des Gesundheitszustands, eine Heilbehandlung oder einen ärztlichen Eingriff zu befürchten, dass der Betreute stirbt oder einen schweren oder länger dauernden gesundheitlichen Schaden erleidet, so darf die Maßnahme ohne Genehmigung des Betreuungsgerichts nur durchgeführt werden, wenn mit dem Aufschub Gefahr verbunden ist. Wenn also ohne die sofortige Durchführung der ärztlichen Maßnahme erhebliche gesundheitliche Nachteile oder sogar der sonst vermeidbare Tod des Betreuten wahrscheinlich ist, bedarf die ärztliche Maßnahme ausnahmsweise nicht der gerichtlichen Genehmigung.

Betreuungsgerichtliche Genehmigung der Verweigerung der Einwilligung in ärztliche Eingriffe

Auch die Nichteinwilligung oder der Widerruf der Einwilligung des Betreuers in eine Untersuchung des Gesundheitszustands, eine Heilbehandlung oder einen ärztlichen Eingriff bedarf der Genehmigung des Betreuungsgerichts, wenn die Maßnahme medizinisch angezeigt ist und die begründete Gefahr besteht, dass der Betreute aufgrund des Unterbleibens oder des Abbruchs der Maßnahme stirbt oder einen schweren und länger dauernden gesundheitlichen Schaden erleidet (§ 1829 Abs. 2 BGB). Die medizinischen Risiken sind dieselben wie bei der Genehmigung der Einwilligung in ärztliche Eingriffe (vgl. oben).

Gerichtliche Entscheidung

Das Betreuungsgericht muss die Genehmigung erteilen, wenn die Einwilligung, die Nichteinwilligung oder der Widerruf der Einwilligung dem Willen des Betreuten entspricht (§ 1829 Abs. 3 BGB).

- Hat der Betreute eine wirksame Patientenverfügung errichtet, hat das Betreuungsgericht die dortigen Festlegungen zu berücksichtigen, wenn diese auf die aktuelle Lebens- und Behandlungssituation zutreffen. In diesem Fall genehmigt das Betreuungsgericht die Entscheidung des Betreuers, wenn diese dem Willen des Patienten entspricht.
- Fehlt eine wirksame Patientenverfügung oder trifft sie nicht auf die aktuelle Lebens- und Behandlungssituation zu, ist der mutmaßliche Wille des Betreuten zu ermitteln. Auf diesen Grundlagen überprüft das Betreuungsgericht die Entscheidung des Betreuers.

Mit der gerichtlichen Genehmigung wird die Einwilligung des Betreuers in die ärztliche Maßnahme wirksam. Sie ist Voraussetzung für die Rechtmäßigkeit des Eingriffs. Die Genehmigung kann allerdings die Einwilligung des Betreuers nicht ersetzen. Solange die

Behandlung nicht abgeschlossen und der Betreuer nicht eindeutig an den Willen des Betreuten gebunden ist, kann er seine Einwilligung wieder zurückziehen.

Das Gericht darf die Einwilligung, die Nichteinwilligung oder den Widerruf einer Einwilligung eines Betreuers oder eines Bevollmächtigten nur genehmigen, wenn es den Betroffenen zuvor persönlich angehört hat. Auf Verlangen des Betroffenen hat das Gericht eine ihm nahestehende Person anzuhören, wenn dies ohne erhebliche Verzögerung möglich ist. Geht es um die Genehmigung einer Nichteinwilligung oder des Widerrufs einer Einwilligung, muss ein Verfahrenspfleger bestellt werden (Näheres zum Verfahrenspfleger unter 4.7). In jedem Fall muss vor der Genehmigung ein Sachverständigengutachten eingeholt werden. Der Sachverständige soll nicht auch der behandelnde Arzt sein (§ 298 FamFG). Im Gutachten müssen das gesundheitliche Schadenrisiko und der Grad der Wahrscheinlichkeit des Schadeneintritts konkretisiert werden.

6.3.4 Ärztliche Zwangsbehandlung

Eine ärztliche Zwangsbehandlung ist eine ohne den natürlichen Willen des Betreuten durchgeführte Untersuchung des Gesundheitszustands, eine Heilbehandlung oder ein ärztlicher Eingriff. Weil ärztliche Maßnahmen dieser Art mit wichtigen verfassungsrechtlich garantierten Rechten des Betroffenen verbunden sind, sind sie nur unter engen Voraussetzungen und mit gerichtlicher Genehmigung zulässig. Näheres dazu unter 7.3.

6.3.5 Sterilisation

Unter Sterilisation versteht man einen medizinischen Eingriff, der einen Menschen unfruchtbar, also unfähig zur Fortpflanzung, macht. Die Sterilisation ist eine zuverlässige Methode der endgültigen Empfängnisverhütung. Sie erfolgt bei Männern durch Durchtrennung der Samenleiter, bei Frauen durch den Verschluss der Eileiter.

Eine Sterilisation ist nicht nur ein schwerwiegender Eingriff in die körperliche Integrität des Betroffenen, sondern in dessen gesamte Lebensführung. Deshalb ist ein solcher ärztlicher Eingriff nur unter ganz engen Voraussetzungen zulässig (§ 1830 BGB). In jedem Fall bedarf es der Bestellung eines besonderen Betreuers, der über die Einwilligung entscheidet (§ 1817 Abs. 2 BGB). Schließlich bedarf es noch der Genehmigung des Betreuungsgerichts.

Voraussetzungen

Ein einwilligungsfähiger Betreuter kann nur selbst in seine Sterilisation einwilligen, wenn er die Bedeutung und Tragweite einer solchen Entscheidung erkennen kann. Ist der Betreute nicht einwilligungsfähig, so bestellt das Gericht einen »Sterilisationsbetreuer«. Dieser darf in eine Sterilisation des Betreuten, in die dieser nicht einwilligen kann, nur einwilligen, wenn

- die Sterilisation dem natürlichen Willen des Betreuten entspricht,
- der Betreute auf Dauer einwilligungsunfähig bleiben wird,
- anzunehmen ist, dass es ohne die Sterilisation zu einer Schwangerschaft kommen würde,
- infolge dieser Schwangerschaft eine Gefahr für das Leben oder die Gefahr einer schwerwiegenden Beeinträchtigung des körperlichen oder seelischen Gesundheitszustands der Schwangeren zu erwarten wäre, die nicht auf zumutbare Weise abgewendet werden könnte, und
- die Schwangerschaft nicht durch andere zumutbare Mittel verhindert werden kann.

Achtung: Die betreuungsrechtlichen Regelungen über die Sterilisation betreffen nur Volljährige. In jedem Fall unzulässig ist die Sterilisation eines Betreuten, der noch minderjährig ist.

Verbot der Zwangssterilisation

In eine Sterilisation darf der Betreuer nur einwilligen, wenn diese dem natürlichen Willen des Betreuten zum Zeitpunkt des Eingriffs entspricht (§ 1830 Abs. 1 Satz 1 Nr. 1 BGB). Keine Bedeutung haben die Interessen der Verwandten des Betreuten.

Achtung: Nach dem neuen Betreuungsrecht reicht es nicht mehr aus, dass eine betreute Person der Sterilisation lediglich nicht widerspricht. Nicht einwilligungsfähige Betreute, die nicht in der Lage sind, einen natürlichen Willen zu bilden oder zu äußern, dürfen folglich nicht mehr sterilisiert werden. Eine Einwilligung des Sterilisationsbetreuers kommt also nur dann in Betracht, wenn die betreute Person zwar nicht einwilligungsfähig ist, aber mit natürlichem Willen dem Eingriff zustimmt. Insbesondere soll vermieden werden, dass ein solcher Eingriff an Betreuten vorgenommen wird, die eine Sterilisation eigentlich nicht wollen, aber keinen Widerspruch äußern, um nicht in einen Konflikt mit dem Betreuer, Angehörigen oder Arzt zu geraten.

Dauernde Einwilligungsunfähigkeit

Ein sogenannter Sterilisationsbetreuer darf nur bestellt werden, wenn der Betreute einwilligungsunfähig ist (§ 1830 Abs. 1 Satz 1 Nr. 2 BGB), andernfalls entscheidet allein der Betroffene über den ärztlichen Eingriff. Einwilligungsunfähigkeit liegt vor, wenn der Betroffene nicht die Fähigkeit besitzt, den Grund, die Tragweite der Sterilisation und ihre Bedeutung für das eigene Leben zu erfassen (vgl. dazu im Einzelnen 5.4). Hinzukommen muss, dass der Betreute nicht imstande ist, die gebotene ärztliche Aufklärung nachzuvollziehen.

Achtung: Bei nur vorübergehender Einwilligungsfähigkeit ist eine Sterilisation nicht erlaubt. Die Feststellung der Einwilligungsunfähigkeit muss durch ein Sachverständigengutachten erfolgen.

Konkrete Schwangerschaftserwartung

Eine Einwilligung des Betreuers in eine Sterilisation kann nur zur Vermeidung von Notlagen, die wegen einer Schwangerschaft entstehen könnten, in Betracht kommen (§ 1830 Abs. 1 Satz 1 Nr. 3 BGB). Die bloße Möglichkeit einer Schwangerschaft kann demnach keine hinreichende Grundlage für einen entsprechenden ärztlichen Eingriff sein. Nur die konkrete und ernstliche Annahme, dass ohne Sterilisation eine Schwangerschaft zu erwarten wäre, kann Grundlage einer Einwilligung des Betreuers in eine solche Maßnahme sein.

Urteil

Der Betreuer kann in die Sterilisation nur einwilligen und das Betreuungsgericht die hierfür erforderliche Genehmigung nur erteilen, wenn anzunehmen ist, dass es ohne die Sterilisation zu einer Schwangerschaft kommen würde. Dabei muss die Schwangerschaftserwartung konkret und ernstlich sein. Ein besonderer Grad an Wahrscheinlichkeit ist nicht gefordert. Vielmehr genügt, dass aufgrund der sexuellen Aktivität der fortpflanzungsfähigen Betreuten mit einer Schwangerschaft zu rechnen ist. Nicht zulässig ist dagegen eine »vorsorgliche« oder »vorbeugende« Sterilisation wegen der lediglich abstrakten Möglichkeit einer Schwangerschaft, wie etwa bei einer gemeinsamen Unterbringung der Betreuten mit Männern in einem Heim, aufgrund der allgemeinen Erwartung, dass eines Tages sexuelle Kontakte stattfinden, insbesondere Partnerschaften eingegangen werden.

BayObLG, Az. 3Z BR 97/01

Notlage

Die Einwilligung des Betreuers in eine Sterilisation des Betreuten setzt ferner voraus, dass wegen der Schwangerschaft eine Gefahr für das Leben oder die Gefahr einer schwerwiegenden Beeinträchtigung des körperlichen (z.B. Suizidgefahr oder schwerwiegende Beeinträchtigung des Gesundheitszustands) oder seelischen Gesundheitszustands der Schwangeren (z.B. Gefahr einer schweren Depression) zu erwarten wäre, die nicht auf zumutbare Weise abgewendet werden könnte (§ 1830 Abs. 1 Satz 1 Nr. 4 BGB).

Achtung: Trotz bestehender Lebens- und Gesundheitsgefahr ist die Sterilisation nicht zulässig, wenn die für die Schwangere bestehende Notlage mit zumutbaren Mitteln abgewendet werden kann (z.B. eine zu erwartende Depression mithilfe von Medikamenten).

Vorrang anderer Empfängnisverhütungsmethoden

Eine Sterilisation kann schließlich nur dann in Betracht kommen, wenn die Schwangerschaft nicht durch andere zumutbare Mittel (z.B. empfängnisverhütende Mittel) verhindert werden kann (§ 1830 Abs. 1 Satz 1 Nr. 5 BGB). Dabei muss die Schwangerschaftserwartung konkret und ernstlich sein.

Urteil

Eine Sterilisation ist nicht gerechtfertigt, wenn keine konkreten Anhaltspunkte für die Annahme bestehen, ohne Maßnahmen zur Empfängnisverhütung werde es zu einer Schwangerschaft kommen. Mit einer Schwangerschaft muss den Umständen nach ernstlich zu rechnen sein. Die nur abstrakte Möglichkeit einer Schwangerschaft reicht nicht aus.

BayObLG, Az. 3Z BR 281/96

Bestellung eines besonderen Betreuers

Für die Entscheidung über die Einwilligung in eine Sterilisation des Betreuten muss vom Betreuungsgericht stets ein besonderer Betreuer bestellt werden (§ 1817 Abs. 2 BGB). Ein Betreuer mit dem Aufgabenbereich Gesundheitssorge oder Personensorge kann demnach nicht in eine Sterilisation einwilligen. Der Sterilisationsbetreuer muss eine natürliche Person sein. Die Betreuungsbehörde oder ein Betreuungsverein kann also nicht bestellt werden.

Betreuungsgerichtliche Genehmigung

Die Einwilligung des Betreuers in die Sterilisation des Betreuten bedarf der Genehmigung des Betreuungsgerichts (§ 1830 Abs. 2 Satz 1 BGB).

Das Betreuungsgericht hat zur Wahrnehmung der Interessen des Betroffenen einen Verfahrenspfleger zu bestellen, sofern sich der Betroffene nicht von einem Rechtsanwalt oder einem anderen geeigneten Verfahrensbevollmächtigten vertreten lässt. Es hat den Betroffenen vor der Genehmigung einer Einwilligung des Betreuers persönlich anzuhören und sich einen persönlichen Eindruck von ihm zu verschaffen. Die Genehmigung darf erst erteilt werden, nachdem durch förmliche Beweisaufnahme Gutachten von Sachverständigen eingeholt sind, die sich auf die medizinischen, psychologischen, sozialen, sonderpädagogischen und sexualpädagogischen Gesichtspunkte erstrecken. Die Sachverständigen haben den Betroffenen vor Erstattung des Gutachtens persönlich zu untersuchen oder zu befragen. Sachverständiger und ausführender Arzt dürfen nicht personengleich sein (§ 297 FamFG).

Die Genehmigung der Einwilligung des Betreuers in eine Sterilisation des Betreuten wird mit der Bekanntgabe an den für die Entscheidung über die Einwilligung in die Sterilisation bestellten Betreuer und an den Verfahrenspfleger beziehungsweise den Verfahrensbevollmächtigten, wenn ein Verfahrenspfleger nicht bestellt wurde, wirksam. Um zu gewährleisten, dass die Sterilisation nicht unmittelbar nach der Genehmigung des Betreuungsgerichts vollzogen werden kann und damit eine Beschwerde ins Leere laufen würde, darf sie erst zwei Wochen nach der Wirksamkeit der Genehmigung des Betreuungsgerichts durchgeführt werden (§ 1830 Abs. 2 Satz 2 BGB).

Achtung: Nach dem Grundsatz der Verhältnismäßigkeit der Mittel muss die für den Betreuten am wenigsten einschneidende Form der Sterilisation gewählt werden. Deshalb ist bei der Sterilisation stets der Methode der Vorzug zu geben, die eine Refertilisierung, das heißt die Wiederherstellung der Zeugungsfähigkeit des Mannes, zulässt (§ 1830 Abs. 2 Satz 2 BGB).

6.4 Wohnungsangelegenheiten

Die Wohnung als räumlicher Mittelpunkt des Lebens ist für den Betreuten von überragender Bedeutung. Sie unterliegt deshalb einem besonderen betreuungsrechtlichen Schutz. Der Aufgabenbereich Wohnungsangelegenheiten als Teilbereich der Vermögenssorge gehört zum Aufgabenkreis des Betreuers, wenn dies vom Betreuungsgericht entsprechend dem Betreuungsbedarf festgelegt ist. Der Aufgabenbereich Aufenthaltsbestimmung (vgl. dazu 6.5) umfasst auch die Begründung und Aufhebung des Wohnsitzes des Betreuten. Die Übertragung dieses Aufgabenbereichs an einen Betreuer kommt vor allem dann in Betracht, wenn der Betroffene wegen Krankheit oder Behinderung seine Wohnungsangelegenheiten nicht mehr organisieren oder sich die Wohnung nicht mehr leisten kann und deshalb erheblicher Schaden droht.

» Die Bestellung eines Betreuers für Wohnungsangelegenheiten ist erforderlich, wenn die betroffene Person nicht imstande ist, gesundheitsgefährdende Zustände in ihrer Wohnung selbst zu beseitigen.

6.4.1 Umfang des Aufgabenbereichs

Die Betreuung kann einzelne Aufgaben (z.B. Auflösung des Mietverhältnisses oder Vertretung in einem Kündigungs- und Räumungsverfahren) oder alle Wohnungsangelegenheiten des Betroffenen umfassen. In welchem Umfang dem Betreuer die Wohnungsangelegenheiten des Betreuten übertragen werden, hängt von den konkreten Umständen des Einzelfalls ab.

Urteil

Die Entrümpelung einer Wohnung kann grundsätzlich als Aufgabenbereich eines Betreuers bestimmt werden.

BayObLG, Az. 3Z BR 125/01

Welche Aufgaben vom Betreuer im Aufgabenbereich Wohnungsangelegenheiten wahrzunehmen sind, lässt sich schwer allgemein festlegen. Schließlich überschneiden sich in diesem Zusammenhang personen- und vermögensrechtliche Fragen. Der Abschluss eines Mietvertrags und die Kündigung des Mietverhältnisses etwa betreffen sowohl die persönliche Situation des Betroffenen als auch dessen Vermögen.

Zum Aufgabenbereich Wohnungsangelegenheiten gehören insbesondere alle Maßnahmen zur Sicherung und Erhaltung der Wohnung. Dazu zählen unter anderem

- die Hilfe bei der Wohnungssuche,
- der Abschluss von Wohnungsmietverträgen,
- die Vertretung des Betreuten bei Fragen rund um das Mietverhältnis (z.B. Geltendmachung einer Mietminderung, Beanstandung einer Betriebsabrechnung, Widerspruch gegen Kündigung wegen sozialer Härte, Verhandlungen wegen der Miethöhe oder über die Durchführung von Renovierungen und Schönheitsreparaturen),

- die Sicherstellung der Finanzierung der finanziellen Verpflichtungen aus dem Mietverhältnis (z.B. Anträge auf Wohngeld),
- die Organisation von Reparaturen und der Renovierung der Wohnung,
- die Organisation eines Umzugs in eine andere Wohnung,
- die Kündigung und Auflösung der Wohnung.

Die Anmietung einer Wohnung für den Betreuten durch den Betreuer unterliegt grundsätzlich nicht der gerichtlichen Genehmigungspflicht. Nur wenn das Mietverhältnis über eine längere Zeit als vier Jahre vereinbart werden soll, bedarf der Abschluss des Mietvertrags der Genehmigung des Betreuungsgerichts (§ 1853 Abs. 1 Satz 1 Nr. 1 BGB). Keine Genehmigung ist also für den Abschluss eines Mietvertrags erforderlich, der auf unbestimmte Zeit, also unbefristet laufen soll und jederzeit unter Einhaltung der gesetzlichen Kündigungsfristen gekündigt werden kann.

Auch die Vermietung von Wohnraum des Betreuten bedarf der Genehmigung des Betreuungsgerichts. Damit soll sichergestellt werden, dass der Betreuer nicht den zugunsten des Betreuten bestehenden Wohnungsschutz durch Weitervermietung der Wohnung etwa bei einer vorübergehenden krankheitsbedingten Abwesenheit unterläuft. In Betracht kommt allerdings nur die Vermietung von Wohnraum des Betreuten, in dem er selbst seinen räumlichen Mittelpunkt hat. Vor einer Entscheidung muss das Gericht den Betroffenen persönlich anhören (§ 299 Satz 2 FamFG), es sei denn, es sind erhebliche gesundheitliche Nachteile für den Betroffenen zu besorgen oder dieser ist offenkundig nicht in der Lage, seinen Willen kundzutun (§ 34 Abs. 2 FamFG).

6.4.2 Zutritt zur Wohnung des Betreuten

Nach Art. 13 des Grundgesetzes ist die Wohnung unverletzlich. Deshalb darf der Betreuer die Wohnung des Betreuten gegen dessen Willen und ohne besondere Erlaubnis des Betreuungsgerichts nicht betreten. Nicht eindeutig geklärt ist, ob der Betreuer die Wohnung des Betreuten betreten darf, wenn ihm der Aufgabenbereich Wohnungsangelegenheiten übertragen ist. Von einigen Gerichten wird ein Betretungsrecht bejaht.

Urteil

Ist die Erhaltung der Wohnung für einen Betreuten nur möglich, wenn der Wohnungsbetreuer einen vertragsmäßigen Zustand der Wohnung herstellt, und muss der Betreuer zu diesem Zweck die Wohnung betreten können, so kann dem Betreuer mit dem Aufgabenbereich Wohnungsangelegenheiten auch der Aufgabenkreis »Zutritt zur Wohnung« übertragen werden. Das Recht der Ausübung von Zwang darf dem Wohnungsbetreuer auch in solchen Fällen nicht als Aufgabenbereich übertragen werden. Zur Ausübung von Zwang beim Zutritt der Wohnung ist der Betreuer in einem gesonderten Verfahren zu ermächtigen, in dem die Erforderlichkeit, Verhältnismäßigkeit und Zumutbarkeit des Eindringens in die Wohnung konkret geprüft und der Betreute hierzu gehört werden muss.

LG Berlin, Az. 83 T 490/95

In keinem Fall rechtfertigt der allgemeine Aufgabenbereich Vermögensangelegenheiten ein Zutrittsrecht zur Wohnung gegen den Willen des Betreuten. Auf der sicheren Seite ist der Betreuer, wenn ihm vom Betreuungsgericht der Aufgabenbereich »Zutritt zur Wohnung« übertragen wird. In diesem Fall wird dann das Gericht die Erforderlichkeit (z.B. Durchführung von Reparaturen, Versorgung des Betreuten), die Verhältnismäßigkeit und die Zumutbarkeit des zwangsweisen Zutritts zur Wohnung des Betreuten konkret prüfen.

6.4.3 Aufgabe von Wohnraum des Betreuten

Das Gesetz schützt die Wohnung als räumlichen Mittelpunkt der Lebensverhältnisse des Betreuten dadurch, dass es an die Aufgabe des vom Betreuten selbst genutzten Wohnraums besondere Anforderungen stellt und die Wohnungsaufgabe ohne gerichtliche Genehmigung nicht zulässig ist.

Mit den gesetzlichen Regelungen wird der besonderen grundrechtlich geschützten Bedeutung der Wohnung als private, individuell gestaltete Lebenswelt Rechnung getragen. Es geht ausschließlich um solchen Wohnraum, der von dem Betreuten zu Wohnzwecken selbst genutzt wird oder wurde. Umfasst ist auch der Wohnraum in einem Alten- oder Pflegeheim, soweit der Betreute sich dort heimisch eingerichtet hat. Es gilt daher nicht für ein Zimmer im Rahmen einer Kurzzeitpflege oder sonst für einen vorübergehenden zeitlich begrenzten Aufenthalt.

Voraussetzungen für die Wohnungsaufgabe

Zur Aufgabe des vom Betreuten selbst genutzten Wohnraums ist der Betreuer im Rahmen der gesetzlichen Voraussetzungen nur berechtigt, wenn diese Angelegenheit durch den ihm übertragenen Aufgabenkreis abgedeckt ist. Das ist insbesondere der Fall, wenn ihm die Wohnungsangelegenheiten, die Aufenthaltsbestimmung oder die Wohnungsauflösung übertragen sind.

Der Betreuer darf Wohnraum, der vom Betreuten selbst genutzt wird, grundsätzlich nur aufgeben, wenn dies dem Wunsch des Betreuten entspricht. Nur wenn der Wunsch des Betreuten seine Person oder sein Vermögen erheblich gefährden würde und der Betreute diese Gefahr aufgrund seiner Krankheit oder Behinderung nicht erkennen oder nach dieser Einsicht handeln kann, darf der Betreuer dem Wunsch des Betreuten nicht entsprechen. Eine Gefährdung in diesem Sinne liegt insbesondere dann vor, wenn eine Finanzierung des Wohnraums trotz Ausschöpfung aller dem Betreuten zur Verfügung stehenden Ressourcen nicht möglich ist oder eine häusliche Versorgung trotz umfassender Zuhilfenahme aller ambulanten Dienste zu einer erheblichen gesundheitlichen Gefährdung des Betreuten führen würde (§ 1833 Abs. 1 BGB). Kann der Betreuer die Wünsche des Betreuten nicht feststellen oder darf er Ihnen aus dem genannten Grund nicht entsprechen, hat er den mutmaßlichen Willen des Betreuten aufgrund konkreter Anhaltspunkte zu ermitteln und Geltung zu verschaffen (vgl. dazu auch 8.2.2).

Achtung: Die betreuungsrechtlichen Regelungen gelten nur dann, wenn der Wohnraum »durch den Betreuer« aufgegeben werden soll, was ein stellvertretendes rechtliches Handeln des Betreuers voraussetzt. Möchte der Betreute zum Beispiel selbst seine Wohnung aufgeben, um in ein Pflegeheim zu ziehen, ist aber nicht in der Lage, diesen Wunsch rechtlich umzusetzen, bedarf es keiner objektiven Beurteilung oder gar einer Gefährdung. Allein der Wunsch des Betreuten, die von ihm selbst genutzte Wohnung aufzugeben, ist ausreichend. Auf eine Gefährdung kommt es nur dann an, wenn der Betreuer die Wohnung gegen oder ohne den geäußerten Wunsch des Betreuten aufgeben will.

Anzeigepflicht des Betreuers

Beabsichtigt der Betreuer, vom Betreuten selbst genutzten Wohnraum aufzugeben, so hat er dies unter Angabe der Gründe und der Sichtweise des Betreuten dem Betreuungsgericht unverzüglich anzuzeigen (§ 1833 Abs. 2 Satz 1 BGB). Das Betreuungsgericht hat dann zu prüfen, ob die Voraussetzungen für die Wohnungsaufgabe vorliegen. Der Betreuer hat mitzuteilen, wie der Betreute zu der beabsichtigten Wohnungsaufgabe steht. Sollte dieser nicht einverstanden sein, hat das Gericht (durch den Rechtspfleger) gegebenenfalls den Betreuten persönlich anzuhören (§ 1862 Abs. 2 BGB). Sollte das Gericht bei seiner Prüfung zu dem Ergebnis kommen, dass der Betreuer nicht nach den gesetzlichen Vorgaben handelt und das Selbstbestimmungsrecht nicht ausreichend achtet, muss es durch geeignete Gebote oder Verbote einschreiten (§ 1862 Abs. 3 BGB).

Eine Anzeigepflicht des Betreuers besteht auch dann, wenn mit einer Aufgabe des Wohnraums aus anderen Gründen zu rechnen ist, beispielsweise durch eine Kündigung des Mietverhältnisses durch den Vermieter. Der Betreuer hat dem Betreuungsgericht gleichzeitig mitzuteilen, welche Maßnahmen er zu ergreifen beabsichtigt, beispielsweise, ob er gegen eine Kündigung vorgehen oder diese akzeptieren will. Dies gilt allerdings nur dann, wenn der Aufgabenkreis des Betreuers die entsprechende Angelegenheit umfasst (§ 1833 Abs. 2 Satz 2 BGB). Besteht die Gefahr, dass der Betreute seinen Wohnraum verliert, diese Angelegenheit aber nicht vom Aufgabenkreis des Betreuers umfasst ist, so hat der Betreuer das Betreuungsgericht hierauf hinzuweisen, falls dieser Umstand die Erweiterung des Aufgabenkreises erfordert (§ 1864 Abs. 2 Nr. 3 BGB).

Genehmigung des Betreuungsgerichts

Der Betreuer bedarf bei vom Betreuten selbst genutztem Wohnraum der Genehmigung des Betreuungsgerichts (§ 1833 Abs. 3 Satz 1 BGB)

- zur Kündigung des Mietverhältnisses (dies bezieht sich nur auf die Kündigung eines Mietverhältnisses, nicht aber auf die Kündigung eines Heimplatzes),
- zu einer Willenserklärung, die auf die Aufhebung eines Mietverhältnisses gerichtet ist (der Genehmigung bedarf neben der Aufhebung eines Mietvertrags auch der vertraglichen Aufgabe eines Wohnrechts, wenn damit eine Wohnungsauflösung einhergeht),
- zur Vermietung solchen Wohnraums (unerheblich ist, ob der Wohnraum im Eigentum des Betreuten steht; die Vermietung kann sowohl die Weitervermietung des gemieteten, selbst genutzten Wohnraums sowie die Vermietung des selbst genutzten Eigentums oder Wohnungseigentums des Betreuten betreffen),
- zur Verfügung über ein Grundstück oder über ein Recht an einem Grundstück, sofern dies mit der Aufgabe des Wohnraums verbunden ist.

6.5 Aufenthaltsbestimmung

Der Aufgabenbereich Aufenthaltsbestimmung ist Bestandteil der Personensorge, insbesondere der Wohnungsangelegenheiten. Das Aufenthaltsbestimmungsrecht erlaubt es dem Betreuer, grundsätzlich festzulegen, wo sich die betreute Person tatsächlich aufhalten soll. Er umfasst das Recht, den Aufenthalt des Betreuten auch mit Wirkung für und gegen Dritte zu bestimmen und, soweit erforderlich, die Herausgabe des Betreuten zu verlangen (§ 1834 Abs. 2 BGB). Der Betreuer ist dabei allerdings an die Wünsche des Betreuten beziehungsweise an dessen mutmaßlichen Willen gebunden. Gegen den freien Willen des Betreuten ist ein Aufenthaltswechsel nur unter den Voraussetzungen einer freiheitsentziehenden Maßnahme zulässig (vgl. dazu 7.2).

Achtung: Den gewöhnlichen Aufenthalt des Betreuten im Ausland darf der Betreuer nur bestimmen, wenn ihm dieser Aufgabenbereich vom Betreuungsgericht ausdrücklich zugewiesen ist (§ 1815 Abs. 2 Nr. 3 BGB). Der klassische Fall ist die Verbringung eines pflegebedürftigen Betreuten in eine im Ausland gelegene Pflegeeinrichtung, etwa aus Kostengründen. Dies ist nur dann möglich, wenn dem Betreuer ein entsprechender Aufgabenbereich ausdrücklich zugewiesen ist, damit das Betreuungsgericht eine Kontrollmöglichkeit erhält.

Der Aufgabenbereich Aufenthaltsbestimmung wird vom Betreuungsgericht insbesondere angeordnet, wenn der Betroffene nicht mehr zu einer selbstständigen Haushalts- und Lebensführung imstande ist (z.B. wenn die Versorgung oder Pflege des Betroffenen nicht mehr gewährleistet ist). In diesem Zusammenhang ist allerdings zu berücksichtigen, ob nicht anderweitige Hilfen (z.B. eine Pflegekraft oder technische Maßnahmen) in Betracht kommen. In jedem Fall müssen grundsätzlich die Wünsche und das Wohl des Betroffenen berücksichtigt werden.

Urteil

Der Betreuer mit dem Aufgabenbereich Bestimmung des Wohnsitzes des Betroffenen ist bei der Wahl des Aufenthaltsortes (Heimplatz usw.) nicht frei. Er hat vielmehr den Wünschen des Betreuten, an einem bestimmten Ort wohnen zu wollen, zu entsprechen, wenn dies nicht dem Wohl des Betreuten zuwiderläuft.

OLG Köln, Az. 16 Wx. 47/96

Zum Aufgabenbereich Aufenthaltsbestimmung gehören insbesondere alle Maßnahmen, die sich auf den Wohnsitz und den tatsächlichen Aufenthalt des Betroffenen im eigenen Wohnraum, in einem Pflege- und Altersheim oder in einer geschlossenen Einrichtung beziehen. Dazu zählen unter anderem

- die Kündigung des Mietvertrags,
- die Auflösung der Wohnung,
- die Suche einer neuen Wohnung,
- die Unterbringung in einem Heim,
- der Abschluss eines neuen Mietvertrags oder eines Heimvertrags,
- Tätigkeiten im Zusammenhang mit einer neuen Wohnung (z.B. Besichtigung der Wohnung oder einer stationären Einrichtung, Umstellung der häuslichen Pflege auf Pflege in einem Heim),
- die Wahrnehmung der melderechtlichen Verpflichtungen,
- die Vertretung in Ausweisangelegenheiten.

Achtung: Die Untersagung des Umgangs des Betreuten mit bestimmten Personengruppen (z.B. Besuche) wird vom Aufenthaltsbestimmungsrecht nicht erfasst. Wenn also beispielsweise einem Betreuer, der bisher unter anderem für die Aufgabenbereiche Aufenthaltsbestimmung und Gesundheitsfürsorge bestellt worden war, auch der Bereich Regelung des Umgangs mit

Familienangehörigen übertragen werden soll, müsste das Betreuungsgericht dessen bisherigen Aufgabenkreis erweitern. Näheres zur Erweiterung des Aufgabenkreises des Betreuers unter 6.9.1.

Ist dem Betreuer die Personensorge oder das Aufenthaltsbestimmungsrecht übertragen, kann er von jedem die Herausgabe des Betreuten verlangen, dem das Aufenthaltsbestimmungsrecht nicht zusteht und der den Betreuten widerrechtlich vorenthält (z.B. wenn ein Angehöriger den Betreuten widerrechtlich aus dem Heim nimmt, um Kosten zu sparen).

6.6 Umgangsbestimmung

Das Aufenthaltsbestimmungsrecht beinhaltet nicht das Recht, den Umgang des Betreuten zu bestimmen. Beim Umgangsbestimmungsrecht geht es um die Frage, ob der Betreuer berechtigt ist, einzelne Personen vom Betreuten fernzuhalten, um Gefahren oder gesundheitliche Beeinträchtigungen des Betroffenen zu verhindern.

Achtung: Die in die persönliche Lebensführung des Betreuten auf besonders einschneidende Weise eingreifende Bestimmung des Umgangsrechts darf von einem Betreuer nur dann ausgeübt werden, wenn sie ihm durch das Betreuungsgericht als Aufgabenbereich ausdrücklich zugewiesen worden ist (§ 1815 Abs. 2 Nr. 4 BGB). Die Anordnung allgemeinerer Aufgabenbereiche, wie etwa Aufenthaltsbestimmung oder Personensorge, reicht nicht aus. Hierdurch soll dem Gericht vorab eine Kontrollmöglichkeit hinsichtlich der Erforderlichkeit solcher Maßnahmen gegeben werden.

Zwar umfasst das Umgangsbestimmungsrecht neben der Regelung persönlicher Kontakte auch die briefliche, telefonische oder die Kontaktaufnahme per E-Mail-Verkehr, zur Kontrolle des Post- und Telekommunikationsverkehrs muss der Betreuer vom Betreuungsgericht jedoch besonders ermächtigt werden (§ 1815 Abs. 2 Nrn. 5 und 6 BGB). Näheres dazu unter 6.7.

Die Umgangsbestimmung durch den Betreuer ist nur dann zulässig, wenn der Betreute dies selbst wünscht, andernfalls seine Person oder sein Vermögen erheblich gefährdet würde und der Betreute diese Gefahr aufgrund seiner Erkrankung oder Behinderung nicht erkennen oder nicht nach dieser Einsicht handeln kann (§ 1834 Abs. 1 BGB). Grundsätzlich kann jeder – auch der Betreute – selbst bestimmen, mit wem er Umgang pflegen will, auch wenn dies vielleicht den Wertvorstellungen des Betreuers widerspricht. In dieses Selbstbestimmungsrecht des Betreuten darf der Betreuer nur dann eingreifen, wenn eine konkrete erhebliche Schädigung des Betreuten zu befürchten ist. Dies kann ein erheblicher Gesundheitsschaden sein, aber auch ein Vermögensschaden ist denkbar, etwa wenn eine dritte Person ständig Geld von dem Betreuten erbettelt. Da die Umgangsbestimmung auch mit Wirkung für und gegen Dritte ausgesprochen werden kann, hat der Betreuer eine solche auch auf Wunsch des Betreuten vorzunehmen. Dies kommt beispielsweise dann in Betracht, wenn der Betreute sich selbst gegen einen ihm aufgedrängten Umgang nicht wehren kann.

» Ein Umgangsbestimmungsrecht durch den Betreuer kann in Betracht kommen, wenn die betreute Person Manipulationen von Besuchern hilflos ausgesetzt ist. Auch drohende gesundheitliche Schäden durch einen persönlichen Kontakt mit Besuchern können ein Umgangsbestimmungsrecht rechtfertigen. Nicht ausreichend ist jedoch, dass der Betreute durch den Besuch einer Person in Unruhe gerät.

Hat der Betreuer Personen den Umgang mit dem Betreuten untersagt, kann er insbesondere ein Hausverbot erteilen oder eine zivilrechtliche Unterlassungsverfügung erwirken. Unter Umständen kommt auch eine Strafanzeige wegen Hausfriedensbruchs in Betracht.

6.7 Telekommunikations- und Postverkehr

Befugnisse im Zusammenhang mit dem Telekommunikationsverkehr (dazu gehört auch die digitale Kommunikation) und der Entgegennahme, das Öffnen und das Anhalten seiner Post stehen dem Betreuer nur dann zu, wenn das Betreuungsgericht dies ausdrücklich angeordnet hat (§ 1815 Abs. 2 Nrn. 5 und 6 BGB). Die Bestellung eines Betreuers für die Personen- und Vermögenssorge umfasst diese Aufgaben also nicht. Enthält der Aufgabenbereich des Betreuers entsprechende Entscheidungen nicht ausdrücklich, ist er auch dann nicht zur Telekommunikations- und Postkontrolle befugt, wenn er ansonsten für die gesamte Personensorge zuständig ist.

Die richterliche Anordnung über die Entscheidung des Telekommunikations- und Postverkehrs des Betreuten kommt nur in Betracht, wenn ohne eine entsprechende Bestimmung der Betreuer an der praktischen Wahrnehmung seiner Aufgaben gehindert wäre und hierdurch wesentliche Rechtsgüter des Betreuten gefährdet oder beeinträchtigt würden.

- Die Übertragung des Aufgabenkreises Postkontrolle kann zulässig sein, wenn der Betroffene die für ihn bestimmte Post nicht begreifen oder bearbeiten oder weiterleiten und deswegen der Betreuer wesentliche finanzielle Angelegenheiten (z.B. Rechnungen, Steuerbescheide, Rentenmitteilungen, Kündigungen) nicht bearbeiten kann. In solchen Fällen besteht allerdings kein Bedürfnis, zusätzlich die Telefongespräche des Betreuten zu kontrollieren.
- Die Überwachung des Telekommunikationsverkehrs kann zulässig sein, wenn durch ständige Anrufe des Betroffenen Dritte belästigt oder Behörden durch die missbräuchliche Verwendung des Notrufs beeinträchtigt werden.
- Unabhängig davon, ob dem Betreuer die Telekommunikations- und Postkontrolle übertragen ist, muss dieser immer prüfen, ob es erforderlich ist, von dieser Befugnis Gebrauch zu machen.

Urteil

Der Aufgabenkreis der Postkontrolle verpflichtet den Betreuer nicht, stets die Post des Betreuten vor der Aushändigung an ihn zu kontrollieren. Eingriffe sind auch im Rahmen der Aufgabenkreise nur so weit zulässig, wie sie zum Wohl des Betreuten erforderlich sind. Wenn von der Aushändigung der Post an den Betreuten keine Gefahren für dessen Wohl ausgehen, weil weder eine Gesundheitsbeeinträchtigung wegen Aufregung oder Verwirrung noch ein Verlust wichtiger Sendungen zu befürchten sei, begegnet es keinen Bedenken, wenn der Betreuer die Post erst sichtet, nachdem sie dem Betreuten (im Heim) ausgehändigt wurde. Hierin ist keine (unzulässige) Delegation der Postkontrolle auf das Heim zu sehen. Allerdings ist zu prüfen, ob in solchen Fällen die Postkontrolle überhaupt dem Erforderlichkeitsgrundsatz entspricht.

OLG München, Az. 33 Wx 218/07

6.8 Vertretung gegenüber Behörden und Gerichten

In seinem Aufgabenkreis vertritt der Betreuer den Betreuten gerichtlich und außergerichtlich (§ 1823 BGB). Der Betreuer hat die Stellung eines gesetzlichen Vertreters. Die gesetzliche Vertretungsmacht des Betreuers ist Wesensmerkmal der Betreuung (Näheres dazu unter 8.1).

6.8.1 Vertretung gegenüber Behörden

Der Betreuer vertritt im Rahmen seines Aufgabenkreises den Betreuten gegenüber Ämtern und Behörden. In der Praxis hat der Aufgabenkreis Vertretung gegenüber Behörden kaum eine eigenständige Bedeutung. Die Vertretungskompetenz besteht vielmehr im

Zusammenhang mit anderen Aufgabenbereichen des Betreuers, insbesondere der Vermögenssorge, in Wohnungsangelegenheiten, der Gesundheitssorge und der Aufenthaltsbestimmung.

» Der Betreuer mit dem Aufgabenkreis Gesundheitssorge ist verpflichtet, gegenüber der Krankenkasse tätig zu werden, um den Versicherungsschutz des Betreuten sicherzustellen. Im Rahmen des Aufgabenkreises Aufenthaltsbestimmung obliegt dem Betreuer die melderechtliche An-, Ab- und Ummeldung des Betreuten.

Nur in Ausnahmefällen, etwa wenn der Betroffene krankheitsbedingt dazu neigt, eine Vielzahl sinnloser Verfahren zu betreiben, und sich dadurch schädigt, kann eine gesonderte, von sonstigen Aufgabenbereichen unabhängige Übertragung des Aufgabenbereichs »Vertretung vor Behörden« in Betracht kommen.

Achtung: Soweit der Betreute geschäftsfähig ist und auch kein Einwilligungsvorbehalt besteht, kann er selbst Anträge bei Behörden aller Art stellen und Rechtsmittel gegen behördliche Verwaltungsakte einlegen. Vertritt allerdings der Betreuer den Betreuten in einer konkreten Sache gegenüber der Behörde, weil er beispielsweise selbst einen Antrag gestellt hat, so kann der Betreute dort grundsätzlich nicht mehr selbst auftreten, und zwar auch dann nicht, wenn er geschäftsfähig ist (§ 12 Abs. 2 Verwaltungsverfahrensgesetz, § 11 Abs. 2 SGB X). Allerdings ist der Betreuer bei voller Geschäftsfähigkeit des Betreuten nur dann verpflichtet, das Verwaltungsverfahren zu betreiben, wenn er erkennt, dass der Betreute nicht mehr in der Lage ist, seine Ansprüche geltend zu machen. Ist der Betreute dagegen geschäftsunfähig oder besteht ein Einwilligungsvorbehalt, ist allein der Betreuer handlungsfähig. In diesem Fall kann nur er Anträge bei Behörden stellen, Erklärungen abgeben oder Rechtsmittel gegen behördliche Entscheidungen einlegen.

6.8.2 Vertretung vor Gerichten

Gegenüber Gerichten obliegt dem Betreuer insbesondere die Vertretung des Betreuten in Sozial- und Zivilrechtssachen. Unter Umständen kann auch die Vertretung in einzelnen Fragen des Familienrechts in Betracht kommen (z.B. Fragen des Unterhaltsrechts). Zum Aufgabenkreis des Betreuers gehört auch die Inanspruchnahme der Prozesskosten- und Beratungshilfe.

Achtung: Dem Betreuer muss kein ausdrücklicher Aufgabenbereich für die Vertretung in einem gerichtlichen Verfahren übertragen werden. Seine Vertretungsmacht erstreckt sich vielmehr auch auf die Vertretung in einem Prozess, soweit der Gegenstand des Verfahrens von seinem Aufgabenbereich umfasst ist. Es bedarf also weder eines ausdrücklichen Aufgabenbereichs, wie zum Beispiel »Vertretung im Zivilverfahren...«, noch einer gesonderten Prozessvollmacht.

Wegen der Einzelheiten der gerichtlichen Vertretung vgl. 8.1.2.

6.9 Änderung des Aufgabenkreises des Betreuers

Im Laufe der Betreuung kann sich die Notwendigkeit ergeben, den Umfang der Betreuung zu erweitern. Umgekehrt kann es notwendig sein, den Aufgabenkreis des Betreuers einzuschränken.

6.9.1 Erweiterung des Aufgabenkreises

Der Umfang der Betreuung kann nur erweitert werden, wenn dies erforderlich ist. Ob dies der Fall ist, richtet sich nach den allgemeinen Grundsätzen für die Bestellung des Betreuers (§ 1871 Abs. 3 BGB).

- Der Betreute muss wegen einer Krankheit oder einer Behinderung nicht in der Lage sein, seine Angelegenheiten ganz oder teilweise zu besorgen (vgl. dazu 3.1 und 3.3).
- Die Erweiterung des Aufgabenkreises ist nicht zulässig, wenn die Angelegenheiten des Betroffenen von einem Bevollmächtigten wahrgenommen werden können (vgl. dazu 3.4.2).
- Der Betreuer muss für die neuen Aufgaben geeignet (vgl. dazu 2.2.2) und er muss mit der Übernahme des erweiterten Aufgabenkreises einverstanden sein.

» Die Erweiterung des Aufgabenkreises des Betreuers kommt in Betracht, wenn sich die Krankheit oder Behinderung des Betroffenen verschlimmert hat und er Angelegenheiten, die er zur Zeit der Bestellung des Betreuers noch erledigen konnte, nicht mehr selbst besorgen kann. Die Erweiterung des Umfangs der Betreuung kann auch dann notwendig sein, wenn im Rahmen der Betreuung neue Aufgaben wahrgenommen werden müssen, die zum Zeitpunkt der Betreuerbestellung noch nicht aktuell waren (z.B. Vermögenssorge nach einer Erbschaft).

Die Erweiterung des Aufgabenkreises kann auf Antrag des Betreuten oder auf Anregung eines Dritten (z.B. des Betreuers oder des Sozialdienstes) erfolgen. Der Betreuer ist gesetzlich verpflichtet, dem Betreuungsgericht Umstände mitzuteilen, die eine Erweiterung des Aufgabenkreises erforderlich machen (§ 1864 Abs. 2 Satz 2 Nr. 3 BGB).

Das Betreuungsgericht kann den neuen Aufgabenbereich dem bisherigen Betreuer zusätzlich übertragen. Andernfalls besteht die Möglichkeit, einen weiteren Betreuer zu bestellen, der den zusätzlichen Aufgabenbereich besorgt, oder den alten Betreuer zu entlassen und dem neuen Betreuer alle Aufgabenbereiche, die im Rahmen der Betreuung wahrgenommen werden müssen, zu übertragen.

Hinsichtlich des Verfahrens bei der Erweiterung des Aufgabenkreises ist zu unterscheiden, ob es sich um eine wesentliche oder unwesentliche Erweiterung handelt.

- Bei einer wesentlichen Erweiterung des Aufgabenkreises gelten die gesetzlichen Vorschriften über die Erstbestellung des Betreuers entsprechend (vgl. dazu 3.1 bis 3.4). Das Betreuungsgericht hat also den Betroffenen grundsätzlich vorher anzuhören und ein Sachverständigengutachten einzuholen. Unter Umständen muss auch ein Verfahrenspfleger bestellt werden.
- Bei einer unwesentlichen Erweiterung des Umfangs der Betreuung gelten Verfahrenserleichterungen. So kann von der persönlichen Anhörung des Betroffenen abgesehen werden (§ 293 Abs. 2 Satz 1 Nr. 2 FamFG), ferner muss kein neues Sachverständigengutachten eingeholt werden. Von einem erneuten Gutachten kann abgesehen werden, wenn sich aus einem ärztlichen Zeugnis ergibt, dass sich der Umfang der Betreuungsbedürftigkeit offensichtlich nicht verringert hat (§ 295 Abs. 1 Satz 2 FamFG).

Achtung: Die Abgrenzung zwischen einer wesentlichen oder unwesentlichen Erweiterung des Aufgabenkreises des Betreuers kann im Einzelfall schwierig sein. In jedem Fall liegt eine wesentliche Erweiterung des Umfangs der Betreuung vor, wenn erstmals ganz oder teilweise die Personensorge (Gesundheitssorge, Aufenthaltsbestimmung, Umgangsbestimmung), Telekommunikations- und Postangelegenheiten, die Entscheidung über Einwilligungen in eine risikoreiche oder endgültige ärztliche Maßnahme oder Sterilisation oder die Entscheidung über die freiheitsentziehende Unterbringung oder eine ärztliche Zwangsbehandlung einbezogen werden (§ 293 Abs. 2 Satz 2 FamFG). Auch die Erweiterung des Aufgabenkreises um die Vermögenssorge ist als wesentlich anzusehen. Von einer unwesentlichen Erweiterung des Aufgabenkreises ist auszugehen, wenn ein bestehender Aufgabenbereich lediglich ergänzt wird.

Urteil

Wird der Aufgabenkreis eines Betreuers, welcher bisher unter anderem für die Aufgabenbereiche Aufenthaltsbestimmung und Gesundheitsfürsorge bestellt worden war, um den Bereich Regelung des Umgangs mit Familienangehörigen erweitert, handelt es sich nicht um eine unwesentliche Erweiterung des bisherigen Aufgabenkreises.

BayObLG, Az. 3Z BR 180/02

6.9.2 Einschränkung des Aufgabenkreises

Der Aufgabenkreis des Betreuers ist vom Betreuungsgericht einzuschränken, wenn eine Betreuung im bisherigen Umfang nicht mehr erforderlich ist. Waren mehrere Betreuer für verschiedene Aufgaben bestellt (z.B. ein Betreuer für Vermögens- und ein Betreuer für Gesundheitsangelegenheiten) und ist die Betreuung für einen Aufgabenbereich nicht mehr notwendig, so ist der betreffende Betreuer zu entlassen.

» Der Umfang der Betreuung ist einzuschränken, wenn bestimmte Aufgaben weggefallen sind (z.B. wurde die Aufgabe »Vertretung in einem Rechtsstreit« erledigt, ist der zugrunde liegende Aufgabenbereich aufzuheben). Die Einschränkung hat auch dann zu erfolgen, wenn die betreffende Angelegenheit vom Betroffenen selbst wahrgenommen werden kann oder ein Bevollmächtigter die Angelegenheit besorgt.

Die Einschränkung des Aufgabenkreises erfolgt auf Antrag des Betroffenen oder auf Anregung eines Dritten (z.B. des Betreuers oder eines Verwandten des Betreuten). Ist der Betreuer auf Antrag des Betreuten bestellt, so ist der Aufgabenkreis auf dessen Antrag einzuschränken, es sei denn, dass der Betreute aktuell keinen freien Willen bilden kann (§ 1871 Abs. 2 Satz 2 BGB).

Hinsichtlich des Verfahrens über die Einschränkung des Aufgabenkreises gilt Folgendes (§ 294 FamFG):

- Der Betroffene muss nicht erneut persönlich angehört werden; es genügt eine schriftliche Anhörung.
- Die Bestellung eines Verfahrenspflegers ist nicht erforderlich.
- Ein neues Sachverständigengutachten oder ein neues ärztliches Attest ist nicht notwendig.
- Vor der Einschränkung des Aufgabenkreises muss allerdings dem Betreuer, der Betreuungsbehörde, dem Ehegatten, bestimmten Angehörigen (z.B. den Kindern und Geschwistern) und einer Vertrauensperson des Betroffenen Gelegenheit zur Äußerung gegeben werden.

7 Zwangsmaßnahmen des Betreuers

Als Zwangsmaßnahmen sind im Rahmen einer Betreuung solche Maßnahmen anzusehen, die gegen beziehungsweise ohne den Willen der betreuten Person durchgeführt werden, weil sie aus gesundheitlichen Gründen notwendig sind. Weil Eingriffe dieser Art mit wichtigen verfassungsrechtlich garantierten Rechten des Betroffenen verbunden sind, sind sie nur unter engen Voraussetzungen und mit gerichtlicher Genehmigung zulässig.

7.1 Freiheitsentziehende Unterbringung des Betreuten durch den Betreuer

Der Betreuer kann den betreuten Menschen unter bestimmten Voraussetzungen mit gerichtlicher Genehmigung in einer geschlossenen Einrichtung wie etwa einem psychiatrischen Krankenhaus oder in einer geschlossenen Abteilung (z.B. eines Krankenhauses oder eines Altenheims) unterbringen.

Achtung: Die im Folgenden dargestellte zivilrechtliche Unterbringung ist von der öffentlich-rechtlichen Unterbringung zu unterscheiden. Die öffentlich-rechtliche Unterbringung kommt bei einer Gefährdung der öffentlichen Sicherheit nach den Gesetzen für psychisch Kranke der einzelnen Bundesländer in Betracht. Während die zivilrechtliche Unterbringung nur bei einer Eigengefährdung des Betroffenen zulässig ist, kommt die öffentlich-rechtliche Unterbringung eines psychisch kranken Menschen gegen dessen Willen in einem psychiatrischen Fachkrankenhaus sowohl bei akuter Selbst- als auch Fremdgefährdung in Betracht. Der Unterschied zwischen zivilrechtlicher und öffentlich-rechtlicher Unterbringung besteht also im Wesentlichen darin, dass Erstere vorrangig dem Interesse des Betroffenen dienen soll, während die öffentlich-rechtliche Unterbringung der Gefahrenabwehr zugunsten Dritter dient.

7.1.1 Freiheitsentziehende Unterbringung

Eine freiheitsentziehende Unterbringung liegt vor, wenn der Betreute in einem räumlich abgegrenzten Bereich eines geschlossenen Krankenhauses beziehungsweise einer anderen geschlossenen Einrichtung oder eines Teils einer geschlossenen Einrichtung für eine gewisse Dauer festgehalten, sein Aufenthalt ständig überwacht und die Kontaktaufnahme mit anderen Personen außerhalb des Bereichs eingeschränkt wird.

Eine Unterbringung ist gegeben, wenn die betreute Person in einen anderen Lebensraum verbracht wird. Regelmäßig erfolgt die Unterbringung in einer geschlossenen Einrichtung oder in einer geschlossenen Abteilung einer Einrichtung. In Betracht kommen geschlossene Heime, Kliniken, Krankenhäuser oder Anstalten, in denen die Bewegungsfreiheit durch Einschließen oder Absperren beschränkt wird. Die Unterbringung muss mit einem Freiheitsentzug verbunden sein. Das ist der Fall, wenn eine Person gegen ihren Willen oder im Zustand der Willenlosigkeit insbesondere in einer abgeschlossenen Einrichtung festgehalten, ihr Aufenthalt ständig überwacht und die Kontaktaufnahme mit Personen außerhalb des Bereichs durch Sicherheitsmaßnahmen eingeschränkt wird.

Achtung: Von Freiheitsentziehung kann dagegen keine Rede sein, wenn der Betroffene mit seiner Unterbringung einverstanden ist. Dabei ist ein natürlicher Wille ausreichend, wenn eine Einsichtsfähigkeit des Betroffenen in die Tragweite der Maßnahme vorliegt. Keine Freiheitsentziehung liegt auch dann vor, wenn der Betroffene nicht mehr in der Lage ist, sich fortzubewegen, also aufgrund einer Erkrankung selbst nicht mehr imstande ist, eine Räumlichkeit zu verlassen (z.B. wenn gelähmte oder im Wachkoma befindliche Menschen mit einem Bettgitter vor dem Herausrutschen gesichert werden).

Urteil

Soll ein unter Betreuung stehender Rollstuhlfahrer in ein Wohnheim mit verschlossener Außentür untergebracht werden, so stellt dies eine Freiheitsentziehung dar, wenn der Rollstuhlfahrer sich eigenmächtig fortbewegen kann.

BGH, Az. XII ZB 577/16

7.1.2 Voraussetzungen für die Unterbringung

Eine Unterbringung des Betreuten durch den Betreuer, die mit einer Freiheitsentziehung verbunden ist, ist nur zulässig, wenn sie erforderlich ist, weil ein gesetzlich anerkannter Grund vorliegt. Aus dem Erforderlichkeitsgrundsatz folgt insbesondere, dass der Betreute nur untergebracht werden darf, wenn weniger einschneidende Maßnahmen (z.B. eine freiwillige Heilbehandlung) nicht ausreichen. Ferner folgt aus diesem Grundsatz, dass die Unterbringung nicht zulässig ist, wenn sie – insbesondere unter Berücksichtigung ihrer Dauer – außer Verhältnis zu den ohne die Unterbringung drohenden Nachteilen steht. So muss insbesondere bei der Unterbringung zur Heilbehandlung die Schwere des mit der Unterbringung verbundenen Eingriffs mit den gesundheitlichen Schäden abgewogen werden, die ohne die nur bei Unterbringung mögliche Heilbehandlung drohen.

Achtung: Die in die persönliche Lebensführung des Betreuten auf besonders einschneidende Weise eingreifende freiheitsentziehende Unterbringung darf von einem Betreuer nur dann ausgeübt werden können, wenn sie ihm als Aufgabenbereich ausdrücklich zugewiesen worden ist (§ 1815 Abs. 2 Nr. 1 BGB). Die Anordnung allgemeinerer Aufgabenbereiche, wie etwa die Gesundheitssorge, reicht nicht aus. Hierdurch soll dem Gericht vorab eine Kontrollmöglichkeit hinsichtlich der Erforderlichkeit einer solchen Maßnahme gegeben werden.

Selbstgefährdung des Betreuten

Als Unterbringungsgrund in Betracht kommt die Abwendung der Gefahr, dass sich der Betreute selbst tötet oder einen erheblichen gesundheitlichen Schaden zufügt (§ 1831 Abs. 1 Nr. 1 BGB). Diese Selbstgefährdung vermag eine Unterbringung aber nur zu rechtfertigen, wenn sie ihre Ursache in einer psychischen Krankheit oder einer geistigen oder seelischen Behinderung des Betreuten hat. Eine rein körperliche Erkrankung kann nie die Grundlage für eine freiheitsentziehende Unterbringung sein. Die Erkrankung oder Behinderung muss vielmehr der Grund dafür sein, dass der Betreute seinen Willen nicht frei bestimmen kann. Grundlagen für die freiheitsentziehende Unterbringung sind deshalb psychische Krankheiten oder geistige oder seelische Behinderungen, weil nur sie eine Auswirkung auf die Fähigkeit zur Bildung eines freien Willens haben können. Schließlich hat der Staat nicht das Recht, erwachsene und zur freien Willensbildung fähige Bürgerinnen und Bürger gegen deren Willen vor sich selbst zu schützen und sie daran zu hindern, sich gesundheitlich zu schädigen.

Die Gefahr anderer als gesundheitlicher Schäden kann eine freiheitsentziehende Unterbringung durch den Betreuer nicht rechtfertigen. Dies gilt insbesondere für Vermögensschäden. Droht durch ein Verhalten des Betreuten eine Schädigung seines eigenen Vermögens, so ist dem durch andere Maßnahmen zu begegnen. Notfalls muss das Betreuungsgericht einen umfassenden Einwilligungsvorbehalt anordnen. Der Betreute kann dann über sein Vermögen ohne Einwilligung des Betreuers weder wirksam verfügen noch wirksam Verpflichtungen eingehen.

» Eine freiheitsentziehende Unterbringung kann in Betracht kommen, wenn der extrem angespannte und gereizte Betroffene Selbsttötungsabsichten mit Vergiftungs- und Verfolgungswahn äußert.

Die Gefahr, dass der Betreute einem Dritten oder der Allgemeinheit Schaden zufügt, rechtfertigt eine zivilrechtliche Unterbringung nicht. Die Abwehr eines solchen Schadens ist nicht Aufgabe des auf das Wohl des Betreuten ausgerichteten Betreuungsrechts, sondern Aufgabe des Polizeirechts. Hier kann also nur eine öffentlich-rechtliche Unterbringung in Betracht kommen.

Die Selbstgefährdung setzt kein zielgerichtetes Handeln des Betreuten voraus. So liegt eine solche Selbstgefährdung auch vor, wenn ein altersverwirrter Betreuter Gesundheit und Leben dadurch aufs Spiel setzt, dass er regelmäßig – auch nachts oder bei großer Kälte – planlos und ohne Beachtung des Straßenverkehrs umherirrt und sich hierdurch der Gefahr aussetzt, überfahren zu werden oder zu erfrieren. Auch durch ein Unterlassen kann sich der Betreute selbst gefährden, so etwa, wenn er Essen und Trinken verweigert. In solchen Fällen wird aber besonders sorgfältig zu prüfen sein, ob die Gefahr nicht durch andere Mittel als durch eine Unterbringung abgewendet werden kann.

Urteil

Die Unterbringung durch einen Betreuer setzt keine akute, unmittelbar bevorstehende Gefahr voraus; notwendig ist allerdings eine ernstliche und konkrete Gefahr für Leib oder Leben des Betreuten. Die Gefahr für Leib oder Leben setzt kein zielgerichtetes Verhalten des Betreuten voraus, sodass auch eine völlige Verwahrlosung ausreichen kann, wenn damit eine Gesundheitsgefahr durch körperliche Verelendung und Unterversorgung verbunden ist.

BGH, Az. XII ZB 248/09

Notwendige ärztliche Maßnahmen

Eine freiheitsentziehende Unterbringung ist auch zulässig, wenn zur Abwendung eines drohenden erheblichen gesundheitlichen Schadens eine Untersuchung des Gesundheitszustands, eine Heilbehandlung oder ein ärztlicher Eingriff notwendig ist, die ohne die Unterbringung des Betreuten nicht durchgeführt werden und der Betreute aufgrund einer psychischen Krankheit oder geistigen oder seelischen Behinderung die Notwendigkeit der Unterbringung nicht erkennen oder nicht nach dieser Einsicht handeln kann (§ 1831 Abs. 1 Nr. 2 BGB).

Die genannten ärztlichen Maßnahmen können nur Grund für die Unterbringung des Betreuten sein, wenn sie ohne die Unterbringung des Betreuten nicht durchgeführt werden können und ohne die Maßnahme im konkreten Fall ein erheblicher Gesundheitsschaden droht. Lediglich Bagatellerkrankungen können allerdings eine Unterbringung nicht rechtfertigen.

Achtung: Kann die Behandlung des Betreuten in einer offenen Einrichtung, einer Tagesklinik oder ambulant durchgeführt werden, ist die freiheitsentziehende Unterbringung nicht zulässig.

Die ärztlichen Maßnahmen müssen »notwendig« sein. Dies setzt zum einen voraus, dass sich die Gefahr für den Betreuten nicht auf weniger einschneidende Weise abwenden lässt (z.B. durch Überwachung der Medikamenteneinnahme durch den Pflegedienst). Zum anderen ist eine Heilbehandlung oder andere Maßnahme dann nicht notwendig, wenn sie keinen hinreichenden Erfolg verspricht.

Urteil

Nur dann, wenn der Erfolg einer Heilbehandlung zumindest möglich ist, ist die Anordnung einer entsprechenden Unterbringung verhältnismäßig. Hierbei muss auch sichergestellt sein, dass die Behandlung nicht aufgrund finanzieller Probleme scheitert. Die Unterbringungsgenehmigung muss Art, Inhalt und Dauer der Heilbehandlung genau festlegen, da der Betreuer nur so einen verlässlichen Maßstab für spätere Entscheidungen über die Fortdauer der Unterbringung erhält.

OLG Brandenburg, Az. 11 Wx 7/07

7.1.3 Genehmigung des Betreuungsgerichts

Grundsätzlich ist die Unterbringung des Betreuten nur mit Genehmigung des Betreuungsgerichts zulässig. Nur wenn mit dem Aufschub Gefahr verbunden ist, ist die Unterbringung vorübergehend ohne gerichtliche Genehmigung möglich. In diesem Fall muss die Genehmigung unverzüglich nachgeholt werden (§ 1831 Abs. 2 BGB).

Achtung: Nur in Eilfällen, wenn also der Aufschub der Unterbringung für den Betreuten mit Gefahren verbunden ist, darf die Unterbringung ohne Genehmigung des Betreuungsgerichts erfolgen. Davon ist auszugehen, wenn dem Betroffenen erhebliche gesundheitliche Nachteile drohen, wenn also beispielsweise eine akute gesundheitliche Verschlechterung zu befürchten ist. Liegt ein solcher Eilfall vor, muss die Genehmigung unverzüglich nachgeholt werden.

Wegen des hohen Rangs der Freiheitsrechte einer Person ist im Rahmen der zeitlichen Festsetzung einer geschlossenen Unterbringung vor allem dann Zurückhaltung geboten, wenn es um die erstmalige Anordnung einer Unterbringung geht. In der Regel beträgt die

Höchstfrist, die für eine geschlossene Unterbringung vom Gericht angeordnet werden kann, ein Jahr (§ 329 Abs. 1 FamFG). Wenn darüber hinaus eine längere Unterbringung angeordnet oder genehmigt werden soll, muss dies ausreichend begründet werden. Bei Unterbringungen mit einer Gesamtdauer von mehr als vier Jahren soll das Gericht keinen Sachverständigen bestellen, der den Betroffenen bisher behandelt oder begutachtet hat oder in der Einrichtung tätig ist, in der der Betroffene untergebracht ist (§ 329 Abs. 2 Satz 2 FamFG).

Eine vorläufige Unterbringung des Betreuten kommt nur in Betracht, wenn der drohende gesundheitliche Schaden so gewichtig ist, dass die Freiheitsentziehung gerechtfertigt werden kann. Und es müssen konkrete Umstände mit hinreichender Wahrscheinlichkeit darauf hindeuten, dass die gesetzlichen Voraussetzungen für die Unterbringung tatsächlich vorliegen. Bei Gefahr im Verzug kann das Gericht eine einstweilige Anordnung bereits vor Anhörung des Betroffenen sowie vor Anhörung und Bestellung des Verfahrenspflegers erlassen. Diese Verfahrenshandlungen, also die Anhörung des Betroffenen und die Bestellung des Verfahrenspflegers, sind unverzüglich nachzuholen (§ 332 FamFG). Die einstweilige Anordnung darf die Dauer von sechs Wochen nicht überschreiten. Reicht dieser Zeitraum nicht aus, kann sie nach Anhörung eines Sachverständigen durch eine weitere einstweilige Anordnung verlängert werden (§ 333 Abs. 1 Sätze 1 und 2 FamFG).

7.1.4 Beendigung der Unterbringung

Die Unterbringung ist nur so lange zulässig, wie die gesetzlichen Voraussetzungen erfüllt sind (§ 1831 Abs. 3 Satz 1 BGB). Sie ist demnach zu beenden, wenn diese Voraussetzungen wegfallen.

Die Pflicht, die Unterbringung gegebenenfalls zu beenden, trifft nicht nur das Betreuungsgericht, sondern auch den Betreuer. Das Betreuungsgericht kann auch von sich aus – notfalls auch gegen den Willen des Betreuers – für die Beendigung einer nicht mehr gerechtfertigten Unterbringung Sorge tragen (§ 330 FamFG).

Achtung: Sind die Voraussetzungen für die freiheitsentziehende Unterbringung weggefallen, muss der Betreuer gegebenenfalls auch gegen den ärztlichen Rat die Entlassung des Betreuten veranlassen. Ihn trifft die Verantwortung für die Freiheitsentziehung. Liegen die Voraussetzungen für die Unterbringung nicht mehr vor, kann nur der Betroffene in eine weitere freiwillige Unterbringung einwilligen.

Der Betreuer muss die Entlassung des Betreuten dem Betreuungsgericht unverzüglich anzeigen (§ 1831 Abs. 3 Satz 2 BGB).

7.2 Freiheitsentziehende Maßnahmen

Die Ausführungen unter 7.1 gelten auch für sogenannte freiheitsentziehende Maßnahmen. Dabei handelt es sich um Maßnahmen, durch die dem Betreuten, der sich in einer Anstalt, einem Heim oder einer sonstigen Einrichtung aufhält, ohne geschlossen untergebracht zu sein, durch mechanische Vorrichtungen, Medikamente oder auf andere Weise über einen längeren Zeitraum oder regelmäßig die Freiheit entzogen werden soll. Solche Maßnahmen sind nur zulässig, wenn die gleichen Voraussetzungen wie für die Unterbringung eines Betreuten erfüllt sind (§ 1831 Abs. 4 BGB).

7.2.1 Geschützter Personenkreis

Die Mehrzahl der betreuungsbedürftigen Personen sind ältere Menschen. Für diese ist der Aufenthalt in »offenen« Einrichtungen nicht selten mit Freiheitsbeschränkungen verbunden, so etwa, wenn der Betroffene durch einen Leibgurt in seinem Bett oder Stuhl festgebunden, durch ein Bettgitter am Verlassen des Bettes gehindert oder gezielt durch Schlafmittel oder andere Medikamente am Verlassen der Einrichtung gehindert wird. Solche Freiheitsbeschränkungen können im Einzelfall sinnvoll sein und dem Wohl des Betreuten dienen, vor allem wenn die Gefahr besteht, dass ein altersverwirrter Betreuter ziellos umherirrt, ohne auf den Straßenverkehr zu achten oder Vorsorge gegen Hunger, Durst und Kälte zu treffen.

Gesetzlich geschützt werden volljährige betreute Menschen, die sich in einer Einrichtung befinden, ohne untergebracht zu sein. In Betracht kommen alle stationären Einrichtungen der Altenhilfe (z.B. Altenheime, Altenpflegeheime), der Behindertenhilfe (insbesondere Einrichtungen für geistig Behinderte) und der Psychiatrie (z.B. psychiatrische Krankenhäuser). Auch die eigene Wohnung des Betreuten kann in Betracht kommen, wenn er in dieser eingesperrt und durch professionelle Dienste betreut und gepflegt wird.

7.2.2 Genehmigungsbedürftige Maßnahmen

Der gesetzliche Schutz, dass freiheitsentziehende Maßnahmen der gerichtlichen Genehmigung bedürfen, setzt voraus, dass die betreute Person am Verlassen des Aufenthaltsorts »gehindert« wird. Das ist der Fall, wenn auf die Entscheidung des Betreuten in anderer Art als durch Bitte oder Überredung eingewirkt wird. In Betracht kommen dabei nicht nur mechanische Vorrichtungen oder Medikamente. Ausreichend ist bereits ein »Hindern« in anderer Weise, etwa durch körperliche Gewalt. Allerdings wird die betreute Person am Verlassen des Aufenthaltsortes nur dann gehindert, wenn sie überhaupt (mit natürlichem Willen) versuchen will, den Aufenthaltsort zu verlassen. Wer beispielsweise nachts ein Altenheim oder eine andere Einrichtung, in der er sich aufhält, nicht verlassen will, wird auch dann nicht am Verlassen »gehindert«, wenn die Eingangstüre verschlossen ist.

Genehmigungspflichtig sind unter anderem folgende freiheitsentziehende Maßnahmen:

- Anbringen eines Bettgitters oder Beckengurts,
- Zwangsjacken,
- Anbringen eines Therapiertischs,

- Leibgürtel zur Fixierung bei der Körperpflege,
- komplizierte Türmechanismen,
- Fesselungen,
- Verbreichen von Psychopharmaka, die den Betroffenen in einen Dämmerzustand versetzen,
- Verabreichen sedierender Mittel,
- körperliche Gewalt des Personals,
- Wegnahme der Kleidung.

Urteil

Das Anbringen von Bettgittern sowie die Fixierung im Stuhl mittels eines Beckengurts stellen freiheitsentziehende Maßnahmen dar, wenn der Betroffene durch sie in seiner körperlichen Bewegungsfreiheit eingeschränkt wird. Dieses ist dann der Fall, wenn nicht ausgeschlossen werden kann, dass der Betroffene zu einer willensgesteuerten Aufenthaltsveränderung in der Lage wäre, an der er durch die Maßnahmen gehindert wird.

BGH, Az. XII ZB 24/12

Die Verabreichung von Medikamenten fällt nur dann unter eine freiheitsentziehende Maßnahme, wenn diese gezielt eingesetzt werden, um den Betroffenen am Verlassen seines Aufenthaltsorts zu hindern, nicht dagegen, wenn sie zu Heilzwecken eingesetzt werden, selbst wenn sie als Nebenwirkung den Bewegungsdrang des Betroffenen absenken.

Achtung: Der Genehmigungspflicht unterliegen nur Freiheitseinschränkungen, die über einen längeren Zeitraum oder regelmäßig erfolgen. Wann ein »längerer Zeitraum« vorliegt, richtet sich nach der Schwere des Eingriffs. Eine »regelmäßige« Freiheitsbeschränkung liegt vor, wenn diese entweder stets zur selben Zeit erfolgt (Absperren der Türe jeweils zur Nachtzeit) oder aus wiederkehrendem Anlass (wiederkehrendes Einsperren eines Betreuten, wenn er die Nachtruhe stört).

Keiner Genehmigung durch das Betreuungsgericht bedürfen Sitzwachen am Bett oder die Überwachung der Ausgänge mit Kameras. Auch wenn der Betreute selbst der freiheitsentziehenden Maßnahme wirksam zugestimmt hat, ist eine Genehmigung des Betreuungsgerichts nicht erforderlich.

7.2.3 Zulässigkeitsvoraussetzungen

Eine freiheitsentziehende Maßnahme durch den Betreuer ist nur zulässig, wenn sie erforderlich ist, weil ein gesetzlich anerkannter Grund vorliegt. Das ist der Fall, solange sie erforderlich ist, weil

- aufgrund einer psychischen Krankheit oder geistigen oder seelischen Behinderung des Betreuten die Gefahr besteht, dass er sich selbst tötet oder erheblichen gesundheitlichen Schaden zufügt, oder
- zur Abwendung eines drohenden erheblichen gesundheitlichen Schadens eine Untersuchung des Gesundheitszustands, eine Heilbehandlung oder ein ärztlicher Eingriff notwendig ist, die Maßnahme ohne die Zustimmung des Betreuten nicht durchgeführt werden kann und der Betreute aufgrund einer psychischen Krankheit oder geistigen oder seelischen Behinderung die Notwendigkeit der Maßnahme nicht erkennen oder nicht nach dieser Einsicht handeln kann.

Die Ausführungen unter 7.1.2 gelten in diesem Zusammenhang entsprechend.

Aus dem Erforderlichkeitsgrundsatz folgt insbesondere, dass die freiheitsentziehende Maßnahme nur durchgeführt werden darf, wenn weniger einschneidende Maßnahmen nicht ausreichen. In diesem Zusammenhang muss die Maßnahme auch verhältnismäßig sein, das heißt, sie muss im Vergleich zu anderen Maßnahmen das verhältnismäßigere Mittel zur Abwehr einer Eigengefährdung des Betroffenen sein. So kommt beispielsweise als Alternativen zum Freiheitsentzug unter Umständen die Anschaffung eines Niederflurbetts oder die Bildung eines sogenannten Bettnestes in Betracht.

» Freiheitsentziehende Maßnahmen kommen beispielsweise bei einem aggressiven Verhalten des Betroffenen in Betracht, wenn sich dieser selbst gefährdet, wenn eine Gesundheitsgefahr besteht, weil vom Betreuten Infusionen entfernt werden, oder wenn eine starke Unruhe zu gesundheitlichen Beeinträchtigungen führt.

Achtung: Die in die persönliche Lebensführung des Betreuten auf besonders einschneidende Weise eingreifenden freiheitsentziehenden Maßnahmen dürfen – unabhängig davon, wo sich der Betreute aufhält – von einem Betreuer nur dann ausgeübt werden, wenn sie ihm als Aufgabenbereich ausdrücklich zugewiesen worden sind (§ 1815 Abs. 2 Nr. 2 BGB). Die Anordnung allgemeinerer Aufgabenbereiche, wie etwa die Gesundheitssorge, reicht nicht aus. Hierdurch soll dem Gericht vorab eine Kontrollmöglichkeit hinsichtlich der Erforderlichkeit einer solchen Maßnahme gegeben werden.

7.3 Ärztliche Zwangsmaßnahmen

Ein mit den Aufgabenkreisen Gesundheitssorge und Aufenthaltsbestimmung bestellter Betreuer sieht sich bisweilen vor die Aufgabe gestellt, gegen den Willen des einwilligungsunfähigen Patienten eine ärztliche Maßnahme durchzusetzen. In diesem Zusammenhang stellt sich dann die Frage, ob beziehungsweise unter welchen Voraussetzungen sogenannte ärztliche Zwangsmaßnahmen betreuungsrechtlich zulässig sind. Schließlich handelt es sich dabei um einen schwerwiegenden Eingriff in die körperliche Integrität des betreuten Menschen. Deshalb darf der Betreuer in eine ärztliche Maßnahme, die dem natürlichen Willen des Betreuten widerspricht, nur unter engen gesetzlichen Voraussetzungen einwilligen.

7.3.1 Einwilligungsunfähigkeit des Betreuten

Der Betreuer darf nur dann in eine ärztliche Zwangsmaßnahme einwilligen, wenn der Betroffene aufgrund einer psychischen Erkrankung, einer geistigen oder seelischen Behinderung die Notwendigkeit der ärztlichen Maßnahme nicht erkennen oder nicht nach dieser Einsicht handeln kann. Entscheidend ist also, ob der Betroffene Wesen, Art, Bedeutung, Tragweite und Risiken der ärztlichen Maßnahme erfassen, das Für und Wider abwägen und seinen Willen hiernach bestimmen kann (wegen der Einzelheiten zur Einwilligungsfähigkeit des Betroffenen vgl. 5.4). Eine ärztliche Zwangsmaßnahme scheidet aus, wenn sich ein einwilligungsfähiger Betreuter der Maßnahme widersetzt.

Achtung: Der Betreuer muss bei Entscheidungen grundsätzlich in der Vergangenheit geäußerte mündliche oder schriftlich geäußerte Behandlungswünsche des Betroffenen berücksichtigen. Diese Vorgaben des Betreuten gelten auch bei ärztlichen Zwangsmaßnahmen (§ 1832 Abs. 1 Satz 1 Nr. 3 BGB). Eine im einwilligungsfähigen Zustand errichtete Patientenverfügung, die bestimmte ärztliche Maßnahmen festgelegt oder ausschließt und die die aktuelle Behandlungssituation beschreibt, ist vom Betreuer umzusetzen. Liegt keine Patientenverfügung vor oder treffen die Festlegungen in einer Patientenverfügung nicht auf die aktuelle Lebens- und Behandlungssituation zu, ist der Betreuer bei seiner Entscheidung an den mutmaßlichen Willen des Betroffenen gebunden.

7.3.2 Voraussetzungen der Zwangsbehandlung

Wie oben dargelegt, darf der Betreuer nur dann in eine ärztliche Zwangsmaßnahme einwilligen, wenn der Betroffene aufgrund einer psychischen Erkrankung, einer geistigen oder seelischen Behinderung die Notwendigkeit der ärztlichen Maßnahme nicht erkennen oder nicht nach dieser Einsicht handeln kann. Darüber hinaus müssen folgende Voraussetzungen vorliegen (§ 1832 Abs. 1 BGB):

- Die ärztliche Zwangsmaßnahme muss notwendig sein, um einen drohenden erheblichen gesundheitlichen Schaden vom Betreuten abzuwenden. Von einem erheblichen gesundheitlichen Schaden ist beispielsweise bei Suizidabsichten, bei der Nichteinnahme lebenswichtiger Medikamente oder bei einer mangelnden Nahrungsaufnahme wegen Vergiftungswahn auszugehen.
- Der Betreuer darf in die ärztliche Zwangsmaßnahme nur einwilligen, wenn zuvor ernsthaft, mit dem nötigen Zeitaufwand und ohne Ausübung unzulässigen Drucks versucht wurde, den Betreuten von der Notwendigkeit der ärztlichen Maßnahme zu überzeugen. Der Betreuer hat den Betroffenen also vor Durchführung einer Maßnahme zu informieren und ihm die erforderliche Maßnahme verständlich zu machen, um diese wenn möglich im einvernehmlichen Zusammenwirken mit dem Betreuten umzusetzen. Der Betreuer muss vor der Einwilligung in die Zwangsmaßnahme auch versuchen, den Betreuten von der

Notwendigkeit der Maßnahme zu überzeugen, damit dieser sie nicht mehr ablehnt. Kann das Einverständnis des Betreuten nicht allein durch den Betreuer bewirkt werden, muss auch der Arzt versuchen, den Betroffenen von der Notwendigkeit der ärztlichen Maßnahme zu überzeugen.

- Der erhebliche gesundheitliche Schaden darf durch keine andere dem Betreuten zumutbare Maßnahme abgewendet werden können. Es darf also aus der Sicht des Betreuten keine zumutbare andere Behandlungsalternative geben, die das Behandlungsziel ebenso gut wie die ärztliche Zwangsmaßnahme erreichen könnte.
- Der zu erwartende Nutzen der ärztlichen Zwangsmaßnahme muss die zu erwartenden Beeinträchtigungen deutlich überwiegen. Eine Zwangsmaßnahme muss also stets Ultima Ratio sein. Je schwerwiegender der Eingriff ist, umso deutlicher muss der Nutzen für den Betreuten überwiegen.
- Die ärztliche Zwangsmaßnahme muss im Rahmen eines stationären Aufenthalts in einem Krankenhaus durchgeführt werden, in dem die gebotene medizinische Versorgung des Betreuten einschließlich einer erforderlichen Nachbehandlung sichergestellt ist.

Achtung: In ambulante Zwangsbehandlungen darf der Betreuer nicht einwilligen. Allerdings sind ärztliche Zwangsmaßnahmen auch außerhalb einer freiheitsentziehenden Unterbringung zulässig.

Urteil

Als notwendig können nur ärztliche Zwangsmaßnahmen angesehen werden, deren Durchführung einem breiten medizinisch-wissenschaftlichen Konsens entspricht. Derartiger Konsens kann sich namentlich in wissenschaftlichen Stellungnahmen des Beirats der Bundesärztekammer sowie durch medizinische Leitlinien äußern. Falls der an Schizophrenie leidende Betreute einer Elektrokonvulsionstherapie/Elektrokrampftherapie (EKT) ausdrücklich widerspricht, ist die Einwilligung des Betreuers in deren zwangsweise Durchführung im Regelfall nicht genehmigungsfähig.

BGH, Az. XII ZB 381/19

7.3.3 Gerichtliche Genehmigung

Die Einwilligung in eine ärztliche Zwangsmaßnahme bedarf der Genehmigung des Betreuungsgerichts (§ 1832 Abs. 2 BGB). Die Genehmigung der Einwilligung oder deren Anordnung darf die Dauer von sechs Wochen nicht überschreiten, wenn sie nicht vorher verlängert wird. Bei einer Gesamtdauer von mehr als zwölf Wochen soll das Gericht keinen Sachverständigen bestellen, der den Betroffenen bisher behandelt oder begutachtet hat oder in der Einrichtung tätig ist, in der der Betroffene untergebracht ist (§ 329 Abs. 1 Satz 2, Abs. 3 FamFG).

Der Betreuer hat die Einwilligung in die ärztliche Zwangsmaßnahme zu widerrufen, wenn ihre Voraussetzungen wegfallen. Den Widerruf hat der Betreuer dem Betreuungsgericht unverzüglich anzuzeigen (§ 1832 Abs. 3 BGB).

7.4 Zwangsmaßnahmen durch einen Bevollmächtigten

In einer Vollmacht kann der Betroffene auch Regelungen über die freiheitsentziehende Unterbringung, freiheitsentziehende Maßnahmen und zu ärztlichen Zwangsmaßnahmen treffen. Die Wirksamkeit der Vollmacht setzt allerdings voraus, dass sie schriftlich erteilt wurde und der Vollmachtgeber zum Zeitpunkt ihrer Erteilung noch geschäftsfähig war. Ferner muss die Vollmacht ausdrücklich für die freiheitsentziehende Unterbringung, freiheitsentziehende Maßnahmen und ärztliche Zwangsmaßnahmen erteilt worden sein (§ 1820 Abs. 2 Nrn. 2 und 3 BGB). Nicht ausreichend ist eine Generalvollmacht.

Für den Bevollmächtigten gelten im Falle der genannten Maßnahmen die oben für den Betreuer dargestellten Regelungen. Das gilt insbesondere für die Voraussetzungen für die jeweilige Maßnahme und die Notwendigkeit der gerichtlichen Genehmigung.

8 Allgemeine Rechte und Pflichten des Betreuers

Der Betreuer ist in seinem Aufgabenkreis gesetzlicher Vertreter des Betreuten. Während der Betreuung hat er persönlichen Kontakt mit dem Betreuten zu halten. Er ist grundsätzlich verpflichtet, den Wünschen des Betreuten zu entsprechen. Daneben obliegen dem Betreuer Berichts-, Auskunfts-, Melde- und Informationspflichten.

Der Betreuer steht unter der Aufsicht des Betreuungsgerichts. Berufliche Betreuer erhalten für ihre Tätigkeit eine Vergütung, ehrenamtliche Betreuer haben Anspruch auf eine Aufwandsentschädigung. Der Betreuer hat dem Betreuten gegenüber für schuldhafte Pflichtverletzungen einzustehen. Und unter bestimmten Voraussetzungen kann der Betreuer vom Betreuungsgericht entlassen werden.

8.1 Vertretung des Betreuten

Wesensmerkmal der Betreuung ist die gesetzliche Vertretungsmacht des Betreuers. Er vertritt in seinem Aufgabenkreis den Betreuten gerichtlich und außergerichtlich (§ 1823 BGB).

8.1.1 Außergerichtliche Vertretung

Die außergerichtliche Vertretung betrifft die Vertretung des Betreuten außerhalb eines Gerichtsverfahrens. Von Bedeutung ist die Vertretung bei privaten Rechtsgeschäften und gegenüber Ämtern und Behörden.

Vertretung im privaten Rechtsverkehr

Bei privaten Rechtsgeschäften (z.B. beim Abschluss eines Miet-, Kauf-, Werk-, Arbeits-, Darlehens- oder Versicherungsvertrages oder bei der Kündigung von Verträgen) vertritt der Betreuer den Betreuten in seinem Aufgabenkreis umfassend. Er hat damit die Stellung eines gesetzlichen Vertreters.

Umfang der Vertretungsmacht

Für die Vertretung des Betreuten durch den Betreuer gelten die allgemeinen Regelungen des Bürgerlichen Gesetzbuchs. Danach kann der Betreuer den Betreuten nur innerhalb des ihm vom Gericht übertragenen Aufgabenkreises vertreten. Außerhalb seines Aufgabenkreises steht dem Betreuer keine Vertretungsbefugnis zu. Gibt der Betreuer Willenserklärungen außerhalb seiner Vertretungsmacht ab, hängt deren Wirksamkeit von der Genehmigung des Betreuten ab (§ 177 Abs. 1 BGB). Eine solche Genehmigung kann der Betreute jedoch nur wirksam erteilen, wenn er geschäftsfähig ist. Verweigert der geschäftsfähige Betreute die Genehmigung des durch den Betreuer außerhalb seiner Vertretungsmacht abgeschlossenen Geschäfts, haftet der Betreute dem Geschäftspartner auf Erfüllung oder Schadenersatz (§ 179 Abs. 1 BGB).

» Kauft der Betreuer, der für den Betreuten den Aufgabenbereich Gesundheitssorge besorgt, im Namen des Betreuten Wertpapiere, so ist das Geschäft schwebend unwirksam. Es ist nur dann wirksam, wenn es vom geschäftsfähigen Betreuten genehmigt wird.

Willenserklärungen muss der Betreuer grundsätzlich im Namen des Betreuten abgeben. Nur dann, und wenn die Willenserklärungen innerhalb der dem Betreuer zustehenden Vertretungsmacht abgegeben werden, wirken sie unmittelbar gegen den Betreuten (§ 164 Abs. 1 BGB). Dies gilt auch für die Entgegennahme einer Willenserklärung (§ 164 Abs. 3 BGB).

Urteil

Ist ein Arbeitnehmer wegen einer psychischen Erkrankung geschäftsunfähig, ist eine ihm gegenüber ausgesprochene Kündigung des Arbeitgebers unwirksam. Das gilt auch dann, wenn die Geschäftsunfähigkeit von einem Gutachter erst im Nachhinein festgestellt wird. Die Kündigung muss in derartigen Fällen dem Betreuer des Arbeitnehmers zugestellt werden.

LAG Rheinland-Pfalz, Az. 6 Sa 55/09

Handelt der Betreuer nicht im Namen des Vertretenen, so handelt es sich grundsätzlich um ein Eigengeschäft, das heißt, in diesem Fall berechtigt und verpflichtet sich der Betreuer selbst (§ 164 Abs. 2 BGB). Dass der Betreuer im Namen des Betreuten handelt, kann sich für den Geschäftspartner allerdings auch aus den Gesamtumständen ergeben. Bei Bargeschäften des täglichen Lebens (z.B. Einkäufen) ist es rechtlich ohne Bedeutung, ob der Betreuer im Namen des Betreuten handelt. In diesen Fällen ist es nicht erforderlich, dass der Betreuer offenlegt, dass er für den Betreuten handelt. Das Geschäft kommt dann mit dem zustande, den es angeht.

Achtung: Die Pflicht des Betreuers, bei der Betreuung die Wünsche des Betreuten zu berücksichtigen, betreffen lediglich das Innenverhältnis zwischen dem Betreuten und dem Betreuer; sie haben also keine Außenwirkung und betreffen damit nicht die dem Betreuer gesetzlich zustehende Vertretungsmacht. Diese richtet sich allein nach dem in der Bestallungsurkunde des Betreuungsgerichts bezeichneten Aufgabenkreis.

Grenzen der Vertretungsmacht

Grenzen der Vertretungsmacht ergeben sich aus der Natur des Rechtsgeschäfts und aus dem Gesetz.

Eheschließende müssen ihre Erklärungen persönlich abgeben (§ 1311 Abs. 1 BGB). Eine Vertretung durch den Betreuer kommt also nicht in Betracht. Auch ein Testament kann vom Erblasser nur persönlich errichtet und ein Erbvertrag kann von den Vertragspartnern nur persönlich abgeschlossen werden (§§ 2064, 2274 BGB). Auch für diese Rechtsgeschäfte ist Stellvertretung durch den Betreuer unzulässig.

Ausgeschlossen ist das Vertretungsrecht des Betreuers auch bei einem Rechtsgeschäft zwischen seinem Ehegatten oder einem seiner Verwandten in gerader Linie (z.B. seinen Eltern oder Kindern) einerseits und dem Betreuten andererseits, es sei denn, dass das Rechtsgeschäft ausschließlich in der Erfüllung einer Verbindlichkeit besteht (§ 1824 Abs. 1 Nr. 1 BGB). Dies bedeutet, dass der Betreuer als Vertreter des Betreuten regelmäßig keine Verträge mit seinen Verwandten in gerader Linie oder seinem Ehepartner wirksam abschließen kann.

» Wenn der Betreuer mit seiner Ehefrau, die einen Pflegedienst selbstständig führt, einen Vertrag über die Pflege des Betreuten abschließt, ist dieser Vertrag unwirksam.

Unzulässig sind auch sogenannte Insichgeschäfte durch den Betreuer. Der Betreuer kann also nicht wirksam im Namen des Betreuten mit sich selbst in eigenem Namen oder als Vertreter eines Dritten ein Rechtsgeschäft vornehmen, es sei denn, dass das Geschäft ausschließlich in der Erfüllung einer Verbindlichkeit besteht (§§ 1824 Abs. 2, 181 BGB).

» Der Betreuer kann nicht eine Eigentumswohnung des Betreuten an sich selbst verkaufen oder vermieten. Er darf allerdings dem Vermögen des Betreuten den von diesem geschuldeten Aufwendungsersatz oder die geschuldete Vergütung entnehmen.

Ebenso kann der Betreuer den Betreuten nicht vertreten (§ 1824 Abs. 1 Nr. 2 und 3 BGB)

- bei einem Rechtsgeschäft, das die Übertragung oder Belastung einer durch Pfandrecht, Hypothek, Schiffshypothek oder Bürgschaft gesicherten Forderung des Betreuten gegen den Betreuer oder die Aufhebung oder Minderung dieser Sicherheit zum Gegenstand hat oder die Verpflichtung des Betreuten zu einer solchen Übertragung, Belastung, Aufhebung oder Minderung begründet,
- bei einem Rechtsstreit, der die Übertragung oder Belastung einer durch Pfandrecht, Hypothek, Schiffshypothek oder Bürgschaft

gesicherten Forderung des Betreuten gegen den Betreuer oder die Aufhebung oder Minderung dieser Sicherheit zum Gegenstand hat oder die Verpflichtung des Betreuten zu einer solchen Übertragung, Belastung, Aufhebung oder Minderung begründet.

Aufgehoben durch das neue Betreuungsrecht wird das seither geltende allgemeine Schenkungsverbot. Es wird durch einen gerichtlichen Genehmigungsvorbehalt ersetzt. Maßgebliches Kriterium für die Zulässigkeit einer in Vertretung durch den Betreuer gemachten Schenkung ist nunmehr der Wunsch oder der mutmaßliche Wille des Betreuten. Diese finden allerdings ihre Grenze, wenn durch die Schenkung die Person des Betreuten oder dessen Vermögen erheblich gefährdet würde und der Betreute diese Gefahr aufgrund seiner Erkrankung oder Behinderung nicht erkennen oder nicht nach dieser Einsicht handeln kann oder dem Betreuer die Befolgung der Wünsche nicht zuzumuten ist (§ 1821 Abs. 3 BGB). Schenkungen durch den Betreuer, die nach den Lebensverhältnissen des Betreuten als Gelegenheitsgeschenke üblich sind (z.B. Geburtstags- oder Weihnachtsgeschenke), sind allerdings zulässig und bedürfen keiner Genehmigung des Betreuungsgerichts (§ 1854 Nr. 8 BGB).

Achtung: Eine Schenkung an den Heimträger, die Heimleitung oder das Heimpersonal ist unwirksam. Zulässig sind nur geringwertige Aufmerksamkeiten (§ 14 Abs. 1 und 2 Heimgesetz). Auch eine Schenkung des geschäftsunfähigen Betreuten an seinen Betreuer ist unwirksam. Ist der Betreuer Beamter oder Angestellter im öffentlichen Dienst, darf er Geschenke nur mit Zustimmung seines Dienstherrn bzw. Arbeitgebers annehmen.

Nebeneinander von Betreutem und Betreuer

Wie unter 5.2 dargelegt, berührt die Anordnung einer Betreuung nicht die Geschäftsfähigkeit des Betreuten. Der Betreute kann also neben dem Betreuer Rechtsgeschäfte abschließen und selbstständig im Rechtsverkehr auftreten. Ob Geschäftsunfähigkeit vorliegt, ist allein nach den allgemeinen Regelungen des Bürgerlichen Gesetzbuchs zu beurteilen. Danach besteht Geschäftsunfähigkeit nur in Ausnahmefällen, so insbesondere bei Personen, die sich in einem die freie Willensbildung ausschließenden Zustand krankhafter Störung der Geistestätigkeit befinden, sofern nicht der Zustand seiner Natur nach ein vorübergehender ist (§ 104 BGB).

- Ist der Betreute geschäftsunfähig, kann für ihn allein der Betreuer als gesetzlicher Vertreter innerhalb des ihm übertragenen Aufgabenkreises handeln (§ 1823 BGB).
- Liegen die Voraussetzungen für die Geschäftsunfähigkeit nicht vor, bleibt die Geschäftsfähigkeit des Betreuten bestehen; in diesem Fall können sowohl der Betreute als auch der Betreuer als gesetzlicher Vertreter in den Grenzen des Aufgabenkreises handeln. Auf diese Weise kann es zu einander widersprechenden Rechtsgeschäften des Betreuers und des Betreuten kommen. Es gilt dann grundsätzlich: Die zeitlich erste Erklärung hat Vorrang. Allerdings kann das Betreuungsgericht im Einzelfall einen sogenannten Einwilligungsvorbehalt anordnen. Dann sind Willenserklärungen der betreuten Person nur mit vorheriger oder nachträglicher Zustimmung des Betreuers wirksam (Näheres zum Einwilligungsvorbehalt unter 5.3).

Vertretung gegenüber Ämtern und Behörden

Solange der Betreute geschäftsfähig ist, besitzt er in einem Verwaltungsverfahren auch die sogenannte Handlungsfähigkeit. Das heißt, der Betreute kann selbst in einem behördlichen Verfahren Anträge stellen, Erklärungen abgeben oder Widerspruch gegen Entscheidungen von Behörden einlegen. Die Handlungsfähigkeit in einem Verwaltungsverfahren setzt allerdings die Geschäftsfähigkeit des Beteiligten voraus. Ist also der Betreute nicht mehr geschäftsfähig, ist er auch nicht mehr handlungsfähig.

Achtung: Bereits durch die gerichtliche Zuweisung eines Aufgabenbereichs ist der Betreuer berechtigt, den Betreuten gegenüber Behörden zu vertreten. Die Anordnung des Aufgabenbereichs Behördenangelegenheiten ist also entbehrlich, wenn mit der Zuweisung eines Aufgabenbereichs zwangsläufig Kontakte mit Ämtern und Behörden verbunden sind. So muss sich ein Betreuer regelmäßig mit dem Rentenversicherungsträger und der Krankenkasse auseinandersetzen, wenn ihm die Aufgabenbereiche Gesundheitssorge oder Vermögenssorge übertragen sind, und er Anträge auf Rentenleistungen oder eine medizinische Reha stellen oder er den Versicherungsschutz bei der gesetzlichen Krankenversicherung aufrechterhalten will.

Anträge des Betreuten

Wie oben dargelegt, kann der geschäftsfähige Betreute bei Ämtern und Behörden selbst Anträge stellen, sofern vom Gericht kein Einwilligungsvorbehalt angeordnet wurde. Ist der Betreute geschäftsunfähig oder wurde vom Betreuungsgericht ein Einwilligungsvorbehalt angeordnet, ist nur der Betreuer allein handlungsfähig, das heißt, gegenüber der Behörde kann nur der Betreuer Anträge stellen, Erklärungen abgeben und diese wirksam empfangen und Rechtsmittel gegen behördliche Entscheidungen einlegen.

Achtung: Hat in einem Verwaltungsverfahren der Betreuer einen Antrag gestellt, so ist in diesem Verfahren nur noch der Betreuer handlungsfähig, und zwar selbst dann, wenn der Betreute geschäftsfähig ist. Der Betreute kann also in diesem Fall keine Verfahrenshandlungen vornehmen.

Zustellung von Bescheiden

Bei geschäftsunfähigen und bei beschränkt geschäftsfähigen Personen müssen behördliche Bescheide an den gesetzlichen Vertreter zugestellt werden. Gleiches gilt bei Personen, für die ein Betreuer bestellt ist, soweit der Aufgabenbereich des Betreuers reicht (§ 6 Verwaltungszustellungsgesetz). Die Zustellung an den Betreuten ist in diesem Fall unwirksam, Widerspruchsfristen beginnen nicht zu laufen.

Urteil

- *Ein gegenüber einem Geschäftsunfähigen erlassener Verwaltungsakt wird (erst) mit der Bekanntgabe an den besonderen Vertreter wirksam.*

  BSG, Az. 9 RV 14/96
- *Dem Betreuten gegenüber kann ein Verwaltungsakt dann nicht wirksam durch Übersendung an ihn bekannt gegeben werden, wenn entweder ein Einwilligungsvorbehalt oder der Betreuer in einem konkreten Verwaltungsverfahren seine gesetzliche Vertretungsbefugnis tatsächlich wahrnimmt.*

  FG Sachsen-Anhalt, Az. 4 K 52/05

Achtung: Nach dem neuen Betreuungsrecht muss das dem Betreuer zugestellte Dokument der betreuten Person zur Kenntnis gebracht werden. Dabei hat die Behörde die Wahl, ob sie es abschriftlich in Papierform oder elektronisch übermittelt (§ 6 Abs. 1 Satz 2 Verwaltungszustellungsgesetz).

Pflichten gegenüber dem Finanzamt

Der Betreuer hat die steuerlichen Pflichten seines Betreuten zu erfüllen. Dazu gehört auch die Abgabe von Steuererklärungen. Er hat insbesondere dafür zu sorgen, dass die Steuern aus den Mitteln entrichtet werden, die er verwaltet (§ 34 Abs. 1 Abgabenordnung).

Achtung: Der Betreuer haftet, soweit Ansprüche aus dem Steuerschuldverhältnis wegen vorsätzlicher oder grob fahrlässiger Verletzung der ihm auferlegten Pflicht nicht oder nicht rechtzeitig festgesetzt oder erfüllt werden können. Die Haftung umfasst auch die wegen der Pflichtverletzung zu zahlenden Säumniszuschläge (§ 69 Abgabenordnung).

8.1.2 Gerichtliche Vertretung

Die Vertretungskompetenz des Betreuers erstreckt sich in dem ihm übertragenen Aufgabenkreis auch auf die gerichtliche Vertretung des Betreuten. Die Vertretung betrifft alle gerichtlichen Verfahren, bei denen ein Anspruch des Betreuten einzuklagen ist oder gegenüber dem Betreuten geklagt wird.

Achtung: »Gerichtliche« Vertretung bedeutet in diesem Zusammenhang, dass kein ausdrücklicher Aufgabenbereich für die Vertretung in einem gerichtlichen Verfahren erforderlich ist. Die Vertretungsmacht des Betreuers erstreckt sich auch auf die Vertretung in einem Prozess, soweit der Gegenstand des Verfahrens vom Aufgabenkreis des Betreuers umfasst ist. Es bedarf weder eines ausdrücklichen Aufgabenbereichs, wie zum Beispiel »Vertretung im Zivilverfahren...«, noch einer gesonderten Prozessvollmacht. Die Befugnis des Betreuers, einen Rechtsanwalt mit der Wahrnehmung von dessen Interessen zu beauftragen, ist ebenfalls von seiner gesetzlichen Vertretungsbefugnis abgedeckt.

Im Zusammenhang mit der gerichtlichen Vertretung ist von Bedeutung, ob der Betreute prozessfähig ist oder nicht. Unter der Prozessfähigkeit ist die Fähigkeit zu verstehen, innerhalb eines Gerichtsverfahrens Erklärungen abzugeben, Anträge zu stellen und Rechtsmittel gegen gerichtliche Entscheidungen einzulegen. Prozessfähigkeit ist gegeben, wenn der Betreute sich durch Verträge verpflichten kann, wenn er also geschäftsfähig ist.

- Ist der Betreute geschäftsunfähig, ist er zwangsläufig auch prozessunfähig. Er kann dann keine Klage erheben und er kann auch nicht persönlich verklagt werden. Zustellungen müssen an den gesetzlichen Vertreter erfolgen. Die Zustellung an die nicht prozessfähige Person ist unwirksam.
- Ist der Betreute geschäftsfähig (und besteht kein Einwilligungsvorbehalt), ist er zwangsläufig auch prozessfähig. Er kann selbst weiterhin klagen und verklagt werden. Allerdings kann der Betreuer die Prozessführung übernehmen und insoweit den Betreuten prozessrechtlich verdrängen. In diesem Fall kann der Betreute dann nur über seinen Betreuer klagen oder verklagt werden. Zustellungen müssen in diesem Fall an den Betreuer erfolgen.

8.2 Führung der Betreuung

Der Betreuer nimmt alle Tätigkeiten wahr, die erforderlich sind, um die Angelegenheiten des Betreuten rechtlich zu besorgen. Er hat die Betreuung grundsätzlich nach den Wünschen des Betreuten zu führen. Er muss zur betreuten Person regelmäßig persönlichen Kontakt halten und deren Angelegenheiten mir ihr besprechen. Nahestehenden Angehörigen und sonstigen Vertrauenspersonen des Betreuten muss der Betreuer auf Verlangen Auskunft über die persönlichen Verhältnisse des Betreuten erteilen. Der Betreuer hat innerhalb seines Aufgabenkreises dazu beizutragen, dass Möglichkeiten genutzt werden, die die Fähigkeiten des Betreuten, seine eigenen Angelegenheiten zu besorgen, wiederherstellen oder verbessern.

8.2.1 Wahrnehmung der Aufgaben

Der Betreuer nimmt alle Tätigkeiten vor, die erforderlich sind, um die Angelegenheiten des Betreuten rechtlich zu besorgen (§ 1821 Abs. 1 Satz 1 BGB). Der Umfang der konkreten Aufgaben des Betreuers wird zum einen durch die Anordnung der Aufgabenbereiche durch das Betreuungsgericht begrenzt. Zum anderen beschränkt sich die Tätigkeit des Betreuers auf die rechtliche Besorgung der Angelegenheiten des Betreuten. Der Betreuer ist zu einer Unterstützung nicht verpflichtet, wenn der Betreute selbst oder mit anderer Hilfe in der Lage ist, die Angelegenheit zu besorgen. Nicht nur die Bestellung eines Betreuers, sondern auch die Tätigkeit des Betreuers bei einem konkreten Regelungsbedarf ist gegenüber anderen Unterstützungsmöglichkeiten nachrangig.

Der Betreuer unterstützt die betreute Person dabei, ihre Angelegenheiten rechtlich selbst zu besorgen und macht von seiner Vertretungsmacht nur Gebrauch, soweit dies erforderlich ist (§ 1821 Abs. 1 Satz 2 BGB). Der Betreuer muss also vorrangig alles unternehmen, um den Betreuten dabei zu unterstützen, selbst die konkret anstehende Entscheidung zu treffen und gegebenenfalls selbst eine Willenserklärung oder eine Einwilligung abzugeben oder eine sonstige Rechtshandlung vorzunehmen. Mithin darf der Betreuer nur dann von dem Instrument der Stellvertretung Gebrauch machen, wenn dies erforderlich ist, das heißt, wenn andere Unterstützungsarten ohne Stellvertretung nicht ausreichen.

8.2.2 Befolgung der Wünsche des Betreuten

Der Betreuer hat die Angelegenheiten des Betreuten so zu besorgen, dass dieser im Rahmen seiner Möglichkeiten sein Leben nach seinen Wünschen gestalten kann. Hierzu hat der Betreuer die Wünsche des Betreuten festzustellen und diesen grundsätzlich zu entsprechen (§ 1821 Abs. 2 Sätze 1 und 2 BGB). Die Verpflichtung, im gesetzlichen Rahmen die Wünsche des Betreuten zu erfüllen, betrifft alle

Lebensbereiche, also unter anderem Inhalt, Art und Weise der ärztlichen Heilbehandlung, den Wohnsitz, den Umgang mit bestimmten Personen, die Freizeitgestaltung, die Verwaltung des Vermögens und die Auswahl des Pflegeheims. Dabei kommt es nicht darauf an, ob der Wunsch auf einer rationalen Grundlage zustande gekommen ist, ob der Betreute geschäftsfähig ist oder nicht, oder ob der Wunsch nach objektiven Maßstäben vernünftig ist. Eine Begrenzung erfolgt allerdings durch äußere Rahmenbedingungen. Wünsche, die aufgrund mangelnder persönlicher, wirtschaftlicher oder sonstiger Ressourcen nicht zu verwirklichen sind, hat der Betreuer demnach nicht zu verfolgen. Auch gegenüber dritten Personen geäußerte Wünsche des Betreuten sind für den Betreuer maßgeblich.

In folgenden Fällen muss der Betreuer den Wünschen des Betreuten allerdings nicht entsprechen (§ 1821 Abs. 3 BGB):

- Voraussetzung dafür, den Wünschen des Betreuten nicht zu entsprechen, ist zum einen, dass durch die Befolgung der Wünsche die Person oder das Vermögen des Betreuten erheblich gefährdet wäre, was insbesondere der Fall sein kann, wenn sich dadurch die gesamte Lebens- und Versorgungssituation erheblich verschlechtern würde.
- Im Übrigen ist eine erhebliche Gefährdung für die Person oder das Vermögen des Betreuten bereits dann anzunehmen, wenn diese durch die Wunschbefolgung nicht nur unerheblich beeinträchtigt zu werden drohen. Die drohenden negativen Folgen für höherrangige Rechtsgüter, wie insbesondere das Leben, die Gesundheit oder das Vermögen des Betreuten, müssen jedenfalls so gewichtig sein, dass es gerechtfertigt ist, den Wünschen des Betreuten nicht zu entsprechen.
- Weitere Voraussetzung dafür, einem Wunsch des Betreuten nicht zu entsprechen, ist, dass der geäußerte Wunsch Ausdruck der Erkrankung oder Behinderung des Betreuten ist, dieser also aus diesen Gründen nicht mehr in der Lage ist, einen freien Willen zu bilden und diesen zur Grundlage und Orientierung seiner

Lebensgestaltung zu machen oder er die der Willensbildung zugrunde liegenden Tatsachen krankheits- oder behinderungsbedingt verkennt. Es reicht auch aus, dass der Betreute die ihm drohende Gefahr zwar erkennt, er aber krankheitsbedingt nicht nach dieser Einsicht handeln kann.

- Wünschen des Betreuten braucht der Betreuer auch nicht zu entsprechen, wenn dies für ihn unzumutbar ist. Das ist insbesondere bei Wünschen der Fall, deren Ausführung unerlaubt oder strafbar ist (z.B. Steuerhinterziehung). Auch Wünschen, deren Ausführung mit Pflichtverletzungen (z.B. aus dem Betreuungsverhältnis) verbunden wären, darf der Betreuer nicht entsprechen.

» Dem Wunsch des im Heim untergebrachten Betreuten, die eigene Wohnung nicht zu kündigen, muss der Betreuer entsprechen. Dagegen kann der Betreuer einen Wunsch des Betreuten ignorieren, wenn damit eine erhebliche Gefährdung des Vermögens verbunden wäre.

Achtung: Nicht nur aktuell geäußerten Wünschen muss der Betreuer grundsätzlich entsprechen, sondern auch solchen, die bereits vor seiner Bestellung durch den Betroffenen geäußert wurden, es sei denn, dass der Betreute hieran erkennbar nicht festhalten will (§ 1821 Abs. 2 Satz 4 BGB BGB). In diesem Fall haben insbesondere in Vorsorgeverfügungen (Betreuungsverfügung, Patientenverfügung) des Betroffenen geäußerte Wünsche Bedeutung (vgl. dazu unten).

Kann der Betreuer die Wünsche des Betreuten nicht feststellen oder darf er ihnen nicht entsprechen, hat er den mutmaßlichen Willen des Betreuten aufgrund konkreter Anhaltspunkte zu ermitteln und Geltung zu verschaffen. Zu berücksichtigen sind insbesondere frühere Äußerungen, ethische oder religiöse Überzeugungen und sonstige persönliche Wertvorstellungen des Betreuten (§ 1821 Abs. 4 Sätze 1 und 2 BGB). Der mutmaßliche Wille tritt an die Stelle des im konkreten Fall nicht feststellbaren tatsächlich gebildeten bzw. geäußerten Willens der betreuten Person. Auf ihn ist folglich erst dann abzustellen, wenn sich ein auf die aktuelle Lebenssituation oder die anstehende Entscheidung bezogener Wille des Betreuten trotz aller Bemühungen nicht feststellen lässt, oder wenn der Betreuer an die vom Betreuten geäußerten Wünsche nicht gebunden ist. Soweit der Betreute aktuell zu einer konkreten Entscheidung einen tatsächlichen Willen bilden kann oder gebildet hat oder einen Wunsch äußert, der nicht unbeachtlich ist, kann nicht auf den mutmaßlichen Willen zurückgegriffen werden. Bei der Ermittlung des mutmaßlichen Willens muss der Betreuer mit den ihm zur Verfügung stehenden Mitteln versuchen herauszufinden, wie sich der Betreute in der konkret anstehenden Situation entschieden hätte, wenn er aktuell noch entscheidungsfähig wäre.

Bei der Ermittlung des mutmaßlichen Willens wird der Betreuer oftmals auf Äußerungen Dritter angewiesen sein. Deshalb soll er nahen Angehörigen und sonstigen Vertrauenspersonen des Betreuten Gelegenheit zur Äußerung geben (§ 1821 Abs. 4 Satz 3 BGB). Diese Personen können dem Betreuer als Informationsquelle dienen, damit er in die Lage versetzt wird, den mutmaßlichen Willen des Betreuten festzustellen. Der Betreuer ist also zum einen berechtigt, mit diesen Personen über den Betreuten und die vorgesehene Maßnahme zu sprechen und ihnen die dafür notwendigen Auskünfte zu erteilen. Zum anderen ist er dazu sogar verpflichtet, wenn er nicht selbst über die zur Ermittlung des Willens nötigen Informationen verfügt.

Bedeutung der Betreuungsverfügung

In einer Betreuungsverfügung kann der Betroffene nicht nur eine Person seiner Wahl als Betreuer bzw. Ersatzbetreuer vorschlagen oder Personen benennen, die auf keinen Fall gerichtlich für seine Betreuung bestellt werden sollen (vgl. dazu 2.3). Er kann darüber hinaus Wünsche und Vorstellungen äußern, wie im Fürsorgefall vom gerichtlich eingesetzten Betreuer seine Angelegenheiten (z.B. Ort und Art der Unterbringung, Vermögensverwaltung, Art und

Weise medizinischer Behandlungen) wahrgenommen werden sollen. Der Betreuer ist dann gehalten, die in der Betreuungsverfügung niedergelegten Wünsche zu beachten, es sei denn, dass der Betreute erkennbar nicht mehr an seinem geäußerten Willen festhalten will.

Checkliste: Betreuungsverfügung

Persönliche Voraussetzungen	Bei den in einer Betreuungsverfügung geäußerten Wünschen und Vorstellungen handelt es sich nicht um Willenserklärungen. Voraussetzung für die Wirksamkeit der Verfügung ist deshalb nicht, dass der Verfasser geschäftsfähig ist. Auch die sogenannte Einwilligungsfähigkeit des Verfassers ist nicht Voraussetzung für eine wirksame Betreuungsverfügung.
Form	Bei der Errichtung der Betreuungsverfügung müssen keine gesetzlichen Formvorschriften beachtet werden. Die Verfügung kann in jeder Form, also schriftlich oder auch nur mündlich verfasst werden. Nicht erforderlich ist, dass die Betreuungsverfügung notariell beurkundet oder die Unterschrift unter der Verfügung öffentlich beglaubigt wird.
Inhalt	In der Betreuungsverfügung kann eine Person für den Betreuungsfall als Betreuer vorgeschlagen werden und es können Wünsche geäußert werden, wie die Angelegenheiten vom Betreuer wahrgenommen werden sollen.
Adressat	Adressaten der Betreuungsverfügung sind das Betreuungsgericht und der Betreuer.
Aufbewahrung	Die Betreuungsverfügung kann bei den persönlichen Unterlagen des Betroffenen aufbewahrt oder einem Angehörigen oder einer anderen Vertrauensperson zur Verwahrung überlassen werden.
Änderung und Widerruf	Die Betreuungsverfügung kann jederzeit geändert oder widerrufen werden.

Persönliche Voraussetzungen

Bei den in einer Betreuungsverfügung geäußerten Wünschen und Vorstellungen handelt es sich nicht um Willenserklärungen. Voraussetzung für die Wirksamkeit der Verfügung ist deshalb nicht, dass der Verfasser geschäftsfähig ist. Auch die sogenannte Einwilligungsfähigkeit des Verfassers ist nicht Voraussetzung für eine wirksame

Betreuungsverfügung. Unter der Einwilligungsfähigkeit versteht man die Fähigkeit des Patienten, seine Einwilligung in eine ärztliche Heilbehandlung erteilen zu können. Die Einwilligungsfähigkeit liegt vor, wenn der Patient in der Lage ist, die Bedeutung und Tragweite seiner Entscheidung zu erkennen, angemessen zu beurteilen und danach zu handeln (Näheres zur Einwilligungsfähigkeit unter 5.4).

Voraussetzung für die Wirksamkeit der Betreuungsverfügung ist allerdings auch, dass die Erklärungen des Verfassers auf dessen freien Willen beruhen und er diesen Willen äußern kann. Das ist nicht der Fall, wenn der Betroffene wegen einer Krankheit geistig verwirrt ist und seine Wünsche lediglich Ausdruck seiner Erkrankung sind.

Formelle Anforderungen

Bei der Errichtung der Betreuungsverfügung müssen keine gesetzlichen Formvorschriften beachtet werden. Die Verfügung kann in jeder Form, also schriftlich oder auch nur mündlich verfasst werden. Nicht erforderlich ist, dass die Betreuungsverfügung notariell beurkundet oder die Unterschrift unter der Verfügung öffentlich beglaubigt wird.

! Aus Gründen der Rechtssicherheit und um Beweisproblemen vorzubeugen, ist es sinnvoll, die Verfügung schriftlich niederzulegen. Wichtig sind zudem Unterschrift und Datum.

Adressat

Wenn in der Betreuungsverfügung ein Betreuer oder ein Ersatzbetreuer vorgeschlagen wird, richtet sich der Vorschlag an das Betreuungsgericht. Wünsche zur Durchführung der Betreuung richten sich dagegen in erster Linie an den Betreuer. Ausnahmsweise können sich die Wünsche, die die Führung der Betreuung betreffen, auch an das Betreuungsgericht richten und das Gericht im Rahmen seiner Überwachungs- und Genehmigungstätigkeit binden (z.B. der Wunsch, das Haus des Betreuten nicht zu verkaufen).

Inhalt

Die Betreuungsverfügung kann inhaltlich darauf beschränkt werden, dass der Betroffene dem Betreuungsgericht im Falle seiner Betreuungsbedürftigkeit eine Person seiner Wahl als Betreuer bzw. Ersatzbetreuer vorschlägt oder Personen benennt, die auf keinen Fall gerichtlich für seine Betreuung bestellt werden sollen. Darüber hinaus kann der Betroffene aber auch Vorschläge für eine Ersatz- und Kontrollbetreuung unterbreiten, ferner kann er Wünsche und Vorstellungen äußern, wie im Fürsorgefall vom gerichtlich eingesetzten Betreuer seine Angelegenheiten (z.B. Gesundheits-, Vermögens- oder Wohnungsangelegenheiten) wahrgenommen werden sollen.

Aufbewahrung

Wichtig ist, dass alle Personen und Institutionen, die im Falle der Betreuungsbedürftigkeit des Betroffenen entsprechende Maßnahmen veranlassen müssen, von der Betreuungsverfügung Kenntnis erlangen und auf diese Verfügung schnell und unkompliziert zugreifen können. Der Verfasser kann seine Betreuungsverfügung bei seinen persönlichen Unterlagen aufbewahren oder einem Angehörigen oder einer anderen Person seines Vertrauens zur Verwahrung überlassen. Wenn in der Verfügung ein Betreuer vorgeschlagen wurde, sollte dieser unbedingt über die Verfügung informiert werden.

! In einigen Bundesländern (z.B. in Hessen und in Thüringen) können Betreuungsverfügungen beim Betreuungsgericht hinterlegt werden. In den anderen Bundesländern muss man sich beim zuständigen Betreuungsgericht erkundigen, ob eine Hinterlegung möglich ist.

Im Zentralen Vorsorgeregister der Bundesnotarkammer (www.vorsorgeregister.de) kann man eine Patientenverfügung im Zusammenhang mit einer Betreuungsverfügung registrieren lassen. Wer also seine Betreuungsverfügung mit seiner Patientenverfügung kombiniert, kann beide Verfügungen dort eingetragen lassen. Die Bundesnotarkammer erhebt für die Registrierung im Zentralen Vorsorgeregister aufwandsbezogene Gebühren. Die Höhe der Gebühr richtet sich nach der Art und Weise, wie die Meldung zum Register (Internet oder Post) und die Abrechnung erfolgen. Die Registrierungsgebühr fällt nur einmal im Zeitpunkt der Registrierung an (keine Jahresgebühr) und deckt die dauerhafte Registrierung der Vorsorgeurkunde ab (einschließlich aller Angaben zu Betreuungsverfügung und Patientenverfügung).

Vor der Bestellung eines Betreuers soll das Betreuungsgericht die Auskunft einholen, ob eine Betreuungsverfügung des Betroffenen im Zentralen Vorsorgeregister registriert ist. Dies ist Teil der gerichtlichen Prüfung, ob eine rechtliche Betreuung erforderlich ist, und welche Person gegebenenfalls als rechtlicher Betreuer zu bestellen ist. Bei Gefahr im Verzug kann von der Einholung der Auskunft abgesehen werden, was dann aber unverzüglich nachzuholen ist (§ 285 FamFG).

Achtung: Wer von der Einleitung eines Verfahrens über die Bestellung eines Betreuers für einen Volljährigen Kenntnis erlangt und ein Dokument besitzt, in dem der Volljährige für den Fall, dass für ihn ein Betreuer bestellt werden muss, Wünsche zur Auswahl des Betreuers oder zur Wahrnehmung der Betreuung geäußert hat, hat die Betreuungsverfügung dem Betreuungsgericht zu übermitteln (§ 1816 Abs. 2 Satz 4 BGB). Ebenso hat der Besitzer das Betreuungsgericht über Dokumente zu unterrichten, in denen der Betroffene eine andere Person mit der Wahrnehmung seiner Angelegenheiten bevollmächtigt hat (§ 1820 Abs. 1 BGB).

Änderung und Widerruf

Die Betreuungsverfügung gilt so lange, bis der Verfasser erkennbar etwas anderes wünscht. Sie verliert also nicht ihre Wirksamkeit durch bloßen Zeitablauf. Für die Wirksamkeit der Verfügung ist es auch nicht notwendig, dass der Betroffene in regelmäßigen Abständen ihre Aktualität neu bestätigt.

Die Betreuungsverfügung kann vom Verfasser jederzeit widerrufen oder geändert werden. Kleinere Änderungen können einfach im Original der Verfügung vorgenommen oder unter den ursprünglichen Text angefügt werden. Wichtig ist, dass dabei ein Zusammenhang mit dem alten Original erkennbar ist. Bei größeren Änderungen ist es sinnvoll, die alte Verfügung zu widerrufen und eine neue zu verfassen.

Der Widerruf der Betreuungsverfügung kann dadurch erfolgen, dass die Verfügung vernichtet oder formell widerrufen wird. Der Widerruf und gegebenenfalls die neue Verfügung sollten mit Datum versehen werden, sodass eindeutig ersichtlich ist, dass sie nach der alten Verfügung aufgesetzt wurde und diese ersetzt. Der Widerruf der Betreuungsverfügung ist formlos möglich. Er kann schriftlich, mündlich oder auch durch schlüssiges Verhalten (z.B. Kopfschütteln- oder -nicken) jederzeit erklärt werden. Erforderlich ist allerdings, dass die Änderung des Willens des Betroffenen deutlich zum Ausdruck kommt. Keine Bedeutung haben die Gründe für die Änderung oder den Widerruf der Verfügung. Voraussetzung für den Widerruf oder die Änderung der Verfügung ist nicht, dass der Betroffene geschäftsfähig oder einwilligungsfähig ist. Allerdings muss die Änderung oder der Widerruf auf dem freien Willen des Verfassers beruhen. Das ist nicht der Fall, wenn der Betroffene wegen einer Krankheit geistig verwirrt ist und seine Wünsche lediglich Ausdruck seiner Erkrankung sind.

! Das Gesetz (§ 1816 Abs. 2 Satz 3 BGB) stellt ausdrücklich klar, dass der Betreute bzw. Betreuungsbedürftige an früher geäußerte Wünsche nicht gebunden ist, wenn er an diesen erkennbar nicht mehr festhalten will. Maßgebend für die Auswahl des Betreuers und die sonstigen Wünsche und Vorstellungen des Betroffenen ist also jeweils allein der aktuelle Wille des Betroffenen.

Bedeutung der Patientenverfügung

Besondere Pflichten obliegen dem Betreuer, zu dessen Aufgabenkreis die Gesundheitssorge des Betreuten, also die Entscheidung über eine Untersuchung des Gesundheitszustands, eine Heilbehandlung oder einen ärztlichen Eingriff, gehört. Liegt eine Patientenverfügung der betreuten Person vor, muss der Betreuer prüfen, ob die darin enthaltenen Festlegungen auf die aktuelle Lebens- und Behandlungssituation des Betreuten zutreffen. Ist dies der Fall, hat der Betreuer dem Willen des Betreuten Ausdruck und Geltung zu verschaffen (§ 1827 Abs. 1 Sätze 1 und 2 BGB).

! Der Betreuer muss aufgrund einer Patientenverfügung nur dann tätig werden, wenn der Betreute nicht mehr einwilligungsfähig ist, wenn dieser also Art, Bedeutung und Tragweite und auch die Risiken der ärztlichen Maßnahme nicht mehr zu erfassen und seinen Willen danach zu bestimmen vermag. Solange der Betreute die Einwilligungsfähigkeit besitzt, entscheidet allein er selbst über die Durchführung oder Unterlassung von ärztlichen Maßnahmen (Näheres zur Einwilligungsfähigkeit des Betreuten unter 5.4).

Treffen die Festlegungen einer Patientenverfügung nicht auf die aktuelle Lebens- und Behandlungssituation zu, hat der Betreuer die Behandlungswünsche oder den mutmaßlichen Willen des Betreuten festzustellen und auf dieser Grundlage zu entscheiden, ob er in eine ärztliche Maßnahme einwilligt oder sie untersagt. Der mutmaßliche Wille ist aufgrund konkreter Anhaltspunkte zu ermitteln. Zu berücksichtigen sind insbesondere frühere mündliche oder schriftliche Äußerungen, ethische oder religiöse Überzeugungen und sonstige persönliche Wertvorstellungen des Betreuten (§ 1827 Abs. 2 BGB). Auch eine altersbedingte Lebenserwartung kann bei der Ermittlung des mutmaßlichen Willens des Betroffenen herangezogen werden. Kann der Betreuer einen mutmaßlichen Willen und damit die Wünsche des Betreuten nicht ermitteln, muss er allein nach dessen Wohl entscheiden.

Achtung: Selbst wenn der Betreute entsprechende Wünsche in der Patientenverfügung geäußert hat oder wenn eine Maßnahme seinem mutmaßlichen Willen entspricht, bedürfen bestimmte ärztliche Maßnahmen der Genehmigung des Betreuungsgerichts (dazu Näheres unter 6.3.3).

Checkliste

Einwilligungsfähigkeit	Wer eine Patientenverfügung errichten will, muss das 18. Lebensjahr vollendet haben. Und der Verfasser muss die sogenannte Einwilligungsfähigkeit besitzen.
Form	Die Patientenverfügung ist nur wirksam, wenn sie schriftlich verfasst wurde.
Inhalt	Inhaltlich müssen konkrete Entscheidungen über die Einwilligung oder Nichteinwilligung in bestimmte, noch nicht unmittelbar bevorstehende Untersuchungen des Gesundheitszustands, Heilbehandlungen oder ärztliche Eingriffe getroffen werden. Die Konkretisierung kann auch durch die Benennung bestimmter ärztlicher Maßnahmen oder die Bezugnahme auf ausreichend spezifizierte Krankheiten oder Behandlungssituationen erfolgen.
Wertvorstellungen	Um Festlegungen in der Verfügung besser nachvollziehen zu können, kann es für Ärzte und das Pflegepersonal hilfreich sein, die persönlichen Auffassungen des Verfassers dazu zu kennen. In einer schriftlichen Dokumentation der Wertvorstellungen kann die Ernsthaftigkeit der Patientenverfügung unterstrichen werden.
Adressat	Die Patientenverfügung richtet sich an jeden, der mit der Behandlung des Patienten zum Zeitpunkt seiner Einwilligungsunfähigkeit betraut ist. Adressaten sind damit in erster Linie Ärzte, aber auch Pfleger, Bevollmächtigte, das Betreuungsgericht und Betreuer des Patienten.
Aufbewahrung	Die Patientenverfügung kann bei den persönlichen Unterlagen aufbewahrt oder einem Angehörigen oder einer anderen Vertrauensperson zur Verwahrung überlassen werden. Wenn eine Vorsorgevollmacht errichtet wurde, kann diese mit der Patientenverfügung kombiniert werden. In diesem Fall kann man die Patientenverfügung im Zentralen Vorsorgeregister der Bundesnotarkammer registrieren lassen.

Aktualität	Sinnvoll ist es, die einmal getroffenen Festlegungen in der Patientenverfügung in regelmäßigen Abständen dahin gehend zu überprüfen, ob sie noch aktuell sind. Schließlich können sich die Lebenseinstellung oder die Wertvorstellungen des Verfassers geändert oder sich eventuell ganz neue Behandlungsmethoden ergeben haben.
Kombination mit Vorsorgevollmacht	Sinnvoll ist es, die Patientenverfügung mit der Vorsorgevollmacht zu kombinieren. Damit besteht die Möglichkeit, eine oder mehrere Vertrauenspersonen rechtlich in die Lage zu versetzen, Entscheidungen im Sinne der in der Patientenverfügung getroffenen Festlegungen zu treffen.
Änderung und Widerruf	Die Patientenverfügung kann jederzeit geändert oder widerrufen werden.

Sinn und Zweck

Wer entscheidungs- und einwilligungsfähig ist, muss nach vorheriger umfassender und verständlicher Aufklärung und Beratung durch den Arzt darüber entscheiden, ob er der vorgeschlagenen Behandlungsmaßnahme zustimmt. Durch das im Grundgesetz garantierte Selbstbestimmungsrecht ist gewährleistet, dass allein der Betroffene entscheidet, ob er sich medizinisch behandeln lassen will oder nicht. Jeder von einem Arzt durchgeführte Heileingriff stellt eine mit Strafe bedrohte Körperverletzung dar, die nur dann nicht rechtswidrig und straffrei ist, wenn der Patient in den Eingriff eingewilligt hat.

Ist der Betroffene handlungsunfähig (z.B. weil er bewusstlos ist oder im Koma liegt), muss der Arzt seinen mutmaßlichen Willen ermitteln und danach entscheiden, ob der vorgeschlagenen Behandlung zugestimmt oder ob sie abgelehnt wird. Den mutmaßlichen Willen des Patienten muss der Arzt anhand konkreter Anhaltspunkte ermitteln. Maßgeblich für das ärztliche Handeln ist dann, wie der Patient selbst entscheiden würde. Dabei kommt es vor allem auf seine früheren Äußerungen, seine ethischen und religiösen Überzeugungen und seine sonstigen persönlichen Wertvorstellungen an, über die seine Angehörigen und andere ihm nahestehende Personen Auskunft geben können. Im Zweifel wird die Erforschung des mutmaßlichen Willens dazu führen, dass der Arzt sich immer zugunsten der Lebenserhaltung des Patienten entscheiden wird. So darf beispielsweise der Arzt bei einem schweren Autounfall, bei dem ein Bewusstloser vom Notarzt aufgefunden wird, vermuten, dass der Verletzte, wenn er bei Bewusstsein wäre, in die Behandlung einwilligen würde.

Hat der Betroffene eine Vorsorgevollmacht errichtet und darin einen Bevollmächtigten bestellt, der ihn in gesundheitlichen Angelegenheiten vertreten darf, wird der Arzt den Bevollmächtigten in die Ermittlung des Patientenwillens einbeziehen. Der Arzt und der Bevollmächtigte müssen dann herausfinden, wie der Patient entscheiden würde, wenn er noch einwilligungsfähig wäre. Genau in diesem Zusammenhang gewinnt eine Patientenverfügung ihre Bedeutung. In ihr kann verbindlich festgelegt werden, welche Behandlungen in welchen Situationen der Betroffene in Zukunft will und welche nicht. Auch für den Fall, dass der Betroffene nicht imstande ist, selbst über vom Arzt vorgeschlagene Behandlungsmaßnahmen zu entscheiden, kann in der Patientenverfügung festgelegt werden, welche medizinischen Maßnahmen und Behandlungen ergriffen werden und welche unterbleiben sollen.

! Mit einer Patientenverfügung kann der Betroffene »zwei Fliegen mit einer Klappe schlagen«. Zum einen ist gewährleistet, dass medizinisch nur das getan wird, was gewünscht wird, zum anderen gibt der Betroffene nahestehenden Personen eine Marschroute bei der Erforschung seines mutmaßlichen Willens vor. Weder Ärzte oder Pflegepersonal noch nahe Angehörige, noch ein Bevollmächtigter oder Betreuer dürfen nach ihren eigenen Wertvorstellungen den Willen des Patienten missachten. Die Festlegungen in einer Patientenverfügung sind rechtlich bindend, es sei denn, dass diese nicht mit dem Gesetz im Einklang stehen (z.B. Festlegungen über aktive Sterbehilfe).

Einwilligungsfähigkeit

Für die Wirksamkeit der Patientenverfügung kommt es nicht auf die Geschäftsfähigkeit, sondern auf die Einwilligungsfähigkeit des Betroffenen an. Als einwilligungsfähig ist der Betroffene anzusehen, wenn er Art, Bedeutung, Tragweite und auch die Risiken der ärztlichen Maßnahme zu erfassen und seinen Willen danach zu bestimmen vermag. Grundsätzlich ist davon auszugehen, dass jede volljährige Person die Einwilligungsfähigkeit besitzt. Die Einwilligungsfähigkeit eines Erwachsenen ist jedoch ausgeschlossen, wenn dieser aufgrund seines psychischen Zustands nicht in der Lage ist, Bedeutung und Tragweite der zu erteilenden Einwilligung in die ärztliche Behandlung zu erkennen oder darüber zu entscheiden (Näheres dazu unter 5.4).

Achtung: Die Patientenverfügung einer einwilligungsunfähigen Person ist unwirksam.

Formelle Anforderungen

Die Patientenverfügung muss schriftlich errichtet werden. Das Erfordernis der Schriftform verfolgt in erster Linie das Ziel, den Betroffenen vor übereilten und unüberlegten Festlegungen zu warnen und das wirklich Gewollte klarzustellen.

Achtung: Obwohl für die Errichtung der Patientenverfügung Schriftform vorgeschrieben ist, sind mündliche Äußerungen deshalb aber nicht wirkungslos. Schließlich müssen mündliche Äußerungen bei der Feststellung des mutmaßlichen Patientenwillens berücksichtigt werden.

Dem Erfordernis der Schriftform wird entsprochen, wenn die Verfügung handschriftlich unterzeichnet ist und eindeutig einer bestimmten Person zugeordnet werden kann. Andernfalls ist die Patientenverfügung unwirksam. Nicht erforderlich ist eine eigenhändig geschriebene Erklärung, wie sie beispielsweise beim Testament verlangt wird. Die Patientenverfügung kann also auch mit der Schreibmaschine oder dem PC verfasst werden. Es kann auch ein Formular verwendet werden.

Keine Bedeutung für die Wirksamkeit der Patientenverfügung hat die Angabe des Orts und des Datums der Erstellung. Unabhängig davon können diese Angaben von Bedeutung sein, wenn es um die Frage geht, ob die Verfügung auf die aktuelle Lebens- und Behandlungssituation zutrifft. Deshalb ist es ratsam, das Datum der Errichtung anzugeben.

Achtung: Keine Voraussetzung für die wirksame Errichtung einer Patientenverfügung ist eine vorhergehende ärztliche Beratung. Allerdings kann eine solche sinnvoll sein, insbesondere für Menschen, die bereits erkrankt sind und mit ihrem behandelnden Arzt den Verlauf der Krankheit und eventuell eintretende konkrete Entscheidungssituationen beschreiben wollen. Im Zusammenhang mit der ärztlichen Beratung kann der Arzt in der Patientenverfügung gleichzeitig die Einwilligungsfähigkeit des Betroffenen bestätigen.

Adressat

Die Patientenverfügung richtet sich an jeden, der mit der Behandlung des Patienten zum Zeitpunkt seiner Einwilligungsunfähigkeit betraut ist. Adressaten sind damit in erster Linie Ärzte, aber auch das Pflegepersonal, Bevollmächtigte, Betreuer des Patienten und unter Umständen das Betreuungsgericht.

Der Bevollmächtigte oder Betreuer hat darauf zu achten, dass der Betroffene entsprechend seinem Willen behandelt wird. Wurden in der Patientenverfügung bereits eindeutige Entscheidungen getroffen, ist es Aufgabe des Bevollmächtigten bzw. Betreuers, diesen Entscheidungen Geltung zu verschaffen. Darüber hinaus bleibt die Tätigkeit eines Betreuers oder Bevollmächtigten weiterhin notwendig für alle anderen in der Patientenverfügung nicht vorweg getroffenen Erklärungen und Entscheidungen wie zum Beispiel die Auswahl des Arztes oder Krankenhauses sowie die vermögensrechtliche Seite der Behandlung.

Umfang der Vorsorge

Die Patientenverfügung ist eine vorsorgliche Verfügung für die medizinische Versorgung des Betroffenen. Im Rahmen des Rechts des Patienten auf Selbstbestimmung bei medizinischer Behandlung kann dieser dem behandelnden Arzt bzw. dem Pflegepersonal Vorgaben über Art und Umfang diagnostischer oder therapeutischer Maßnahmen für den Fall geben, dass er sich in einer konkreten Behandlungssituation nicht mehr persönlich äußern kann.

Die Patientenverfügung muss situationsbezogen sein und so konkret wie möglich die individuellen Wertvorstellungen des Betroffenen abbilden. Sie ist für Ärzte maßgebend, sofern sie sich auf die konkrete Behandlungssituation bezieht und keine Umstände erkennbar sind, dass der Patient sie nicht mehr gelten lassen würde. Stets muss sorgfältig geprüft werden, ob eine Patientenverfügung beim vorliegenden Krankheitsbild auch für die aktuelle Situation gelten soll. Bei diesem Vorsorgedokument geht es ausschließlich um gesundheitliche Angelegenheiten und medizinisch-ethische Beratung.

Als Situationen, für die eine Patientenverfügung gelten soll, kommen insbesondere in Betracht:

- die Sterbephase,
- das Endstadium einer unheilbaren Krankheit,
- eine Gehirnschädigung,
- der Gehirnabbau (z.B. Demenz).

Für diese Situationen können dann Anordnungen über die Einleitung, den Umfang und die Beendigung ärztlicher Maßnahmen getroffen werden, insbesondere über

- lebenserhaltende Maßnahmen,
- Wiederbelebung,
- künstliche Ernährung,
- Flüssigkeitszufuhr,
- künstliche Beatmung,
- Schmerz- und Symptombehandlung,
- Organersatz,
- Verabreichung von Medikamenten,
- Gestaltung des Sterbeprozesses.

Es können alle wünschenswert erscheinenden Behandlungsmethoden angegeben und andere Therapien ausgeschlossen werden. So können beispielsweise konkrete Behandlungswünsche im Hinblick auf Bluttransfusionen, Organtransplantationen, Verwendung noch nicht erprobter Medikamente oder noch nicht zugelassene Behandlungsmethoden geregelt werden. Der Wunsch kann dabei auf Fortführung einer medizinischen Behandlung und eine Maximalbetreuung ausgerichtet werden. Es kann aber auch der Wunsch auf Behandlungsabbruch geregelt werden.

Achtung: Ob per Hand geschrieben, mit Textbausteinen aus dem Internet zusammengestellt oder per Ankreuzformular ausgefüllt: Wichtig ist, dass die Behandlungswünsche so konkret wie möglich formuliert werden.

Urteil

Eine Patientenverfügung entfaltet nur dann unmittelbare Bindungswirkung, wenn sie neben den Erklärungen zu den ärztlichen Maßnahmen, in die der Ersteller einwilligt oder die er untersagt, auch erkennen lässt, dass sie in der konkreten Behandlungssituation Geltung beanspruchen soll. Die schriftliche Äußerung, dass »lebensverlängernde Maßnahmen unterbleiben« sollen, enthält für sich genommen nicht die für eine bindende Patientenverfügung notwendige konkrete Behandlungsentscheidung des Betroffenen. Die erforderliche Konkretisierung kann sich im Einzelfall auch bei nicht hinreichend konkret benannten ärztlichen Maßnahmen durch die Bezugnahme auf ausreichend spezifizierte Krankheiten oder Behandlungssituationen ergeben. Der Wille des Verfassers der Patientenverfügung ist dann durch Auslegung der in der Verfügung enthaltenen Erklärungen zu ermitteln.

BGH, Az. XII ZB 604/15

Sicherstellung der Verbindlichkeit

Eine wirksame Patientenverfügung ist für den Arzt und das Pflegepersonal verbindlich. Sie gilt auch dann, wenn das Sterben nicht unmittelbar bevorsteht, beispielsweise beim Wachkoma oder bei einer schweren Demenz. Sie gilt selbstverständlich nicht, wenn rechts- oder sittenwidrige Festlegungen getroffen wurden (z.B. Festlegungen über aktive Sterbehilfe).

Achtung: Auch im Pflegeheim besteht Anspruch auf Beachtung des Patientenwillens gegenüber dem Pflegepersonal und der Heimleitung. Weder Regelungen im Heimvertrag noch die Gewissensfreiheit des Pflegepersonals dürfen beispielsweise dem Verlangen nach Abbruch der künstlichen Ernährung entgegenstehen.

Zweifeln an der Verbindlichkeit einer Patientenverfügung kann man am besten begegnen, wenn

- in der Verfügung ganz konkrete Behandlungssituationen und -maßnahmen festgelegt werden,
- die eigenen Vorstellungen eingehend hinterfragt werden,
- man sich mit einem Arzt berät und mit ihm die medizinischen Hintergründe und mögliche Krankheitsbilder abklärt,
- einmal getroffene Anordnungen in regelmäßigen Abständen überprüft werden.

Urteil

Die Patientenverfügung muss möglichst präzise, aber nicht perfekt sein. Die erforderliche Konkretisierung einer Patientenverfügung kann sich deshalb im Einzelfall bei einer weniger detaillierten Benennung bestimmter ärztlicher Maßnahmen durch die Bezugnahme auf ausreichend spezifizierte Krankheiten oder Behandlungssituationen ergeben. Ob in solchen Fällen eine hinreichend konkrete Patientenverfügung vorliegt, ist dann durch Auslegung der in der Verfügung enthaltenen Erklärungen zu ermitteln.

BGH, Az. XII ZB 107/18

Zu beachten ist, dass eine Patientenverfügung unter Umständen nicht in allen Fällen ausreichend ist. Das kann beispielsweise der Fall sein, wenn eine Behandlungssituation in der Verfügung nicht ausreichend beschrieben wurde. Vor allem bei lebensbedrohlichen Eingriffen und beim Abbruch lebenserhaltender Maßnahmen muss damit gerechnet werden, dass sich der Arzt an das Betreuungsgericht wendet. Deshalb sollte eine Patientenverfügung möglichst mit einer Vorsorgevollmacht verbunden werden. So kann gewährleistet werden, dass der Bevollmächtigte, der das Vertrauen des Vollmachtgebers genießt und mit dem über die jeweiligen Vorstellungen gesprochen wurde, den Willen des Patienten auch tatsächlich umsetzt (zur Vorsorgevollmacht vgl. 3.4.2).

Achtung: Eine Patientenverfügung verliert ihre Verbindlichkeit nicht durch zeitlichen Ablauf, sie ist also nicht nur befristet gültig. Zwar ist es sinnvoll, die in einer Verfügung getroffenen Festlegungen regelmäßig dahin gehend zu überprüfen, ob diese noch den Wünschen entspricht (insbesondere dann, wenn eine akute schwerwiegende Krankheit vorliegt), ihre Wirkung behält die Verfügung aber so lange, bis sie widerrufen wird.

Aufbewahrung

Wichtig ist, dass alle Personen und Institutionen, die im Notfall über eine ärztliche Behandlung oder das Unterlassen bestimmter Maßnahmen zu entscheiden haben, schnell und unkompliziert auf die Patientenverfügung zugreifen können. Deshalb sollte die Patientenverfügung so verwahrt werden, dass insbesondere Ärzte, Bevollmächtigte oder Betreuer, aber gegebenenfalls auch das Betreuungsgericht, möglichst schnell und unkompliziert Kenntnis von der Existenz und vom Hinterlegungsort der Verfügung erlangen können.

Die Patientenverfügung kann bei den persönlichen Unterlagen aufbewahrt oder einem Angehörigen oder einer anderen Vertrauensperson zur Verwahrung überlassen werden. Sinnvoll ist es, in den Geldbeutel oder in die Brieftasche einen Zettel mit einem Hinweis aufzunehmen, dass eine Patientenverfügung errichtet wurde und wo diese verwahrt wird. Wurde ein Bevollmächtigter bestellt, sollte diesem ebenso Kenntnis von der Verfügung gegeben werden wie dem behandelnden Arzt. Bei der Aufnahme in ein Pflegeheim sollte der Patient auf seine Patientenverfügung hinweisen. Wenn eine Vertrauensperson bevollmächtigt wurde, sollte auch diese informiert sein.

Im Zentralen Vorsorgeregister der Bundesnotarkammer (www.vorsorgeregister.de) kann man die Patientenverfügung im Zusammenhang mit einer Vorsorgevollmacht oder Betreuungsverfügung registrieren lassen. Wenn also eine Vorsorgevollmacht oder Betreuungsverfügung mit einer Patientenverfügung kombiniert wird, können beide Verfügungen dort eingetragen werden. Die Bundesnotarkammer erhebt für die Registrierung im Zentralen Vorsorgeregister aufwandsbezogene Gebühren. Die Höhe der Gebühr richtet sich nach der Art und Weise, wie die Meldung zum Register (Internet oder Post) und wie die Abrechnung erfolgt. Die Registrierungsgebühr fällt nur einmal im Zeitpunkt der Registrierung an (keine Jahresgebühr) und deckt die dauerhafte Registrierung der Vorsorgeurkunde ab (einschließlich aller Angaben zum Umfang der Vollmacht und aller Angaben zu Betreuungsverfügungen und Patientenverfügungen).

Änderung und Widerruf

Die Patientenverfügung kann jederzeit widerrufen, geändert, ergänzt oder vollständig durch eine andere Verfügung ersetzt werden. Die Verfügung gilt so lange, bis die Erklärung geändert oder vollständig widerrufen wurde.

Der Widerruf der Patientenverfügung ist formlos möglich (§ 1827 Abs. 1 Satz 3 BGB). Er kann schriftlich, mündlich oder auch durch schlüssiges Verhalten (z.B. Kopfschütteln- oder -nicken) jederzeit, und zwar auch in einer akuten Behandlungssituation, erklärt werden. Erforderlich ist allerdings, dass die Änderung des Willens des Betroffenen deutlich zum Ausdruck kommt. Keine Bedeutung haben die Gründe für die Änderung oder den Widerruf der Patientenverfügung. Voraussetzung für den Widerruf oder die Änderung der Verfügung ist allerdings, dass der Betroffene einwilligungsfähig ist.

Notwendig ist es in jedem Fall, dass der behandelnde Arzt vom Widerruf erfährt. Andernfalls muss er sich weiterhin an die Festlegungen in der Patientenverfügung halten. Es ist also nicht ausreichend, dass der Betroffene seine Patientenverfügung ändert oder widerruft, er muss dem Arzt die Willensänderung oder den Widerruf auch mitteilen.

Achtung: Wenn der behandelnde Arzt die Meinungsäußerung des Betroffenen nicht erkennen kann, ist die Patientenverfügung für ihn verbindlich. In diesem Fall trägt der Patient das Risiko missverständlicher Anweisungen.

Nicht zulässig ist der Widerruf einer Patientenverfügung durch den Betreuer oder Bevollmächtigten. Diese müssen bei Zweifeln an der Wirksamkeit der Verfügung den mutmaßlichen Willen des Betroffenen ermitteln und auf dieser Grundlage eine Entscheidung treffen, die auch im Widerspruch zur Patientenverfügung stehen kann.

! Weil der Widerruf der Patientenverfügung keiner Form bedarf und auch ein schlüssiges Verhalten (z.B. widersprüchliche – bewusste oder unüberlegte – Äußerungen) den Widerruf der Verfügung zur Folge haben können, empfiehlt es sich, die Patientenverfügung regelmäßig zu überprüfen und zu aktualisieren und einen Widerruf möglichst schriftlich zu erklären. Damit wird der Gefahr begegnet, dass unter Umständen missverständliche Äußerungen als Widerruf ausgelegt werden können.

Gespräch zur Feststellung des Patientenwillens

Der behandelnde Arzt muss prüfen, welche ärztliche Maßnahme im Hinblick auf den Gesamtzustand und die Prognose des Patienten indiziert ist. Er und der Betreuer erörtern dann diese Maßnahme unter Berücksichtigung des Patientenwillens als Grundlage für die zu treffende Entscheidung hinsichtlich der Untersuchungen des Gesundheitszustands, von Heilbehandlungen oder ärztlichen Eingriffen. Bei der Feststellung des Patientenwillens oder der Behandlungswünsche oder des mutmaßlichen Willens soll nahen Angehörigen und sonstigen Vertrauenspersonen des Betreuten Gelegenheit zur Äußerung gegeben werden, sofern dies ohne erhebliche Verzögerung möglich ist (§ 1828 Abs. 1 und 2 BGB).

Die genannten Grundsätze für das Gespräch zur Feststellung des Patientenwillens gelten auch für Bevollmächtigte (§ 1828 Abs. 3 BGB).

8.2.3 Kontakt- und Besprechungspflicht

Der Betreuer hat den persönlichen Kontakt mit dem Betreuten zu halten, sich regelmäßig einen persönlichen Eindruck von ihm zu verschaffen und dessen Angelegenheiten mit ihm zu besprechen (§ 1821 Abs. 5 BGB).

Kontaktpflicht

Der persönliche Kontakt zum Betreuten ist unabdingbare Voraussetzung, um als Betreuer die gesetzlichen Pflichten erfüllen zu können. Bereits bei der Auswahl des Betreuers ist es von wesentlicher Bedeutung, dass dieser im erforderlichen Umfang persönlichen Kontakt mit dem Betreuten halten kann (§ 1816 Abs. 1 BGB). Ist das nicht der Fall, weil beispielsweise der Betreuer weggezogen oder überlastet ist, hat ihn das Betreuungsgericht zu entlassen (§ 1868 Abs. 1 Satz 2 BGB).

Der Betreuer hat die Angelegenheiten des Betreuten so zu besorgen, dass dieser im Rahmen seiner Möglichkeiten sein Leben nach seinen Wünschen gestalten kann. Hierzu hat der Betreuer die Wünsche des Betreuten festzustellen (§ 1821 Abs. 2 Sätze 1 und 2 BGB). Unter Berücksichtigung dieser Grundsätze kann ein Betreuer nur dann seine Aufgaben ordnungsgemäß erfüllen, wenn er einen ausreichenden persönlichen Kontakt zum Betreuten pflegt. Nur dann wird er dessen Wünsche und Vorstellungen erfahren. Persönlicher Kontakt kann insbesondere durch Gespräche, gegenseitige Besuche, Telefonate oder Briefe hergestellt werden.

Eine bestimmte Anzahl von persönlichen Kontakten hat der Gesetzgeber nicht vorgegeben. Auch das Betreuungsgericht kann dem Betreuer keine verbindlichen Vorgaben machen. In welchem Umfang persönliche Kontakte notwendig sind, muss der Betreuer entscheiden. Maßgebend sind in diesem Zusammenhang insbesondere auch die Wünsche des Betreuten, dessen Alter und körperliche Verfassung, Art und Umfang des vom Betreuer zu besorgenden Aufgabenkreises.

Achtung: Auch wenn ein persönlicher Kontakt mangels konkreten Regelungsbedarfs aktuell nicht erforderlich zu sein scheint, hat der Betreuer den Betreuten auch in diesen Fällen in regelmäßigen Abständen aufzusuchen, damit er sich einen persönlichen Eindruck von den Lebensverhältnissen oder bei Heimbewohnern von dem Pflegezustand des Betreuten verschaffen kann.

Das Betreuungsgericht muss kontrollieren, ob zwischen dem Betreuer und dem Betreuten ein ausreichender persönlicher Kontakt stattfindet. Der Betreuer ist deshalb verpflichtet, dem Betreuungsgericht gegenüber Angaben zum persönlichen Kontakt zum Betreuten zu machen, insbesondere zur Art, zum Umfang und zum Anlass der persönlichen Kontakte (§ 1863 Abs. 3 Satz 3 Nr. 1 BGB). Bei unzureichenden oder fehlenden persönlichen Kontakten kann das Betreuungsgericht den Betreuer entlassen (§ 1868 Abs. 1 Satz 2 BGB).

Besprechungspflicht

Der Betreuer muss sich ein zuverlässiges Bild von den Vorstellungen und Wünschen der betreuten Person und von ihrer Lebenssituation machen können. Deshalb muss der Betreuer Angelegenheiten des Betreuten mit diesem besprechen (§ 1821 Abs. 5 BGB). Wie ausführlich welche Angelegenheit zu besprechen ist, hängt davon ab, was aus Sicht des Betreuten für ihn wichtig ist und wie weit sein Interesse und sein Verständnis reichen. Besprechen bedeutet in der Regel einen persönlichen Dialog, soweit sinnvoll und hilfreich im Beisein Dritter, von Angesicht zu Angesicht, hilfsweise telefonisch. Die Einhaltung der Besprechungspflicht setzt jedoch nicht voraus, dass mit dem Betreuten ein »vernünftiges« Gespräch möglich ist. Ist es dem Betreuer nicht möglich, mit dem Betreuten zu sprechen, muss er versuchen, andere Wege der Kommunikation zu wählen, gegebenenfalls unter Zuhilfenahme weiterer Personen oder Hilfsmittel.

8.2.4 Auskunftspflicht gegenüber nahestehenden Angehörigen

Der Betreuer hat nahestehenden Angehörigen und sonstigen Vertrauenspersonen des Betreuten auf Verlangen Auskunft über dessen persönliche Lebensumstände zu erteilen, soweit dies dem Wunsch oder dem mutmaßlichen Willen des Betreuten entspricht und dem Betreuer zuzumuten ist (§ 1822 BGB). Gesetzgeberisches Motiv dieses Auskunftsanspruchs ist, dass nicht als rechtliche Betreuer bestellte Angehörige – zum Beispiel Kinder, die in räumlicher Entfernung zu ihren Eltern leben – den berechtigten Wunsch haben, über den Zustand desr Betreuten auf dem Laufenden gehalten zu werden bzw. in gewissen Abständen Informationen zu erhalten. Zudem soll verhindert werden, dass Betreuer jegliche Kontaktaufnahme zu Angehörigen unterbinden, es sei denn, dies ist vom Betreuten so gewünscht.

- Die Pflicht des Betreuers, nahestehenden Angehörigen und sonstigen Vertrauenspersonen auf Verlangen Auskunft zu erteilen, beschränkt sich auf die Darlegung der aktuellen Lebensumstände des Betreuten. Dies kann sich sowohl auf die Wohnsituation als auch auf den allgemeinen Gesundheitszustand des Betreuten beziehen. Mithin nicht umfasst von der Auskunftspflicht sind detaillierte Auskünfte über die Vermögensverhältnisse des Betreuten. Der Betreuer ist zudem nicht verpflichtet, gegenüber den Auskunftsersuchenden sein Betreuerhandeln im Detail darzulegen.

- Die Auskunftspflicht des Betreuers besteht nur gegenüber solchen Angehörigen, die dem Betreuten tatsächlich nahestehen; sie sieht jedoch keinen Anspruch vor, der sich allein aus dem Angehörigenverhältnis ableitet, wenn die entsprechende Person in keinem Näheverhältnis zum Betreuten steht. Eine Vertrauensperson beinhaltet bereits das Vorliegen eines persönlichen Näheverhältnisses zum Betreuten. Der auskunftsberechtigte Personenkreis dürfte sich regelmäßig auf den Ehegatten oder Lebenspartner erstrecken, wenn die Ehegatten oder Lebenspartner nicht dauernd getrennt leben, sowie dessen Eltern, Pflegeeltern, Großeltern, Abkömmlinge, Geschwister und eine Person seines Vertrauens.
- Maßstab und auch Grenze für die Auskunftspflicht ist in jedem Fall der geäußerte Wunsch bzw. mutmaßliche Wille des Betreuten, der vom Betreuer zu ermitteln ist.
- Schließlich besteht die Auskunftspflicht des Betreuers nur insoweit, als ihm die Auskunftserteilung zuzumuten ist. Eine Zumutbarkeitsgrenze kann sich insbesondere aus der Häufigkeit der gewünschten Auskunftserteilung ergeben. Diese ist ebenfalls im jeweiligen Fall individuell zu bestimmen und kann in Einzelfällen, zum Beispiel wenn der Betreute akut und gegebenenfalls auch schwerwiegender erkrankt ist, auch eine häufigere Auskunftserteilung rechtfertigen.

8.2.5 Unterstützung bei der Rehabilitation

Der Betreuer hat innerhalb seines Aufgabenkreises dazu beizutragen, dass Möglichkeiten genutzt werden, die Fähigkeit des Betreuten, seine eigenen Angelegenheiten zu besorgen, wiederherzustellen oder zu verbessern (§ 1821 Abs. 6 BGB). Dieser »Rehabilitationsgrund« bezieht sich nicht (allein) auf eine gesundheitliche Rehabilitation. Der Betreuer hat vielmehr die Verpflichtung, auf die Beseitigung aller Gründe hinzuwirken, die eine Betreuung erforderlich gemacht haben, also neben den medizinischen auch der sozialen oder sonstigen Umstände, die den Betreuungsbedarf hervorgerufen haben.

Der Betreuer muss aktiv tätig werden, um den Betreuten, soweit wie möglich – auch bei weiterhin bestehender Erkrankung oder Behinderung – zu befähigen, seine rechtlichen Angelegenheiten wieder selbst oder mit niederschwelliger Hilfe (z.B. Begleitung bei Besorgungen) zu besorgen. Dazu gehört unter anderem eine Unterstützung beim Erlernen einer eigenverantwortlichen Wahrnehmung seiner rechtlichen Angelegenheiten zur Förderung seiner Selbstbefähigung einschließlich der (Wieder-)Erlangung der eigenen Entscheidungsfähigkeit, letztlich auch mit dem Ziel, die Betreuung aufzuheben oder den Aufgabenkreis einzuschränken.

8.3 Berichtspflicht des Betreuers

Sowohl bei der Erstbestellung des Betreuers als auch bei einem Betreuerwechsel muss der Betreuer einen Bericht über die persönlichen Verhältnisse des Betreuten erstellen (Anfangsbericht). Danach hat der Betreuer dem Betreuungsgericht über die persönlichen Verhältnisse des Betreuten mindestens einmal jährlich zu berichten (Jahresbericht).

8.3.1 Anfangsbericht

Mit der Übernahme der Betreuung hat der Betreuer einen Bericht über die persönlichen Verhältnisse zu erstellen (§ 1863 Abs. 1 Satz 1 BGB). Diese Verpflichtung besteht nicht für solche ehrenamtlichen Betreuer, die schon vor ihrer Bestellung eine familiäre Beziehung oder persönliche Bindung zum Betreuten hatten. In diesem Fall führt das Betreuungsgericht mit dem Betreuten auf dessen Wunsch oder in anderen geeigneten Fällen ein Anfangsgespräch zur Ermittlung der vom Gesetz im Anfangsbericht darzulegenden Sachverhalte. Der ehrenamtliche Betreuer soll an dem Gespräch teilnehmen (§ 1863 Abs. 2 BGB).

Der Anfangsbericht hat insbesondere Angaben zu folgenden Sachverhalten zu enthalten (§ 1863 Abs. 1 Satz 2 BGB):

- persönliche Situation des Betreuten,
- Ziele der Betreuung, bereits durchgeführte und beabsichtigte Maßnahmen, insbesondere im Hinblick auf die Wiederherstellung der Fähigkeiten des Betreuten, und
- Wünsche des Betreuten hinsichtlich der Betreuung.

Im Anfangsbericht muss die Ausgangssituation des Betreuten bei der Übernahme der Betreuung durch den Betreuer dargelegt werden. Im Rahmen der Vermögenssorge muss das Anfangsvermögen in einem Vermögensverzeichnis bei Übernahme der Betreuung genau angegeben werden, um eine Aufsicht über die Entwicklung zu ermöglichen. Auch im Rahmen der Personensorge sind Grundangaben erforderlich, insbesondere über die Lebens-, Wohn- und Arbeitssituation, die sozialen sowie wirtschaftlichen Verhältnisse des Betreuten. Es geht um die grundlegenden Daten des Betreuten sowie kurze Angaben zu Lebenslage, Fähigkeiten und Ressourcen, Beeinträchtigungen und Schwierigkeiten, Sozialverhalten, familiären und sozialen Kontakten.

Bei Übernahme einer Betreuung sind im Anfangsbericht darüber hinaus die sich aus den Wünschen und Vorstellungen des Betroffenen, sowie die sich aus den vorgefundenen tatsächlichen Umständen ergebenden realistische Ziele und die zu deren Umsetzung bereits eingeleiteten und weiterhin erforderlichen Maßnahmen zu benennen. Dabei geht es sowohl um präventive als auch um rehabilitative Maßnahmen. Konkret geht es um die Frage, welcher Unterstützungsbedarf durch die rechtliche Betreuung bezogen auf die Ziele der Betreuung unter Berücksichtigung der Kompetenzen des Betreuten zur Selbstverantwortung besteht. Näheres zur Unterstützung bei der Rehabilitation des Betreuten unter 8.2.5.

Im Mittelpunkt der Betreuertätigkeit stehen die Wünsche des Betreuten. Der Betreuer ist deshalb verpflichtet, die Wünsche des Betreuten festzustellen und sie im Anfangsbericht zu dokumentieren. Da sie auch für die Aufsichtstätigkeit des Gerichts maßgeblich sind, müssen die Wünsche entsprechend möglichst frühzeitig zu Beginn der Betreuung dokumentiert werden.

Sofern der Betreuer ein Vermögensverzeichnis erstellen muss (vgl. dazu 6.2.1), ist dieses dem Anfangsbericht beizufügen (§ 1863 Abs. 1 Satz 3 BGB).

Der Anfangsbericht soll dem Betreuungsgericht innerhalb von drei Monaten nach Bestellung des Betreuers übersandt werden. Das Gericht kann den Bericht mit dem Betreuten und dem Betreuer in einem persönlichen Gespräch erörtern (§ 1863 Abs. 1 Sätze 4 und 5 BGB).

8.3.2 Jahresbericht

Über den Anfangsbericht hinaus hat der Betreuer dem Betreuungsgericht über die persönlichen Verhältnisse des Betreuten mindestens einmal jährlich zu berichten (§ 1863 Abs. 3 Satz 1 BGB). Durch den Jahresbericht soll die Aufsicht des Betreuungsgerichts sichergestellt werden. Ist die Führung der Betreuung nach bestimmten Aufgabenbereichen auf mehrere Betreuer aufgeteilt, so hat jeder Betreuer für den Bereich seiner Tätigkeit selbstständig zu berichten.

Den Jahresbericht hat der Betreuer mit dem Betreuten zu besprechen, es sei denn, davon sind erhebliche Nachteile für die Gesundheit des Betreuten zu besorgen oder dieser ist offensichtlich nicht in der Lage, den Inhalt des Jahresberichts zur Kenntnis zu nehmen (§ 1863 Abs. 3 Satz 2 BGB).

Der Jahresbericht des Betreuers muss insbesondere Angaben zu folgenden Sachverhalten enthalten (§ 1863 Abs. 3 Satz 3 BGB):

- Art, Umfang und Anlass der persönlichen Kontakte zum Betreuten und der persönliche Eindruck vom Betreuten (der Betreuer muss nicht nur darlegen, wie häufig und in welcher Umgebung er den Betreuten getroffen hat, sondern auch, ob es weitere Kontakte, etwa telefonischer oder elektronischer Art, gab und was jeweils der Anlass für einen entsprechenden Kontakt war; daneben hat der Betreuer dem Gericht auch über seinen persönlichen Eindruck vom Betreuten zu berichten, den er sich regelmäßig zu verschaffen hat);
- Umsetzung der bisherigen Betreuungsziele und Darstellung der bereits durchgeführten und beabsichtigten Maßnahmen, insbesondere solcher gegen den Willen des Betreuten (dieser Teil des Berichts bezieht sich auf die konkreten Tätigkeiten des Betreuers, die er im letzten Jahr vorgenommen hat, insbesondere bezogen auf die konkreten Betreuungsziele, die am Anfang der Betreuung oder im letzten Jahresbericht definiert worden sind);
- Gründe für die weitere Erforderlichkeit der Betreuung und des Einwilligungsvorbehalts, insbesondere auch hinsichtlich des Umfangs (diese Berichtspflicht soll den Erforderlichkeitsgrundsatz stärken und das Betreuungsgericht in die Lage versetzen, gegebenenfalls eine Aufhebung oder Einschränkung der Betreuung zu prüfen);

- bei einer beruflich geführten Betreuung die Mitteilung, ob die Betreuung zukünftig ehrenamtlich geführt werden kann (dazulegen sind der Umfang und die Schwere der Betreuertätigkeit, es geht nicht um die Schwere der Erkrankung; gerade bei schwer bzw. fortgeschritten erkrankten älteren Betreuten kommt eine ehrenamtliche Weiterführung der Betreuung in Betracht);
- die Sichtweise des Betreuten zu den oben genannten Sachverhalten (das Gericht soll hierdurch prüfen können, ob der Betreuer seinen Pflichten, die Betreuung nach den Wünschen bzw. nach dem mutmaßlichen Willen des Betreuten zu führen, in ausreichender Weise nachkommt).

8.4 Auskunfts- und Mitteilungspflichten des Betreuers

Dem Betreuer obliegen kraft Gesetzes Auskunfts- und Mitteilungspflichten gegenüber dem Betreuungsgericht.

Der Betreuer hat dem Betreuungsgericht auf dessen Verlangen während der gesamten Dauer der Betreuung jederzeit über die Führung der Betreuung und über die persönlichen und wirtschaftlichen Verhältnisse des Betreuten Auskunft zu erteilen (§ 1864 Abs. 1 BGB). Wesentliche Änderungen der persönlichen und wirtschaftlichen Verhältnisse des Betreuten muss der Betreuer unverzüglich dem Betreuungsgericht mitteilen, damit das Gericht zeitnah in die Lage versetzt wird, seiner Aufsichtspflicht nachzukommen (§ 1864 Abs. 2 Satz 1 BGB).

8.4.1 Möglichkeit zur Aufhebung der Betreuung oder des Einwilligungsvorbehalts

Werden dem Betreuer Umstände bekannt, die eine Aufhebung der Betreuung oder des Einwilligungsvorbehalts ermöglichen, so hat er dies dem Betreuungsgericht mitzuteilen (§ 1864 Abs. 2 Satz 2 Nr. 1 BGB). Damit soll sichergestellt werden, dass staatliche Hilfe und

Unterstützung in Form einer Betreuung bzw. eines Einwilligungsvorbehalts nur für die Dauer geleistet wird, wie die Krankheit oder Behinderung des Betreuten es auch erfordert. Das Betreuungsgericht hat die Betreuung bzw. den Einwilligungsvorbehalt aufzuheben, wenn die Voraussetzungen wegfallen (§ 1871 Abs. 1 und 4 BGB).

8.4.2 Möglichkeit zur Einschränkung des Aufgabenkreises

Die Mitteilungspflicht des Betreuers erstreckt sich auch auf Umstände, die eine Einschränkung des Aufgabenkreises ermöglichen (§ 1864 Abs. 2 Satz 2 Nr. 2 BGB). Damit soll sichergestellt werden, dass eine Betreuung nur im erforderlichen Umfang erfolgt. Fallen die Voraussetzungen nur für einen Teil der Aufgabenbereiche des Betreuers weg, so ist dessen Aufgabenkreis einzuschränken (§ 1871 Abs. 1 Satz 2 BGB).

8.4.3 Notwendigkeit der Erweiterung des Aufgabenkreises

Werden dem Betreuer Umstände bekannt, die eine Erweiterung seines Aufgabenkreises erforderlich machen, so hat er dies dem Betreuungsgericht mitzuteilen (§ 1864 Abs. 2 Satz 2 Nr. 3 BGB). Das Betreuungsgericht muss den Aufgabenkreis des Betreuers erweitern, wenn dies erforderlich ist (§ 1871 Abs. 3 BGB). Ob eine Erweiterung des Aufgabenkreises notwendig ist, richtet sich nach den Vorschriften über die Erstbestellung des Betreuers (Näheres dazu unter 3.).

Achtung: Außerhalb seines gegenwärtigen Aufgabenkreises trifft den Betreuer keine Pflicht, Umstände, die eine Erweiterung des Aufgabenkreises erfordern, zu ermitteln. So braucht also der mit einer einzelnen Grundstücksangelegenheit betraute Betreuer nicht von sich aus nachzuforschen, ob der Betreute etwa bei der

Führung eines nicht diese Angelegenheit betreffenden Prozesses ebenfalls eines Betreuers bedarf. Werden ihm solche Umstände aber – aus welchen Gründen auch immer – bekannt, so hat er sie dem Betreuungsgericht mitzuteilen.

8.4.4 Notwendigkeit eines weiteren Betreuers

Auch wenn die Bestellung eines weiteren Betreuers erforderlich ist, hat der Betreuer die entsprechenden Umstände dem Betreuungsgericht mitzuteilen (§ 1864 Abs. 2 Satz 2 Nr. 4 BGB). Die Bestellung eines Mitbetreuers kommt dann in Betracht, wenn die Angelegenheiten des Betreuten hierdurch besser geregelt werden können. In diesem Fall bestimmt das Gericht, welcher Betreuer mit welchem Aufgabenbereich betraut wird (§ 1817 Abs. 1 Satz 2 BGB; vgl. dazu 4.8.1). Die Bestellung eines Mitbetreuers kann zeitgleich mit der Erstbestellung eines Betreuers oder zu einem späteren Zeitpunkt erfolgen.

8.4.5 Notwendigkeit zur Anordnung eines Einwilligungsvorbehalts

Wenn der Betreuer die Anordnung eines Einwilligungsvorbehalts für erforderlich hält, hat er dies dem Betreuungsgericht mitzuteilen (§ 1864 Abs. 2 Satz 2 Nr. 5 BGB). Ein Einwilligungsvorbehalt wird vom Gericht angeordnet, soweit dies zur Abwendung einer erheblichen Gefahr für die Person oder das Vermögen des Betreuten erforderlich ist. Im Falle eines Einwilligungsvorbehalts bedarf der Betreute zu einer Willenserklärung, die den Aufgabenkreis des Betreuers betrifft, dessen Einwilligung. Wegen der Einzelheiten zum Einwilligungsvorbehalt vgl. 5.3.

8.4.6 Ehrenamtliche statt berufliche Betreuung

Die ehrenamtliche Betreuung genießt grundsätzlich Vorrang vor der beruflichen Betreuung (vgl. dazu 4.8.1). Deshalb muss der Betreuer dem Betreuungsgericht solche Umstände mitteilen, aus denen sich bei einer beruflich geführten Betreuung ergibt, dass die Betreuung zukünftig ehrenamtlich geführt werden kann (§ 1864 Abs. 2 Satz 2 Nr. 6 BGB).

8.5 Beratung des Betreuers und Aufsicht durch das Betreuungsgericht

Das Betreuungsgericht muss den Betreuer über dessen Rechte und Pflichten beraten. Es führt über die gesamte Tätigkeit des Betreuers die Aufsicht.

8.5.1 Gerichtliche Beratung

Das Betreuungsgericht berät den Betreuer über dessen Rechte und Pflichten bei der Wahrnehmung seiner Aufgaben (§ 1861 Abs. 1 BGB). Gesetzlich ist damit dem Betreuer ein Rechtsanspruch auf die betreuungsgerichtliche Beratung eingeräumt. Dabei geht es um die Rechte und Pflichten des Betreuers in alle Richtungen, vorrangig gegenüber dem Betreuten, aber auch gegenüber dem Gericht und Dritten. Das Gericht hat jedoch nicht die Aufgabe, vertieft über allgemeine Rechtsfragen (z.B. sozialrechtlicher Art) zu beraten. Es geht vielmehr um betreuungsrechtliche Fragen im Rahmen der Amtsführung des Betreuers. Da der Betreuer sein Amt selbstständig führt, ist die Beratung auf grundsätzliche Fragen der Amtsführung und der Einhaltung der Rechtspflichten des Betreuers begrenzt. Allerdings darf das Gericht nicht anstelle des Betreuers entscheiden und diesem die eigenständige Entscheidung im Rahmen der selbstverantwortlichen Führung der Betreuung abnehmen. So darf beispielsweise das Betreuungsgericht selbst keine Kontosperrung vornehmen. Das Gericht ist vielmehr darauf beschränkt, Empfehlungen zu äußern oder Auskunft zu erteilen.

Die Beratungspflicht des Betreuungsgerichts erstreckt sich nicht darauf, dem Betreuer Weisungen zu erteilen. Sie beschränkt sich darauf, dem Betreuer Rechtsauskünfte zu erteilen und Empfehlungen zu äußern, indem Handlungs- und Entscheidungsalternativen aufgezeigt werden. Unter Umständen muss sich das Betreuungsgericht auch dazu äußern, ob eine geplante Maßnahme des Betreuers pflichtwidrig oder unzweckmäßig ist. In keinem Fall darf jedoch das Gericht die selbstständige Amtsführung des Betreuers beeinträchtigen. Bindende Anweisungen des Gerichts sind also nicht zulässig.

Achtung: Eine ausdrückliche Regelung, dass das Gericht auch den Betreuten zu beraten hat, enthält das Gesetz nicht. Die Beratung des Betreuten ist in erster Linie Aufgabe des Betreuers, der sich seinerseits vom Betreuungsgericht beraten lassen kann.

! Der Anspruch auf Beratung gegenüber dem Betreuungsgericht besteht unabhängig von dem Anspruch auf Beratung und Unterstützung gegenüber der Betreuungsbehörde. Die Behörde hat den Betreuer auf dessen Wunsch bei der Wahrnehmung seiner Aufgaben zu beraten und zu unterstützen. Insbesondere ist die Betreuungsbehörde verpflichtet, ehrenamtliche Betreuer beim Abschluss einer Vereinbarung über eine Begleitung und Unterstützung mit einem anerkannten Betreuungsverein zu unterstützen (§ 5 Abs. 2 BtOG). Dies betrifft in erster Linie ehrenamtliche Betreuer, die außerhalb eines persönlichen Näheverhältnisses Betreuungen führen möchten, und für die eine solche Vereinbarung regelmäßig vorgesehen ist (vgl. dazu 4.8.1). Aber auch andere ehrenamtliche Betreuer sind zu unterstützen, wenn sie den Abschluss einer solchen Vereinbarung wünschen.

8.5.2 Gerichtliche Aufsicht

Das Betreuungsgericht führt über die gesamte Tätigkeit des Betreuers die Aufsicht. Es hat auf die Einhaltung der Pflichten des Betreuers zu achten. Gemeint sind die Pflichten, die der Betreuer gegenüber dem Betreuten hat. Dabei geht es vorrangig um solche Pflichtverstöße, durch die der Betreuer die Wünsche des Betroffenen missachtet. Aber auch dann, wenn der Betreute keine Wünsche äußert, kann es zu Pflichtverletzungen kommen, beispielsweise durch mangelnde persönliche Kontakte (§ 1862 Abs. 1 BGB). Die Beaufsichtigung des Betreuers dient allein dem Wohl des Betreuten, nicht den Interessen Dritter.

Pflichtwidrig handelt der Betreuer insbesondere dann, wenn er gegen die ihn betreffenden Vorschriften sowie gegen gerichtliche Anordnungen verstößt. Neben der Pflicht, grundsätzlich die Betreuung nach den Wünschen des Betreuten zu führen, bestehen auch andere konkrete Handlungsgebote, beispielsweise bei der Vermögensverwaltung, soweit der Betreute nichts anderes wünscht (vgl. dazu 6.2.3). Im Übrigen ist von einer Pflichtwidrigkeit auszugehen, wenn der Betreuer durch seine Amtsführung wichtige Interessen des Betreuten verletzt.

» Um Pflichtwidrigkeiten handelt es sich, wenn

- der Betreuer seinen ihm übertragenen Aufgabenkreis überschreitet,
- er von den gesetzlichen Vorgaben für die Vermögensverwaltung entgegen den Wünschen des Betreuten abweicht,
- er die Jahresrechnung nicht einreicht,
- der Betreuer sein eigenes Vermögen vom Vermögen des Betreuten nicht trennt,
- aussichtslose Prozesse führt,
- Wünsche des Betreuten nicht erfüllt,
- verbotswidrig Schenkungen vornimmt,
- den Auskunfts- und Berichtspflichten nicht nachkommt oder
- grundlos den Kontakt des Betreuten zu seinen Verwandten oder Dritten beschränkt.

Bei Pflichtwidrigkeiten muss das Betreuungsgericht durch geeignete Gebote und Verbote einschreiten. Voraussetzung für das gerichtliche Einschreiten ist weder ein Verschulden des Betreuers noch der Eintritt eines Schadens oder eine unmittelbare Gefahr für die Interessen des Betreuten. Zur Befolgung seiner Anordnungen kann das Gericht Zwangsgeld festsetzen (§ 1862 Abs. 3 BGB).

Die Aufsichtsführung des Betreuungsgerichts erfolgt in verschiedenen Formen:

- Das Gericht kann vom Betreuer jederzeit Auskunft über die Führung der Betreuung und über die persönlichen und wirtschaftlichen Verhältnisse des Betreuten verlangen (§ 1864 Abs. 1 BGB).
- Die Vermögensverwaltung des Betreuers mit dem Aufgabenbereich Vermögenssorge wird durch die Entgegennahme und Prüfung der jährlichen Rechnungslegung beaufsichtigt (vgl. dazu 6.2.6).
- Zahlreiche Rechtshandlungen des Betreuers bedürfen der Genehmigung des Betreuungsgerichts, die der Betreuer grundsätzlich vor der Vornahme der Rechtshandlung einzuholen hat.
- Das Betreuungsgericht kann dem Betreuer Weisungen erteilen (z.B. Geld mündelsicher anzulegen, Sozialleistungen zu beantragen oder eine Kündigung des Vermieters abzuwehren).

Urteil

Die Aufsicht des Gerichts über den Betreuer ist auf eine Kontrolle der Rechtmäßigkeit seines Handelns beschränkt. In Zweckmäßigkeitsfragen, die im Ermessen des Betreuers liegen, darf es nicht an seiner Stelle entscheiden.

OLG München, Az. 33 Wx 5/09

8.6 Haftung des Betreuers

Der Betreuer haftet für schuldhaft begangene Pflichtverletzungen, die zu einem Schaden des Betreuten führen. In Ausnahmefällen haftet der Betreuer auch für Schäden, die Dritten entstehen. Die Haftung des Betreuers beginnt mit seiner Bestellung und endet grundsätzlich mit der Beendigung des Amts.

! Gegen seine Haftung kann sich der Betreuer versichern. Die Kosten einer angemessenen Versicherung gegen Schäden, die der ehrenamtliche Betreuer dem Betreuten zufügt, sind ersatzfähige Aufwendungen, die der Betreuer gegenüber dem Betreuten bzw. der Staatskasse geltend machen kann. Das gilt auch, wenn der Betreuer einem Dritten zum Ersatz eines durch die Führung der Betreuung verursachten Schadens verpflichtet ist (z.B. wegen mangelhafter Beaufsichtigung des Betreuten). Zudem sind ehrenamtliche Betreuer durch die Sammelhaftpflichtversicherungen der Länder abgesichert, sodass das persönliche finanzielle Risiko der nahen Angehörigen überschaubar ist. Der berufsmäßige Betreuer kann die Erstattung der Versicherungsprämien nicht verlangen; sie sind Teil seiner Allgemeinkosten (§ 1877 Abs. 2 BGB).

8.6.1 Haftung gegenüber dem Betreuten

Der Betreuer ist dem Betreuten für den aus einer Pflichtverletzung entstehenden Schaden verantwortlich. Dies gilt nicht, wenn der Betreuer die Pflichtverletzung nicht zu vertreten hat (§ 1826 Abs. 1 BGB). Bei einer schuldhaften Pflichtverletzung des Betreuers kann der Betreute den Schadenersatz selbst geltend machen, sofern er geschäftsfähig ist. Auch ein Bevollmächtigter des Betreuten kann Ersatz des entstandenen Schadens verlangen, ebenso ein später bestellter Betreuer, dem der Aufgabenbereich Vermögenssorge übertragen wurde. Letzteres kommt insbesondere dann in Betracht, wenn der frühere Betreuer wegen Pflichtwidrigkeiten entlassen wurde.

Achtung: Eine Genehmigung des Betreuungsgerichts befreit den Betreuer nicht von seiner Schadenersatzpflicht. Der Betreuer ist für die Rechtmäßigkeit seiner Handlungen allein verantwortlich. Er muss in jedem Einzelfall selbst und eigenverantwortlich prüfen, ob die jeweilige Maßnahme sachgerecht ist. Unabhängig davon darf sich der Betreuer jedoch grundsätzlich auf einen Rechtsrat des Betreuungsgerichts verlassen.

Pflichtverletzung

Voraussetzung für die Haftung des Betreuers ist, dass dieser ihm obliegende Pflichten verletzt hat. In Betracht kommt neben der Verletzung gesetzlicher Pflichten auch die Nichtbeachtung konkreter Anordnungen des Betreuungsgerichts. Auch Schäden durch Unterlassen können zu einer Haftung führen (z.B. die Versäumung von Antragsfristen in der Sozialversicherung oder der Abgabe der Steuererklärung des Betreuten).

- Im Bereich der Vermögenssorge liegt ein Pflichtenverstoß unter anderem vor, wenn der Betreuer die fällige Einkommensteuererklärung für die von ihm betreute Person nicht abgibt, eine Immobilie in Zeiten ansteigender Preise voreilig verkauft, Forderungen des Betreuten nicht reitzeitig geltend macht und diese deshalb verjähren oder Unterhaltsforderungen des Betreuten nicht rechtzeitig geltend macht.
- Im Bereich Personensorge liegt ein Pflichtverstoß vor, wenn der Betreuer nicht für einen ausreichenden Krankenversicherungsschutz des Betreuten Sorge trägt, sich nicht um eine angemessene medizinische Versorgung kümmert, dem Betreuten ohne vernünftigen Grund den Kontakt zu näheren Verwandten verweigert oder keinen regelmäßigen Kontakt zum Betreuten pflegt.

- In Wohnungsangelegenheiten handelt es sich um eine Pflichtverletzung, wenn der Betreuer die Wohnung des Betreuten ohne Genehmigung des Betreuungsgerichts aufgibt, er die Wohnungsauflösung nach erteilter gerichtlicher Genehmigung verzögert oder er nicht rechtzeitig die Wohnung des Betreuten gekündigt hat.

Urteil

- *Die Geltendmachung von Rentenansprüchen gehört zum Aufgabenkreis des Betreuers, dem die Vermögenssorge übertragen ist. Der Betroffene hat einen Schadenersatzanspruch gegen den Betreuer, wenn dieser es schuldhaft unterlässt, rechtzeitig einen Antrag auf Erwerbsunfähigkeitsrente zu stellen.*

  LG Berlin, Az. 31 O 658/99

- *Ein Berufsbetreuer kann gegenüber dem Betreuten zur Leistung von Schadenersatz verpflichtet sein, wenn er für diesen eine bestehende private Kranken- und Pflegeversicherung kündigt und kurze Zeit später der – die Versicherung aufgrund der Vertragskündigung nicht mehr zur Leistung verpflichtende – Versicherungsfall eintritt. Allein der Umstand, dass der Betreute nicht über die finanziellen Mittel zur laufenden Beitragszahlung verfügt, rechtfertigt eine solche Kündigung nicht, wenn der Eintritt des Versicherungsfalles (und einer damit verbundenen Beitragsbefreiung) absehbar war.*

  OLG Koblenz, Az. 4 W 98/17

Verschulden

Der Betreuer haftet bei einer Pflichtverletzung nur dann für den eingetretenen Schaden, wenn er diesen verschuldet, das heißt, wenn er vorsätzlich oder fahrlässig gehandelt hat. Fahrlässigkeit liegt vor, wenn der Betreuer die im Verkehr erforderliche Sorgfalt außer Acht lässt.

Mit rechtlicher oder finanzieller Unerfahrenheit kann sich unter Umständen ein ehrenamtlicher Betreuer entschuldigen und so seiner Haftung entgehen. Allerdings ist zu berücksichtigen, dass die Möglichkeit besteht, beim Betreuungsgericht Rat einzuholen (vgl. dazu 8.5.1). Auf Arbeitsüberlastung oder die geringe Honorierung kann sich allerdings der Betreuer nicht berufen.

Für die Anforderungen an die Sorgfaltspflichten ist nicht zuletzt auch die Rechts- und Geschäftserfahrung des Betreuers zu berücksichtigen. Während also bei einem Rechtsanwalt als Berufsbetreuer ausreichende Rechts- und Sachkenntnisse vorausgesetzt werden können, können ehrenamtlichen Betreuern unter Umständen Haftungserleichterungen zugutekommen.

Achtung: Während nach altem Betreuungsrecht die Beweislast für das Verschulden des Betreuers hinsichtlich der Pflichtverletzung dem Betreuten zugewiesen war, gilt jetzt eine Beweislastumkehr. Grundsätzlich haftet der Betreuer gegenüber dem Betreuten für den aus einer Pflichtverletzung entstandenen Schaden, es sei denn, dass er ihn nicht zu vertreten hat. Im Falle einer Pflichtverletzung muss also der Betreute nicht beweisen, dass der Betreuer schuldhaft gehandelt hat, sondern der Betreuer muss nachweisen, dass er die Pflichtverletzung nicht zu vertreten hat.

Folgen der Haftung

Handelt der Betreuer pflichtwidrig, hat er dem Geschädigten den daraus entstandenen Schaden zu ersetzen. In Betracht kommen insbesondere Personen- und Vermögensschäden.

Sind mehrere Betreuer für die Pflichtverletzung verantwortlich, haften sie als Gesamtschuldner (§ 1826 Abs. 2 BGB). Der Geschädigte kann in diesem Fall den Schaden von jedem Betreuer ganz oder teilweise verlangen (§ 421 BGB). Befriedigt ein Betreuer die Forderung des geschädigten Betreuten ganz oder teilweise, kann er den anderen Betreuer in Regress nehmen (§ 426 Abs. 2 Satz 1 BGB).

! Der Betreute muss seinen Schaden gegenüber dem Betreuer vor dem Zivilgericht (Amtsgericht, Landgericht) geltend machen. Zu diesem Zweck muss das Betreuungsgericht dem geschädigten Betreuten einen neuen Betreuer bzw. einen Ergänzungsbetreuer bestellen, der dann den bisherigen Betreuer verklagt.

8.6.2 Haftung gegenüber Dritten

Eine Haftung gegenüber dritten Personen kommt insbesondere wegen einer Verletzung der Aufsichtspflicht des Betreuers und wegen rechtsgeschäftlichen Handelns ohne Vertretungsmacht in Betracht.

Haftung wegen Aufsichtsverletzung

Wer kraft Gesetzes zur Führung der Aufsicht über eine Person verpflichtet ist, die wegen ihres geistigen oder persönlichen Zustands der Beaufsichtigung bedarf, ist zum Ersatz des Schadens verpflichtet, den diese Person einem Dritten widerrechtlich zufügt (§ 832 Abs. 1 Satz 1 BGB). Danach haftet ein Betreuer grundsätzlich nur für schadenersatzbegründende Handlungen seines Betreuten, soweit der ihm durch das Betreuungsgericht übertragene Aufgabenkreis die Beaufsichtigung umfasst. Das ist bei der Übertragung von Aufgaben der Vermögenssorge ebenso wenig der Fall wie bei der Übertragung der Wohnungsangelegenheiten. Allenfalls wenn einem Betreuer die gesamte Personensorge oder speziell die Beaufsichtigung des Betreuten durch Gerichtsbeschluss übertragen worden ist, kann sich eine Haftung des Betreuers aus der Verletzung von Aufsichtspflichten ergeben, nicht dagegen allein aus der Stellung eines Betreuers. Maßgebend für die Haftung des Betreuers wegen Verletzung der Aufsichtspflicht ist demnach immer der Umfang seiner Aufsichtspflicht im konkreten Fall.

Urteil

- *Allein die Stellung als Betreuer ergibt nicht, dass diesem die Aufsichtspflicht über den Betreuten obliegt. Ein erwachsener Mensch unterliegt einer gesetzlichen Aufsichtspflicht nur dann, wenn einem Betreuer entweder die gesamte Personensorge oder speziell die Beaufsichtigung des Betreuten durch Gerichtsbeschluss übertragen worden ist.*

  AG Düsseldorf, Az. 27 C 11629/06

- *Der Vater eines geistig behinderten Volljährigen, der zugleich Betreuer ist, haftet unter keinem rechtlichen Gesichtspunkt für einen durch diesen verursachten Schaden, wenn nicht ausdrücklich die Aufsichtspflicht zu seinem Aufgabenkreis gehört.*

  LG Bielefeld, Az. 20 S 48/98

Der Umfang der Aufsichtspflicht des Betreuers richtet sich nach den Umständen des Einzelfalls. Je größer die Gefahr einer Schädigung Dritter ist, desto intensiver muss die Aufsicht erfolgen. Von Bedeutung ist also auch, ob der Betreute bereits in der Vergangenheit Schäden angerichtet hat.

Achtung: Die Aufsichtspflicht des Betreuers kann vertraglich auf andere Personen übertragen werden (z.B. an den Pflegedienst des Heims). In diesem Fall muss allerdings der Betreuer das Heim sorgfältig auswählen. Von der Übertragung der Aufsichtspflicht ist auch dann auszugehen, wenn der Betreute in einem Heim lebt und die Übertragung der Aufsichtspflicht nicht ausdrücklich geschehen ist.

Haftung wegen fehlender Vertretungsmacht

In seinem Aufgabenkreis vertritt der Betreuer den Betreuten gerichtlich und außergerichtlich (Näheres dazu unter 8.1). Er hat damit die Stellung eines gesetzlichen Vertreters. Die Vertretungsmacht des Betreuers besteht allerdings nur für den ihm vom Betreuungsgericht übertragenen Aufgabenkreis. Gehört das vom Betreuer abgeschlossene Rechtsgeschäft nicht zu seinem Aufgabenkreis, handelt er außerhalb seiner Vertretungsmacht. In diesem Fall ist er dem Vertragspartner zur Erfüllung oder zum Schadenersatz verpflichtet (§ 179 Abs. 1 BGB). Haftung auf Erfüllung bedeutet, dass der Betreuer die vertragliche Leistung selbst erbringen, also zum Beispiel selbst den Kaufpreis zahlen muss. Eine Haftung des Betreuers scheidet nur dann aus, wenn der Vertragspartner die fehlende Vertretungsmacht kannte (§ 179 Abs. 2 BGB), was in der Praxis allerdings kaum der Fall sein dürfte.

» Der Betreuer, dem der Aufgabenbereich Aufenthaltsbestimmung übertragen ist, bestellt für den Betreuten ein Fernsehgerät. Genehmigt der Betreute den Kauf nicht (was nur möglich wäre, wenn er noch geschäftsfähig ist), muss der Betreuer das Gerät selbst abnehmen und den Kaufpreis zahlen.

8.7 Aufwendungsersatz und Vergütung

Die Betreuung wird grundsätzlich unentgeltlich geführt. Der ehrenamtlich tätige Betreuer hat deshalb grundsätzlich nur einen Anspruch auf Ersatz seiner Aufwendungen. Nur ausnahmsweise kann das Betreuungsgericht dem ehrenamtlichen Betreuer eine angemessene Vergütung bewilligen. Die Vergütung und der Aufwendungsersatz des beruflichen Betreuers richtet sich nach dem Vormünder- und Betreuervergütungsgesetz (VBVG).

Grundsätzlich ist sowohl der Aufwendungsersatz für den ehrenamtlichen Betreuer als auch die Vergütung des Berufsbetreuers von der betreuten Person zu zahlen. Nur wenn der Betreute »mittellos« ist, kann der Betreuer den Aufwendungsersatz bzw. die Vergütung aus der Staatskasse verlangen.

8.7.1 Aufwendungsersatz für ehrenamtlichen Betreuer

Das Amt des Betreuers ist ein staatsbürgerliches Ehrenamt, für dessen Ausübung im Regelfall keine Vergütung gezahlt wird (§ 1876 Satz 1 BGB). Der Betreuer kann also für seine Tätigkeit nicht die im Rahmen der Betreuung eingesetzte Arbeitszeit berechnen.

! Ausnahmsweise kann das Gericht auch einem ehrenamtlichen Betreuer eine angemessene Vergütung bewilligen, soweit der Umfang oder die Schwierigkeit der Betreuung dies rechtfertigen und der Betreute nicht mittellos ist (§ 1876 Satz 2 BGB). Das wird insbesondere dann der Fall sein, wenn der Umfang der Geschäfte deutlich über dem Durchschnitt liegt. Auch wegen der besonderen Schwierigkeit der Geschäfte, wenn also der Betreuer auf besondere (z.B. juristische oder kaufmännische) Fachkenntnisse zurückgreifen muss, die sonst auch bezahlt werden müssten, kann eine Vergütung gerechtfertigt sein.

Aufwendungsersatz

Der ehrenamtliche Betreuer kann zwar grundsätzlich für seine Tätigkeit keine Vergütung, wohl aber Ersatz seiner durch die Führung der Betreuung entstandenen Aufwendungen verlangen (§ 1877 Abs. 1 Satz 1 BGB).

Achtung: Der Betreuer kann nur Ersatz für solche Aufwendungen verlangen, die für Zwecke der Führung der Betreuung erforderlich sind. Dabei sind auch die Lebensverhältnisse und die Wünsche des Betreuten zu berücksichtigen. Aufwendungen, die auf ausdrücklichen Wunsch des Betreuten getätigt wurden, sind dem Betreuer regelmäßig zu erstatten. Aufwendungen sind nur dann erstattungsfähig, wenn sie im Rahmen des übertragenen Aufgabenkreises entstehen. Ein Betreuer, dem nur die Gesundheitssorge übertragen ist, kann keinen Aufwendungsersatz für Angelegenheiten der Vermögenssorge in Rechnung stellen.

Ersatzfähig sind alle mit der Tätigkeit des Betreuers entstehenden Auslagen. Zu den erstattungsfähigen Aufwendungen des Betreuers gehören

- Fahrtkosten,
- Portokosten,
- Telefonkosten,
- Kosten für Schreibwaren,
- Post- und Portokosten,
- Fotokopierkosten,
- Reisekosten,
- Parkgebühren,
- Übernachtungskosten,
- Pflegeaufwand bei länger dauernden Reisen,
- Beratungskosten (z.B. wenn der Betreuer Rechtsrat bei einem Anwalt einholt).

Fahrtkosten werden bei Benutzung von öffentlichen, regelmäßig verkehrenden Beförderungsmitteln in Höhe der tatsächlich entstandenen Auslagen bis zur Höhe der entsprechenden Kosten für die Benutzung der ersten Wagenklasse der Bahn einschließlich der Auslagen für Platzreservierung und Beförderung des notwendigen Gepäcks ersetzt. Bei Benutzung eines eigenen Kraftfahrzeugs können 0,35 € pro gefahrenen Kilometer ersetzt werden.

Zu den ersatzfähigen Aufwendungen gehören auch die Kosten einer angemessenen Versicherung gegen Schäden, die dem Betreuten durch den Betreuer zugefügt werden können, oder die dem Betreuer dadurch entstehen können, dass er einem Dritten zum Ersatz eines durch die Führung der Betreuung verursachten Schadens verpflichtet ist (§ 1877 Abs. 2 Satz 1 BGB).

Achtung: Nicht erstattungsfähig sind unter anderem die Kosten einer Kfz-Haftpflichtversicherung (§ 1877 Abs. 2 Satz 2 BGB), allgemeine Kosten für ein Büro (z.B. Miete und Nebenkosten), Fortbildungskosten, Kosten für Fachliteratur, Kosten für die Arbeitskraft des Betreuers.

Aufwandspauschale

Der Betreuer kann seine Aufwendungen in verschiedenen Formen geltend machen. Er kann

- Ersatz seiner Aufwendungen durch konkrete Abrechnung und Nachweis seiner einzelnen Aufwendungen verlangen oder
- eine Aufwandspauschale geltend machen.

Die Aufwandspauschale beträgt jährlich das 17-Fache des Stundenhöchstsatzes der Zeugenentschädigung nach dem Justizvergütungs- und -entschädigungsgesetz (§ 1878 Abs. 1 BGB); das sind aktuell (2022) 425,– € (17 × 25,– €). Damit sind sämtliche dem Betreuer im Rahmen der Betreuung entstandenen Aufwendungen pauschal abgegolten. Die pauschale Aufwandsentschädigung ist jährlich zu zahlen, erstmals ein Jahr nach Bestellung des Betreuers. Sind mehrere Betreuer bestellt, kann jeder Betreuer den Anspruch auf die Aufwandspauschale geltend machen (§ 1878 Abs. 2 Satz 1 BGB).

! Für 2024 und 2025 können ehrenamtliche Betreuer eine Inflationsausgleich-Sonderzahlung in Höhr von 24,– € pro Jahr und pro geführter Betreuungverlangen.

Erlöschen des Anspruchs

Der Anspruch auf Aufwendungsersatz erlischt, wenn er nicht innerhalb von 15 Monaten nach der Entstehung gerichtlich geltend gemacht wird. Die Geltendmachung beim Betreuungsgericht gilt als Geltendmachung gegenüber dem Betreuten. Die Geltendmachung gegenüber dem Betreuten gilt auch als Geltendmachung gegenüber der Staatskasse (§ 1877 Abs. 4 BGB).

Der Anspruch auf pauschale Aufwandsentschädigung erlischt, wenn er nicht innerhalb von sechs Monaten nach Ablauf des Jahres, in dem der Anspruch entstanden ist, gerichtlich geltend gemacht wird. Die Geltendmachung beim Betreuungsgericht gilt als Geltendmachung gegenüber dem Betreuten. Die Geltendmachung gegenüber dem Betreuten gilt auch als Geltendmachung gegenüber der Staatskasse (§ 1878 Abs. 4 BGB).

8.7.2 Vergütung des beruflichen Betreuers und Aufwendungsersatz

Berufliche Betreuer sind Personen, die selbstständig oder als Mitarbeiter eines anerkannten Betreuungsvereins rechtliche Betreuungen führen, registriert sind oder als registriert gelten (Näheres dazu unter 4.8.1). Ein beruflicher Betreuer kann vom Betreuten Vergütung und Aufwendungsersatz verlangen. Einzelheiten enthält das Vormünder- und Betreuervergütungsgesetz (VBVG).

Vergütung

Die dem Berufsbetreuer zu bewilligende Vergütung bestimmt sich nach monatlichen Fallpauschalen. Daneben erhält der berufliche Betreuer unter bestimmten Voraussetzungen eine gesonderte Pauschale.

Fallpauschalen

Die dem Berufsbetreuer zu bewilligende Vergütung bestimmt sich nach monatlichen Fallpauschalen, die in den Vergütungstabellen der Anlage zum Vormünder- und Betreuervergütungsgesetz festgelegt sind (§ 8 VBVG). Während nach altem Recht für die Höhe der jeweiligen Vergütung die Kenntnisse des Betreuers, die für die Führung der Verfügung nutzbar sind, maßgebend waren, ist nunmehr die Vergütung neu registrierter Betreuer nur noch davon abhängig, ob sie ein Studium oder eine Ausbildung abgeschlossen haben oder ob kein formeller Abschluss vorliegt. Eine bestimmte Fachrichtung bzw. die hierbei erlangten besonderen für die Führung der Betreuung nutzbaren Kenntnisse sind nach neuem Recht nicht mehr zwingende Voraussetzung für die Eingruppierung in die höchste Vergütungsstufe.

Die drei Vergütungstabellen A, B und C treffen folgende Unterscheidungen:

- Nach der Tabelle A richtet sich die Vergütung, sofern der Betreuer weder über eine abgeschlossene Lehre noch über eine abgeschlossene Ausbildung an einer Hochschule oder eine vergleichbare Ausbildung verfügt.
- Verfügt der Betreuer über eine abgeschlossene Lehre oder eine vergleichbare abgeschlossene Ausbildung, so richtet sich die Vergütung nach der Vergütungstabelle B.
- In die Vergütungstabelle C gehören Betreuer, wenn sie über eine abgeschlossene Ausbildung an einer Hochschule oder eine vergleichbare abgeschlossene Ausbildung verfügen.

Nach welcher Vergütungstabelle sich die vom beruflichen Betreuer zu beanspruchende Vergütung richtet, stellt der Vorstand des am Sitz oder hilfsweise am Wohnsitz des Betreuers zuständigen Amtsgerichts auf Antrag des Betreuers nach dessen Registrierung fest (§ 8 Abs. 3 Satz 1 VBVG).

Die Höhe der Fallpauschalen richtet sich nach der Dauer der Betreuung, dem gewöhnlichen Aufenthaltsort des Betreuten und dem Vermögensstatus des Betreuten (§ 9 VBVG).

- Hinsichtlich der Dauer der Betreuung wird bei der Berechnung der Fallpauschalen zwischen den Zeiträumen in den ersten drei Monaten der Betreuung, im vierten bis sechsten Monat, im siebten bis zwölften Monat, im 13. bis 24. Monat und ab dem 25. Monat unterschieden.
- Hinsichtlich des gewöhnlichen Aufenthaltsorts des Betreuten ist für die Höhe der Vergütung von Bedeutung, ob der Betreute zu Hause wohnt oder in einer stationären Einrichtung oder einer ambulant betreuten Wohnform untergebracht ist.
- Hinsichtlich der Bestimmung des Vermögensstatus des Betreuten ist entscheidend, ob Mittellosigkeit vorliegt oder nicht (vgl. dazu 8.7.3).

» Ein Betreuer, dessen Vergütung sich nach der Vergütungstabelle B richtet, der also über eine abgeschlossene Ausbildung oder eine vergleichbare abgeschlossene Ausbildung verfügt, erhält für die Betreuung eines nicht mittellosen Betreuten, der in einem Heim untergebracht ist,

- in den ersten drei Monaten monatlich 249,– €,
- im vierten bis sechsten Monat 196,– €,
- im siebten bis zwölften Monat 174,– €,
- im 13. bis 24. Monat 113,– € und
- ab dem 25. Monat 96,– €.

Ist die betreute Person mittellos, erhält der Betreuer in den ersten drei Monaten monatlich 241,– €, im vierten bis sechsten Monat 158,– €, im siebten bis zwölften Monat 154,– €, im 13. bis 24. Monat 107,– € und ab dem 25. Monat 78,– €.

! Für 2024 und 2025 erhalten berufliche Betreuer eine Inflationsausgleichszahlung von 7,50 € pro Monat und pro geführter Betreuung.

Gesonderte Pauschalen

Über die Fallpauschale hinaus kann der Betreuer zusätzliche Pauschalen erhalten. Diese fallen an, wenn der Betreute nicht mittellos ist (vgl. dazu 8.7.3) oder wenn ein Wechsel von einem ehrenamtlichen Betreuer zu einem beruflichen Betreuer bzw. von einem beruflichen Betreuer zu einem ehrenamtlichen Betreuer stattfindet (§ 10 VBVG).

Ist der Betreute nicht mittellos, wird der Betreuer mit einer zusätzlichen monatlichen Pauschale in Höhe von 30,– € vergütet, wenn er

- ein Geldvermögen von mindestens 150.000,– € verwaltet,
- Wohnraum verwaltet, der nicht vom Betreuten oder seinem Ehegatten genutzt wird, oder
- ein Erwerbsgeschäft des Betreuten zu führen hat.

Zum Geldvermögen in Höhe von mindestens 150.000,– € zählen die Bestandteile des Vermögens, die als Bargeld gehalten werden oder als Geldanlage bei Banken, Versicherungen und Bausparkassen sowie in Titeln des Geld- und Kapitalmarktes angelegt sind. Zu Letzteren zählen insbesondere alle Arten von Konten, Wertpapierdepots und Kapitallebensversicherungen. Nicht erfasst sind Sachgegenstände, wie zum Beispiel Bilder, Münzen, Gold, Schmuck oder Immobilien. Etwaige Schulden werden nicht abgezogen, da sich hierdurch der zusätzliche Verwaltungsaufwand nicht reduziert.

Zum Wohnraum, der nicht vom Betreuten genutzt wird, zählen beispielsweise Mietwohnungen, Eigentumswohnungen oder Wohnhäuser.

Findet ein Wechsel von einem beruflichen zu einem ehrenamtlichen Betreuer statt, ist der berufliche Betreuer mit einer einmaligen Pauschale in Höhe des 1,5-Fachen der zum Zeitpunkt des Betreuerwechsels zu vergütenden Fallpauschale zu vergüten. Dies gilt auch dann, wenn zunächst neben dem beruflichen Betreuer ein ehrenamtlicher Betreuer bestellt war und dieser die Betreuung allein fortführt.

Zeitvergütung

In einigen wenigen Betreuungsfällen wird eine Zeitvergütung gezahlt (§ 12 VBVG). Die an Sterilisationsbetreuer und Ergänzungsbetreuer zu zahlende Vergütung beträgt für jede Stunde der für die Führung der Betreuung aufgewendeten und erforderlichen Zeit 23,– €. Verfügt der Betreuer über besondere Kenntnisse, die für die Führung der Betreuung nutzbar sind, erhöht sich der Betreuungssatz

- auf 29,50 €, wenn diese Kenntnisse durch eine abgeschlossene Lehre oder eine vergleichbare abgeschlossene Ausbildung erworben sind;
- auf 39,– €, wenn diese Kenntnisse durch eine abgeschlossene Ausbildung an einer Hochschule oder durch eine vergleichbare abgeschlossene Ausbildung erworben sind.

Erlöschen des Vergütungsanspruchs

Der Vergütungsanspruch des beruflichen Betreuers erlischt, wenn er nicht innerhalb von 15 Monaten nach der Entstehung gerichtlich geltend gemacht wird (§ 2 VBVG). Dabei ist zu beachten, dass die Vergütung erst nach Ablauf von jeweils drei Monaten geltend gemacht werden darf. Die Ausschlussfrist beginnt also erst mit Ablauf von drei Betreuungsmonaten.

» Der Betreuer wurde am 15.6.2022 bestellt. Das erste Vergütungsvierteljahr läuft dann vom 16.6. bis 15.9.2020. Frühestens am 16.9.2022 konnte der Betreuer die abgelaufenen drei Monate abrechnen. Am 16.9.2022 beginnt die Ausschlussfrist von 15 Monaten zu laufen, sie endet am 15.12.2023.

Aufwendungsersatz

Neben seiner Vergütung erhält der berufliche Betreuer grundsätzlich keinen Ersatz seiner Aufwendungen. Die Aufwandsentschädigung ist in der Pauschalvergütung enthalten (§ 11 VBVG). Ausnahmsweise sind allerdings diejenigen beruflichen Dienste als Aufwendungen erstattungsfähig, für die ein anderer Betreuer einen entsprechenden Fachmann hinzuziehen würde, beispielsweise Dienste eines Rechtsanwalts oder Steuerberaters.

Urteil

Vorhaltekosten für Computer, Faxgeräte und Schreibmaschinen, Materialkosten für Farbbänder und Tinte und Kosten für Fax-, Computer-, Briefpapier und Briefumschläge zählen zu den allgemeinen Geschäftskosten, die mit der Betreuervergütung abgegolten werden, deren Erstattung als Auslagen also nicht gesondert verlangt werden können.

OLG Schleswig, Az. 2 W 33/02

8.7.3 Mittellosigkeit des Betreuten

Grundsätzlich ist sowohl der Aufwandsersatz für den ehrenamtlichen Betreuer als auch die Vergütung des Berufsbetreuers von der betreuten Person zu zahlen. Ist der Betreuer allerdings mittellos, kann der ehrenamtliche Betreuer den Aufwendungsersatz bzw. die Aufwandspauschale, der Berufsbetreuer die ihm zustehende Vergütung aus der Staatskasse verlangen (§§ 1880 BGB, 16 Abs. 1 VBVG).

Der Betreute gilt als mittellos, wenn er den Aufwendungsersatz oder die Vergütung aus seinem einzusetzenden Vermögen nicht, nur zum Teil oder nur in Raten aufbringen kann. Einkommen des Betreuten wird bei der Ermittlung der Mittellosigkeit nicht berücksichtigt.

Grundsätzlich hat der Betreute sein gesamtes verwertbares Vermögen einzusetzen. Bestimmte Vermögenswerte werden allerdings nicht berücksichtigt, so etwa

- kleinere Barbeträge oder sonstige Geldwerte (i.d.R. 5.000,– € pro volljähriger Person), wobei eine besondere Notlage des Betreuten zu berücksichtigen ist,

- ein angemessener Hausrat, wobei die bisherigen Lebensverhältnisse des Betreuten zu berücksichtigen sind,
- Familien- und Erbstücke, deren Veräußerung für den Betreuten oder seine Familie eine besondere Härte bedeuten würde,
- ein angemessenes Hausgrundstück, das vom Betreuten allein oder zusammen mit Angehörigen ganz oder teilweise bewohnt wird und nach seinem Tod von seinen Angehörigen bewohnt werden soll (die Angemessenheit bestimmt sich nach der Zahl der Bewohner, dem Wohnbedarf, zum Beispiel behinderter, blinder oder pflegebedürftiger Menschen, der Grundstücksgröße, der Hausgröße, dem Zuschnitt und der Ausstattung des Wohngebäudes sowie dem Wert des Grundstücks einschließlich des Wohngebäudes),
- Kapital einschließlich seiner Erträge, das der zusätzlichen Altersvorsorge dient und dessen Ansammlung staatlich gefördert wurde (z.B. Riester-Rente).

8.8 Entlassung des Betreuers

Liegen die gesetzlich festgelegten Voraussetzungen vor, kann der Betreuer entlassen werden (§ 1868 BGB). Zuständig für die Entlassung ist das Betreuungsgericht, in dem die Betreuung anhängig ist. Die Entscheidung über die Entlassung wird mit der Bekanntmachung an den Betreuer wirksam.

8.8.1 Entlassungsgründe

Der Betreuer muss bzw. kann insbesondere aus seinem Amt entlassen werden, wenn

- er nicht geeignet ist,
- ein anderer wichtiger Grund vorliegt,
- der von einem beruflichen Betreuer Betreute zukünftig von einem ehrenamtlichen Betreuer betreut werden kann,

- der Betreuer seine Entlassung beantragt,
- der Betreute dies wünscht und eine gleich geeignete Person, die zur Übernahme bereit ist, als neuen Betreuer vorschlägt.

Achtung: Die Entlassung des Betreuers muss von der Aufhebung der Betreuung unterschieden werden. Während bei der Aufhebung der Betreuung diese beendet und kein neuer Betreuer mehr bestellt wird (vgl. dazu 9.2), besteht die Betreuung bei der Entlassung des Betreuers fort und es wird lediglich der Betreuer ausgewechselt.

Wegfall der Eignung als wichtiger Grund

Das Betreuungsgericht hat den Betreuer zu entlassen, wenn seine Eignung, die Angelegenheiten des Betreuten zu besorgen, nicht oder nicht mehr gewährleistet ist (§ 868 Abs. 1 Satz 1 BGB). Dem Betreuungsgericht steht bei seiner Entscheidung kein Ermessen zu. Das Gericht muss also den Betreuer entlassen, wenn berechtigte Zweifel an seiner Eignung gegeben sind.

Für die Entlassung des Betreuers genügt jeder Grund, der den Betreuer ungeeignet macht, um seine Entlassung herbeizuführen. Das ist unter anderem der Fall, wenn

- der Betreuer den ihm zugewiesenen Aufgabenbereich einer Vermögensverwaltung wegen mangelnder Sachkenntnis nur unzulänglich und unter Gefährdung der Interessen des Betreuten bewältigen kann,
- der Betreuer den nötigen Einsatz vermissen lässt und seine Untätigkeit dem Betreuten schadet,
- der Betreuer die Wünsche des Betreuten nachhaltig ignoriert,
- der Betreuer, ohne dafür verantwortlich zu sein, die Angelegenheiten des Betreuten wegen längerer Krankheit oder Abwesenheit nicht oder nicht ordnungsgemäß besorgen kann,

- über das Vermögen des Betreuers, dem die Vermögenssorge des Betreuten übertragen ist, das Insolvenzverfahren eröffnet wird,
- der Betreuer schwerwiegend und nachhaltig seine Pflichten verletzt,
- der Betreuer geschäftsunfähig oder beschränkt geschäftsfähig wird,
- vom Betreuer erforderliche Genehmigungen nicht eingeholt werden,
- der Betreuer ein Arbeitsverhältnis mit einem Heim begründet hat, in dem der Betreute untergebracht ist.

Eine konkrete Schädigung des Betreuten braucht noch nicht eingetreten zu sein. Für die Entlassung genügt es auch, dass der Betreuer objektiv gegen seine Pflichten verstoßen hat. Ein Verschulden ist nicht erforderlich.

Urteil

Hat ein Berufsbetreuer ohne aktuellen Willen des Betroffenen und in Kenntnis der nicht mehr vorhandenen Testierfähigkeit des Betreuten einen Notar zwecks Errichtung des Testaments beauftragt, so ist er nicht mehr als geeignet anzusehen und kann entlassen werden.

OLG Frankfurt/Main, Az. 20 W 532/05

Achtung: Das Betreuungsgericht muss bei seiner Entscheidung über die Entlassung des Betreuers den Grundsatz der Verhältnismäßigkeit beachten. Vor der Entlassung muss also das Gericht grundsätzlich sämtliche Aufsichtsmaßnahmen (z.B. Weisungen, Androhung und Verhängung von Zwangsgeld, Androhung der Entlassung) als mildere Mittel ausgeschöpft haben.

Möglich ist auch, dass der Betreuer nur teilweise entlassen wird, indem ihm ein bestimmter Aufgabenbereich entzogen und hierfür ein weiterer Betreuer bestellt wird. Das kann insbesondere dann in Betracht kommen, wenn Ehegatten oder nahe Verwandte, die für die persönliche Betreuung besonders geeignet sind, für die Vermögenssorge nicht die nötigen Kenntnisse aufweisen oder in einen Interessenwiderstreit geraten.

Vorliegen eines sonstigen wichtigen Grunds

Neben dem Mangel der Eignung ist der Betreuer zu entlassen, wenn ein anderer wichtiger Grund vorliegt (§ 1868 Abs. 1 Satz 1 BGB). Eine Entlassung des Betreuers ist somit insbesondere auch dann möglich, wenn der bisherige Betreuer zwar keine Eignungsmängel aufweist, ein Betreuerwechsel aber dennoch im Interesse des Betreuten liegt. Das ist etwa dann der Fall, wenn ein Ehegatte oder naher Verwandter, der zuvor wegen Krankheit oder aus anderen Gründen die Betreuung nicht übernehmen konnte, nunmehr zur Verfügung steht. In diesem Fall kann ein Dritter, der zwischenzeitlich zum Betreuer bestellt worden war, entlassen werden, weil im Interesse des Betreuten die persönliche Betreuung durch ein Familienmitglied einer Fremdbetreuung vorzuziehen ist. Ein wichtiger Grund für die Entlassung des bisherigen Betreuers liegt allerdings nur vor, wenn der Familienangehörige überhaupt als neuer Betreuer bestellt werden kann. Dies ist dann nicht der Fall, wenn der Betreute an seinem bisherigen Betreuer festhalten will.

Ein wichtiger Grund für die Entlassung des Betreuers liegt insbesondere auch dann vor, wenn dieser seine Pflichten verletzt, so etwa, wenn der Betreuer eine erforderliche Abrechnung vorsätzlich falsch erteilt oder den erforderlichen persönlichen Kontakt zum Betreuten nicht gehalten hat (§ 1868 Abs. 1 Satz 2 BGB).

Als eine Entlassung rechtfertigende Pflichtverletzung kommen beispielsweise in Betracht:

- Verstoß gegen die Berichtspflicht;
- Verletzung der Pflicht zur Rechnungslegung;
- umfangreiche Schenkungen des Betreuers an sich selbst oder an Verwandte des Betreuten;
- Fortsetzung der ambulanten statt der vollstationären Pflege aus sachfremden Erwägungen.

Interessenkonflikte können ebenfalls einen wichtigen Grund darstellen, der die Entlassung des Betreuers rechtfertigt. Ferner ein gestörtes Vertrauensverhältnis zwischen dem Betreuten und dem Betreuer, so etwa, wenn zwischen dem Betreuten und dem Betreuer eine gegenseitige Abneigung besteht, die jede persönliche Betreuung unmöglich macht. Auch wenn eine erheblich geeignetere Person für die Betreuung zur Verfügung steht und der Betreute deren Bestellung wünscht, ist der Betreuer zu entlassen.

Achtung: Auch bei der Entlassung des Betreuers aus einem sonstigen wichtigen Grund ist vom Betreuungsgericht der Grundsatz der Verhältnismäßigkeit zu beachten. Die Entlassung des Betreuers darf also erst als letzte Maßnahme in Betracht gezogen werden. Der Betreuer darf erst entlassen werden, wenn es keine andere Möglichkeit gibt (z.B. durch eine Weisung des Gerichts), um dem Wohl des Betreuten zu entsprechen.

Nicht als wichtiger Grund für die Entlassung des Betreuers anzusehen ist, wenn

- es im Bereich der Vermögenssorge zu Spannungen zwischen dem Betreuten und dem Betreuer kommt,

- der Betreute ohne Begründung wünscht, den Betreuer zu entlassen,
- der Betreuer zwar stark belastet, gleichwohl aber sein Amt ordnungsgemäß führt.

Urteil

Der Umstand, dass ein anderer Betreuer den Betreuten besser versorgen könnte (im vorliegenden Fall die bessere Förderung der Integration in das soziale Leben), reicht als wichtiger Grund für die Ablösung des bisherigen Betreuers nicht aus, wenn der Betreute am bisherigen Betreuer festhalten möchte und mit dessen Leistungen zufrieden ist. Denn zum Wohle des Betreuten zählt ganz wesentlich auch die Möglichkeit, sein Leben nach seinen eigenen Wünschen und Vorstellungen zu gestalten, solange ihm hierdurch nicht ein ernsthafter Schaden erwächst.

OLG Köln, Az. 16 Wx 288/97

Entlassung auf Antrag des Betreuers

Der Betreuer kann seine Entlassung verlangen, wenn nach seiner Bestellung Umstände eingetreten sind, aufgrund derer ihm die Führung der Betreuung nicht mehr zugemutet werden kann (§ 1868 Abs. 4 BGB). Damit sollen unzumutbare Belastungen, die die Betreuung mit sich bringen kann, vermieden werden. Dies dient nicht nur dem Interesse des Betreuers, sondern letztlich auch dem Betreuten.

Es sind alle in Betracht kommenden Umstände zu berücksichtigen, gleichgültig, ob sie in der Person des Betreuers oder des Betreuten liegen oder von außen einwirken. Voraussetzung ist nur, dass sie dem Betreuer die Fortführung seiner Aufgabe unzumutbar machen.

Der Betreuer kann sich auf seine eigenen familiären, beruflichen oder sonstigen Verhältnisse berufen, etwa die erforderlich werdende Pflege einer nahestehenden Person, eine Verschlechterung seines eigenen Gesundheitszustandes oder sein fortgeschrittenes Alter. Auch objektive Umstände wie die Verschlechterung von Verkehrsverbindungen können die Betreuung für den Betreuer unzumutbar machen. In Betracht kommt ferner eine tiefgreifende, vom Betreuten ausgehende Entfremdung, die das Vertrauensverhältnis so empfindlich stört, dass dem Betreuer die Fortsetzung seiner Aufgabe unzumutbar wird.

Der Betreuer kann sich nur auf solche Umstände berufen, die nach seiner Bestellung eingetreten sind und daher bei seiner Auswahl noch nicht mit in Erwägung gezogen werden konnten.

Achtung: Die Unzumutbarkeit kann sich auch auf die Erledigung einzelner, dem Betreuer übertragenen Aufgabenbereiche beschränken. Dann ist eine teilweise Entlassung des Betreuers möglich (und dem Betreuten für den entsprechenden Aufgabenbereich ein neuer Betreuer zu bestellen), falls die Voraussetzungen für die Bestellung mehrerer Betreuer vorliegen; andernfalls ist der bisherige Betreuer insgesamt durch einen neuen Betreuer zu ersetzen.

Entlassung auf Wunsch des Betreuten

Das Betreuungsgericht kann den Betreuer entlassen, wenn der Betreute eine zumindest gleich geeignete Person, die zur Übernahme bereit ist, als neuen Betreuer vorschlägt (§ 1868 Abs. 5 BGB). Damit wird deutlich, dass der Wunsch des Betreuten hinsichtlich der Person des Betreuers nicht nur bei dessen erstmaliger Auswahl, sondern auch bei dessen Entlassung zu berücksichtigen ist. Allerdings muss der Betreute zugleich mit dem Antrag auf Entlassung des alten Betreuers dem Gericht einen gleich geeigneten, übernahmebereiten Betreuer benennen.

Urteil

Ein wichtiger Grund für einen Betreuerwechsel kann auch dann vorliegen, wenn das Vertrauensverhältnis zwischen dem Betroffenen und seinem Betreuer gestört ist und der Betroffene aus diesem Grund ernsthaft einen anderen Betreuer wünscht.

BayObLG, Az. 3Z BR 173/04

Ein Betreuerwechsel auf Wunsch des Betreuten findet nur statt, wenn der Betreute selbst einen entsprechenden Antrag stellt. Einen wichtigen Grund muss der Betreute nicht angeben. Dritte (z.B. Verwandte) können einen Betreuerwechsel beim Betreuungsgericht nur »anregen«.

Achtung: Der Antrag des Betreuten auf Entlassung des Betreuers führt nicht automatisch zu dessen Entlassung. Der Antrag hat nur zur Folge, dass das Betreuungsgericht prüft, ob dem Betreuer die für das Amt notwendige Eignung fehlt oder ob andere wichtige Gründe für seine Entlassung vorliegen.

Obwohl der Wunsch des Betroffenen nach einem bestimmten Betreuer grundsätzlich zu berücksichtigen ist, wenn dieser die Eignungsvoraussetzungen erfüllt, ist die Vornahme eines Betreuerwechsels für das Betreuungsgericht nicht zwingend, selbst wenn die Voraussetzungen vorliegen. Es hat vielmehr im Rahmen seines pflichtgemäßen Ermessens zu prüfen, ob ein solcher Betreuerwechsel nicht dem Wohl des Betreuten zuwiderläuft. Das kann etwa dann der Fall sein, wenn der Betreuerwechsel in Wahrheit nicht dem eigenen Wunsch des Betroffenen entspringt, sondern auf die Beeinflussung durch einen mit Erbaussichten rechnenden Verwandten zurückzuführen ist, oder eine kontinuierliche Betreuung im Interesse des Betreuten erforderlich ist.

Weitere Entlassungsgründe

Ein beruflicher Betreuer ist zwingend zu entlassen, wenn seine Registrierung widerrufen oder zurückgenommen worden ist (§ 1868 Abs. 2 BGB). Das ist die Konsequenz daraus, dass nach Widerruf oder Rücknahme der Registrierung unwiderlegbar vermutet wird, dass die Eignung des Betreuers, die Angelegenheiten des Betreuten als beruflicher Betreuer zu besorgen, nicht mehr gewährleistet ist.

Das Betreuungsgericht soll den beruflichen Betreuer, den Betreuungsverein, den Behördenbetreuer oder die Betreuungsbehörde entlassen, wenn der Betreute zukünftig ehrenamtlich betreut werden kann (§ 1868 Abs. 3 BGB). Damit wird der Vorrang der ehrenamtlichen Betreuung bekräftigt. In Betracht kommen insbesondere nahe Familienangehörige des Betreuten, die zum Zeitpunkt der Einrichtung der Betreuung nicht in der Lage waren, diese zu übernehmen (z.B. wegen Überforderung). Die Entlassung des beruflichen Betreuers, des Betreuungsvereins, des Behördenbetreuers oder der Betreuungsbehörde steht im Ermessen des Gerichts. Wenn im Interesse des Betreuten Gründe vorliegen, die einem Betreuerwechsel entgegenstehen (z.B. starke persönliche Bindung des Betreuten zum Betreuer), kann von der Entlassung des beruflichen Betreuers unter Umständen abgesehen werden.

Urteil

Die Entlassung des Berufsbetreuers zugunsten eines ehrenamtlichen Betreuers hat dann zu erfolgen, wenn die wesentlichen Angelegenheiten, die professionelles Wissen und Können verlangen, geregelt sind und ein geeigneter ehrenamtlicher Betreuer zur Verfügung steht.

LG Duisburg, Az. 22 T 200/99

Einen Vereins- oder Behördenbetreuer muss das Betreuungsgericht entlassen, wenn der Verein bzw. die Behörde dies beantragt. Ist die Entlassung vom Betreuten nicht gewollt und wünscht dieser die

Fortführung der Betreuung durch den bisherigen Vereins- oder Behördenbetreuer, kann das Betreuungsgericht anstelle der Entlassung mit Einwilligung des Betreuers entscheiden, dass dieser die Betreuung künftig als Privatperson weiterführt (§ 1868 Abs. 6 BGB).

Ist ein Betreuungsverein oder eine Betreuungsbehörde als Betreuer bestellt, so ist der Verein oder die Behörde zu entlassen, sobald der Betreute durch eine oder mehrere natürliche Personen (Einzelpersonen) hinreichend betreut werden kann (§ 1868 Abs. 7 Satz 1 BGB). Damit wird der Vorrang der Einzelbetreuung auch für die Zeit nach der Betreuerbestellung gewährleistet. Sichergestellt sein muss allerdings, dass der Einzelbetreuer gleich gut geeignet ist. Eine Ausnahme von der Entlassungspflicht besteht für den Fall, dass der Betreute die Beibehaltung des Betreuungsvereins als Betreuer wünscht (§ 1868 Abs. 7 Satz 2 BGB). Dies entspricht dem wichtigen betreuungsrechtlichen Grundsatz, dass der Wunsch des Betreuten Vorrang vor sonstigen Erwägungen hat. Denkbar ist, dass der Betreute einen Betreuerwechsel zu einer natürlichen Person ablehnt, weil nicht nur der mit der Wahrnehmung der Betreuung beauftragte Mitarbeiter des Vereins, sondern auch der Verein an sich vertrauensbildend wirkt. Anders als bei selbstständigen beruflichen Betreuern gewährleistet der Verein zudem eine Aufsicht über die beauftragten Betreuer. Schließlich treffen die Betreuten während der Betreuungsführung zu den üblichen Bürozeiten immer einen Ansprechpartner an, auch Urlaubs- und Krankheitsvertretungen stellen sich als unproblematisch dar.

8.8.2 Bestellung eines neuen Betreuers

Durch die Entlassung des Betreuers wird die Betreuung als solche nicht beendet. Es fällt nur der bisherige Amtsinhaber weg. Die gerichtliche Entscheidung wird mit der mündlichen oder schriftlichen Bekanntmachung an den Betreuer und den Betroffenen wirksam (§§ 41, 287 Abs. 1 FamFG).

Das Betreuungsgericht muss nach der Entlassung einen neuen Betreuer bestellen (§ 1869 BGB). In Eilfällen kann der neue Betreuer auch durch einstweilige Anordnung bestellt werden. Die Bestellung durch einstweilige Anordnung kann insbesondere dann erforderlich sein, wenn das Gericht einen Einwilligungsvorbehalt angeordnet hatte und der Betroffene nunmehr im entsprechenden Umfang keine wirksamen Willenserklärungen mehr abgeben kann, weil der Betreuer, dessen Einwilligung erforderlich wäre, vom Gericht entlassen wurde. Für die Auswahl des neuen Betreuers gelten die gleichen Grundsätze wie für die Auswahl des ersten Betreuers (vgl. dazu 4.8.1).

Nach der Beendigung seines Amtes hat der Betreuer seine Bestellungsurkunde an das Betreuungsgericht zurückzugeben und einen Schlussbericht zu erstatten (§ 1863 Abs. 4 BGB). Ist dem Betreuer die Vermögenssorge übertragen, muss er dem Gericht die Schlussrechnung vorlegen (§ 1872 Abs. 4 Satz 2 BGB). Darin müssen die Zu- und Abgänge verzeichnet sein. Das Vermögen muss er dem Betreuten bzw. an den neu bestellten Betreuer herausgeben.

9 Verlängerung und Beendigung der Betreuung

Im Beschluss, in dem das Betreuungsgericht einen Betreuer bestellt, muss der Zeitpunkt angegeben werden, bis zu dem das Gericht über die Aufhebung oder Verlängerung der Betreuung zu entscheiden hat. Unabhängig davon endet die Betreuung mit dem Tod des Betreuten.

9.1 Verlängerung der Betreuung

Das Betreuungsgericht muss bereits mit dem Beschluss über die Bestellung eines Betreuers festlegen, bis zu welchem Zeitpunkt über die Verlängerung einer Betreuungsmaßnahme zu entscheiden ist (§ 286 Abs. 3 FamG). Unabhängig von der festgelegten Dauer muss das Gericht aber spätestens sieben Jahre nach Erlass der erstmaligen Anordnung über die Verlängerung der Betreuung entscheiden. Ist die Bestellung des Betreuers gegen den erklärten Willen des Betroffenen erfolgt, muss das Betreuungsgericht über eine erstmalige Verlängerung spätestens nach zwei Jahren entscheiden (§ 295 Abs. 2 FamFG).

Für die Verlängerung der Bestellung eines Betreuers gelten die Regelungen über die erstmalige Bestellung entsprechend:

- Das Gericht hat den Betroffenen vor der Verlängerung persönlich anzuhören (vgl. dazu 4.3.2),
- Unter Umständen muss ein Verfahrenspfleger bestellt werden (vgl. dazu 4.7),
- es muss die Betreuungsbehörde und gegebenenfalls der Angehörige des Betroffenen angehört werden (vgl. dazu 4.4 und 4.5) und
- es muss ein Sachverständigengutachten eingeholt werden (vgl. dazu 4.6).

Von der erneuten Einholung eines Gutachtens kann abgesehen werden, wenn sich aus der persönlichen Anhörung des Betroffenen und einem ärztlichen Zeugnis ergibt, dass sich der Umfang der Betreuungsbedürftigkeit offensichtlich nicht verringert hat und eine Verlängerung dem erklärten Willen des Betroffenen nicht widerspricht (§ 295 Abs. 1 Satz 2 FamFG).

9.2 Ende der Betreuung

Die Betreuung endet mit dem Tod des Betreuten, ferner mit der Aufhebung der Betreuung durch das Gericht. Mit der Beendigung der Betreuung hat der Betreuer dem Betreuungsgericht den Betreuerausweis zurückzugeben. Ferner obliegen dem Betreuer noch bestimmte Schlusstätigkeiten.

9.2.1 Tod des Betreuten

Es ergibt sich aus dem Wesen der Betreuung, dass diese mit dem Tod des Betreuten automatisch endet (§ 1870 BGB). Eines Aufhebungsbeschlusses des Betreuungsgerichts bedarf es nicht. Im Falle des Todes des Betreuten gehen die Rechte und Pflichten des Betreuers nunmehr auf die Erben über. Der Betreuer ist zur Totenfürsorge weder berechtigt noch verpflichtet. Er ist auch nicht berechtigt, Vermögens- und Wohnungsangelegenheiten zu regeln oder den Nachlass des Betreuten zu verwalten.

Lediglich in Ausnahmefällen kann die Durchführung unaufschiebbarer Maßnahmen im Wege der Notgeschäftsführung geboten sein (§ 1874 Abs. 2 BGB). In diesem Zusammenhang kann der Betreuer etwa Maßnahmen zur Sicherung des leer stehenden Hauses oder der Wohnung des Betreuten treffen oder Haustiere des Betreuten unterbringen. Dies gilt, soweit Gefahr im Verzug ist, etwa, weil die Erben unbekannt sind und ein Nachlasspfleger noch nicht bestellt ist.

9.2.2 Aufhebung auf Antrag des Betreuten

Wurde seinerzeit ein Betreuer von Amts wegen bestellt, muss die Bestellung vom Betreuungsgericht (jederzeit) aufgehoben werden, wenn ihre Voraussetzungen weggefallen sind. Der Betreute kann die Aufhebung der Betreuung auch beantragen. Die Aufhebung kann auch von Dritten (z.B. einem Angehörigen des Betroffenen) angeregt werden.

Ist der Betreuer auf Antrag des Betreuten bestellt (z.B. wegen einer körperlichen Krankheit oder Behinderung, § 1814 Abs. 4 Satz 2 BGB), so ist die Betreuung auf dessen Antrag aufzuheben. Den Antrag kann auch ein Geschäftsunfähiger stellen. Ist allerdings die Krankheit bzw. Behinderung zwischenzeitlich so weit fortgeschritten, dass nunmehr auch eine Betreuerbestellung ohne eigenen Antrag des Betroffenen erfolgen müsste, kann das Gericht den Aufhebungsantrag zurückweisen (§ 1871 Abs. 2 Satz 1 BGB). Das Betreuungsgericht darf also die Betreuung nur dann aufheben, wenn die Voraussetzungen weggefallen sind.

9.2.3 Aufhebung wegen Wegfalls der Betreuungsvoraussetzungen

Das gesamte Betreuungsrecht wird vom Erforderlichkeitsgrundsatz beherrscht. Das Betreuungsgericht hat deshalb von Amts wegen dafür Sorge zu tragen, dass die Betreuung in dem ursprünglich bestimmten Umfang nicht unnötig lange aufrechterhalten bleibt. Deshalb ist die Betreuung aufzuheben, wenn ihre Voraussetzungen wegfallen (Näheres zu den Voraussetzungen für die Bestellung eines Betreuers unter 3.). Fallen diese Voraussetzungen nur für einen Teil der Aufgaben des Betreuers weg, so ist dessen Aufgabenkreis einzuschränken (§ 1871 Abs. 1 BGB).

Die Betreuung ist aufzuheben, wenn

- sich der Krankheitszustand des Betreuten so verbessert hat, dass er nunmehr seine rechtlichen Angelegenheiten wieder selbst besorgen kann,
- die Betreuung nicht mehr erforderlich ist, weil die Angelegenheiten des Betroffenen durch einen Bevollmächtigten oder durch andere Hilfen besorgt werden können (§ 1814 Abs. 1 Satz 2 BGB) oder
- die Betreuung nicht mehr erforderlich ist, weil sie nur für eine einzelne Angelegenheit angeordnet war und diese erledigt ist.

Urteil

Eine Betreuung ist auch dann aufzuheben, wenn sie sich wegen ihrer konsequenten Ablehnung durch den Betroffenen und der dadurch verbleibenden (eingeschränkten) Wirkungsmöglichkeiten für den Betreuer als übermäßige, sei es auch krankhaft verarbeitete Belastung für den Betroffenen darstellt.

AG Lübeck, Az. 4 XVII H 13700

Achtung: Damit gewährleistet ist, dass eine Betreuung nur in erforderlichem Umfang aufrechterhalten bleibt, ist der Betreuer verpflichtet, dem Betreuungsgericht die Umstände mitzuteilen, die eine Aufhebung der Betreuung ermöglichen (§ 1864 Abs. 2 Satz 2 Nr. 1 BGB).

9.2.4 Schlusstätigkeiten

Nach dem Ende der Betreuung, sei es durch Tod des Betreuten oder durch gerichtliche Aufhebung, hat der Betreuer das seiner Verwaltung unterliegende Vermögen und alle im Rahmen der Betreuung erlangten Unterlagen an den Betreuten, dessen Erben oder sonstigen Berechtigten herauszugeben (§ 1872 Abs. 1 BGB). Herausgabeberechtigt sind bei Aufhebung der Betreuung der Betreute beziehungsweise der Erbe oder ein sonstiger Berechtigter (z.B. ein Testamentsvollstrecker) nach dem Tod des Betreuten.

Der Betreuer hat nach der Beendigung der Betreuung die Schlussrechnung vorzulegen, wenn es der Betreute bei Aufhebung der Betreuung beziehungsweise der Erbe oder ein sonstiger Berechtigter nach dem Tod des Betreuten verlangt. Auf das Recht, die Erstellung einer Schlussrechnung zu verlangen, ist der Berechtigte durch den Betreuer hinzuweisen. Den Anspruch auf Erteilung der Schlussrechnung muss der Berechtigte innerhalb von sechs Wochen nach dem Hinweis des Betreuers geltend machen. Der Berechtigte muss vom Betreuer die Schlussrechnungslegung verlangen, gleichzeitig muss er sein Verlangen aber auch dem Betreuungsgericht mitteilen, da bei diesem die erstellte Schlussrechnung einzureichen ist (§ 1872 Abs. 2 BGB).

9.3 Aufhebung von Einwilligungsvorbehalten

Auch angeordnete Einwilligungsvorbehalte (vgl. dazu im Einzelnen 5.3) sind aufzuheben oder ihr Umfang ist zu vermindern, sofern sie nicht mehr erforderlich sind (§ 1871 Abs. 4 BGB). Das unter 9.2.3 Gesagte gilt in diesem Fall entsprechend.

Ein Einwilligungsvorbehalt ist dann aufzuheben, wenn eine erhebliche Gefahr für die Person oder das Vermögen, zu deren Abwicklung er angeordnet wurde, nicht mehr besteht oder zur Abwendung dieser Gefahr der Einwilligungsvorbehalt nicht weiter erforderlich ist.

Insbesondere beim Einwilligungsvorbehalt für die Vermögenssorge kommt eine Aufhebung dann in Betracht, wenn sich der Betreuer verlässlich davon überzeugen konnte, dass der Betreute nunmehr verantwortlich, also ohne erhebliche Selbstschädigungsgefahr, mit seinen Finanzen umgehen kann. Gerade die Aufhebung von Einwilligungsvorbehalten ist ein wichtiger Schritt zur Verselbstständigung betreuter Menschen.

» Hat der Betreute über Jahre nicht mehr am Rechtsverkehr teilgenommen, ist der Einwilligungsvorbehalt vom Betreuungsgericht aufzuheben.

Index

A

B

E

F

G

H

I

K

M

N

P

R

S

T

U

V

W

Z

Steuer**tipps**

Egal, ob du vor der Herausforderung stehst, deine Steuererklärung zu erledigen, eine Immobilie zu erwerben oder deine persönliche Vorsorge zu machen – du kannst dich darauf verlassen, dass wir dir in jeder Lebenslage zur Seite stehen.

Unsere Ratgeber und Software bieten dir wichtige Informationen und konkrete Lösungen in allen Lebenslagen.

Unser

Tipp

für beste Infos:

www.steuertipps.de